누구나 들으면 합격하는

누들
新HSK
6주 완성

한 손에 잡히는 중국, 차이나하우스

누구나 들으면 합격하는

누들
新HSK
6주 완성

김아영 · 권순자 지음

차이나하우스

머리말

이제는 필수가 된 중국어 실력을 为하여

우리나라와 가까운 이웃나라 중국은 정치, 외교뿐만 아니라 경제 분야에서도 빠르게 성장하며 세계적인 영향력을 행사하고 있습니다. 중국의 급속한 성장으로 국내의 중국어 학습자 수도 크게 늘어났으며, 검증된 중국어 실력을 요구하는 기업체도 많아졌습니다. 이에 따라 중국어의 객관적인 실력 검증 지표인 新HSK 시험 응시는 이제 선택이 아닌 필수가 되었습니다.

실전 맞춤형 모의문제로 6주 만의 합격을 为하여

『누들 新HSK 4급 6주 완성』은 최근 출제된 기출문제와 난이도를 철저히 분석하여, 시험 영역별로 출제 확률이 높은 문제 유형은 물론 핵심 유형의 모의문제까지 모두 수록하였습니다. 영역별 실전 맞춤형 모의문제를 30강으로 구성하여, 학습자들이 6주라는 짧은 시간 내에 어떤 유형의 문제에도 대처할 수 있도록 하였습니다.

중국어 핵심 어법 학습을 통한 중국어 실력 향상을 为하여

『누들 新HSK 4급 6주 완성』은 학습자들이 더욱 체계적으로 중국어를 학습할 수 있도록 꼭 필요한 중국어 어법 내용만 골라 매 강의에 담았습니다. 모의문제를 풀다가 자세하게 공부하고 싶은 어법 내용이 있다면, 이 책 안에서 해결할 수 있도록 구성하여 보다 효율적인 학습이 가능합니다.

新HSK 4급에 도전하시는 학습자 여러분!

중국어에 '万事开头难'이라는 말이 있습니다. '시작이 반이다'라는 우리말 속담과 같은 의미입니다. 이 책을 보고 계신 여러분은 이미 반은 하신 겁니다. 나머지 반은 앞으로 『누들 新HSK 4급 6주 완성』과 함께 공부하며 채워 나가시면, 틀림없이 '합격'이라는 선물을 받으시리라 확신합니다.

마지막으로 이 책을 펴낼 수 있도록 많은 도움을 주신 연세대학교 중문과 김현철 교수님, EBS, 차이나하우스 편집부, 바쁜 일정에도 교정에 참여해 준 김홍매, 김승현, 원명연 선생님께 감사의 말씀을 드립니다. 그리고 깊은 관심과 사랑으로 항상 격려해 주는 가족들에게도 이 지면을 빌려 감사와 사랑의 마음을 전합니다.

김아영 • 권순자

이 책의 활용

활용 1 영역별 핵심 공략 및 빈출 표현 제시

듣기, 독해, 쓰기 각 영역별로 명쾌하게 핵심 공략을 제시하였습니다. 각 영역별 문제를 정확하고 빠르게 풀 수 있도록 방법을 제시하여 학습자들의 학습 효율을 향상시켜 줄 것입니다. 또한 최신 출제 경향을 분석하여 각 영역별로 시험에 자주 나오는 단어, 고정 격식, 어법 내용을 수록하였습니다. 시험 전에 빈출 표현을 꼭 챙겨 보세요.

활용 2 중국어 어법 핵심 내용 정리

매 강의 <오늘의 중국어 어법 한마디>를 통해 중국어 어법의 기초를 탄탄하게 다질 수 있습니다. 중국어 어법 중에서 新HSK 학습자들에게 꼭 필요한 핵심 내용만 담았기 때문에 보다 효율적이고 체계적인 중국어 학습이 가능합니다.

활용 3 미니 모의고사 제공

미니 모의고사를 제공하여 자신의 실력을 최종 점검할 수 있도록 하였습니다. 모든 영역의 학습을 마친 후 실전처럼 테스트하여 실력을 점검해 보세요.

활용 4 다양한 MP3 파일 제공

EBSlang 홈페이지에서 교재에 수록된 단어 리스트 MP3를 포함해 파트별, 문항별 MP3 등 다양한 MP3 파일을 무료로 다운로드할 수 있습니다. 실제 시험을 보는 것처럼 문제 전체를 한번에 들어 볼 수도 있고, 비교적 취약한 문제만 따로 골라서 들을 수 있어 다양한 활용이 가능합니다.

∗ MP3 파일은 www.ebslang.co.kr의 교재 구매 페이지에서 다운로드 받으실 수 있습니다.

활용 5 저자 직강 EBSlang 온라인 강의

혼자 공부하기 두렵다면, 걱정하지 마세요. EBSlang에서 저자 직강의 정확하고 명쾌한 해설을 들을 수 있습니다. 강의를 들으며 '즐겁게, 열심히' 공부하다 보면, 6주 만에 新HSK 4급 반드시 정복할 수 있으리라 확신합니다.

∗ 본 교재의 온라인 강의는 www.ebslang.co.kr에서 수강하실 수 있습니다.

HSK 4급 소개

「HSK4급」은 구)HSK「3~5급」수준에 해당하는 시험이다.

① HSK 4급이란?

- HSK 4급은 응시자의 중국어 응용 능력을 평가하는 시험이다. 이 시험의 수준은 《국제중국어능력기준》 4급과, 《유럽공통언어참조프레임(CEF)》 B2급에 해당한다.
- HSK 4급에 합격한 응시자는 여러 영역에 관련된 화제에 대해 중국어로 토론을 할 수 있다. 또한 비교적 유창하게 원어민과 대화하고 교류할 수 있다.

② 응시 대상

- HSK 4급은 매주 2~4시간씩 4학기 (190~400시간) 정도의 중국어를 학습하고, 1,200개의 상용 어휘와 관련 어법 지식을 마스터한 학습자를 대상으로 한다.

③ 성적 결과

- HSK 4급 성적표에는 듣기, 독해, 쓰기 세 영역의 점수와 총점이 기재된다.
- 각 영역별 만점은 100점이며, 총점은 300점 만점이다.
  ※ 총점이 180점 이상이면 합격이다.
- HSK 성적은 시험일로부터 2년간 유효하다.

④ 시험 내용

- HSK 4급은 총 100문제로 듣기 / 독해 / 쓰기 세 영역으로 나뉜다.

시험 내용			문항 수		시험 시간
듣기	제 1부분	10		45문항	약 30분
	제 2부분	15			
	제 3부분	20			
듣기 영역에 대한 답안 작성 시간					5분
독해	제 1부분	10		40문항	40분
	제 2부분	10			
	제 3부분	20			
쓰기	제 1부분	10		15문항	25분
	제 2부분	5			
총계	/		100문항		100분

- 총 시험 시간은 약 105분이다.

    ※ 응시자 개인 정보 작성 시간 5분 포함

목차

PART 1 第一部分

- **01강** | 쓰기1 ① ········· 15
- **02강** | 쓰기1 ② ········· 25
- **03강** | 쓰기1 ③ ········· 33
- **04강** | 쓰기1 ④ ········· 41
- **05강** | 듣기1 ① ········· 49
- **06강** | 듣기1 ② ········· 59
- **07강** | 듣기1 ③ ········· 65
- **08강** | 독해1 ① ········· 71
- **09강** | 독해1 ② ········· 83
- **10강** | 독해1 ③ ········· 93

PART 2 第二部分

- **11강** | 쓰기2 ① ········· 103
- **12강** | 쓰기2 ② ········· 117
- **13강** | 듣기2 ① ········· 127
- **14강** | 듣기2 ② ········· 139
- **15강** | 듣기2 ③ ········· 147
- **16강** | 독해2 ① ········· 155
- **17강** | 독해2 ② ········· 163
- **18강** | 독해2 ③ ········· 169

PART ③ 第三部分

19강 | 듣기3-1 ① · 177
20강 | 듣기3-1 ② · 187
21강 | 듣기3-1 ③ · 195
22강 | 독해3-1 ① · 203
23강 | 독해3-1 ② · 215
24강 | 독해3-1 ③ · 225
25강 | 듣기3-2 ① · 235
26강 | 듣기3-2 ② · 243
27강 | 듣기3-2 ③ · 249
28강 | 독해3-2 ① · 255
29강 | 독해3-2 ② · 265
30강 | 독해3-2 ③ · 273
31-32강 | 미니 모의고사 · 281

부록

단어 및 표현 · 303

중국어 어법 바로가기

01강 | 중국어 어법 오리엔테이션 · · · · · · · · · · · · · · · · · · · 24
02강 | 명사, 대명사 · 32
03강 | 수량사(수사, 양사) · 40
04강 | 동사 · 48
05강 | 형용사 · 58
06강 | 조동사 · 64
07강 | 부사1(시간부사, 정도부사) · · · · · · · · · · · · · · · · · 70
08강 | 부사2(범위부사, 빈도부사, 상태부사) · · · · · · 82
09강 | 부사3(부정부사, 어기부사) · · · · · · · · · · · · · · · · · 91
10강 | 개사1(시간, 장소, 대상) · · · · · · · · · · · · · · · · · · · 101
11강 | 개사2(방향, 근거) · 116
12강 | 조사 · 126
13강 | 주어, 술어, 목적어 · 137
14강 | 관형어, 부사어 · 146
15강 | 보어1(수량보어) · 154

16강 l 보어2(결과보어, 방향보어) · 162
17강 l 보어3(정도보어, 가능보어) · 168
18강 l 존재를 나타내는 '是', '有', '在' · 175
19강 l 존현문 · 186
20강 l 의문문, 반어문 · 194
21강 l 연동문 · 202
22강 l 겸어문 · 214
23강 l 비교문 · 223
24강 l 把자문 · 233
25강 l 被자문 · 242
26강 l 让자문 · 248
27강 l 병렬·점층·선후 관계 복문 · 254
28강 l 선택·가정 관계 복문 · 264
29강 l 조건·목적 관계 복문 · 272
30강 l 전환·인과 관계 복문 · 280

1강

쓰기1 공략
쓰기1 ①
정답 및 해설
복습하기
오늘의 중국어 어법 한마디

쓰기 1 공략

1 쓰기 1부분 시험 유형

- 어휘를 조합하여 문장을 만드는 문제로 총 10문항이 출제된다.
- 한 문제당 최소 4개에서 최대 6개의 단어나 어구가 제시된다.
- 배점은 한 문제당 6점이다.
- 평균 1.5분에 한 문제를 푸는 것이 좋다.

2 쓰기 1부분 시험 문제 맛보기

这道菜的   有点儿   味道   咸

정답 <u>这道菜的</u> <u>味道</u> <u>有点儿</u> <u>咸</u>。
      관형어   주어   부사어   술어

3 쓰기 1부분 시험 공략법

- **중국어의 기본 어순(주어+술어+목적어)을 찾아내야 한다.**
  제시된 단어 중 먼저 술어를 찾아낸다.
  술어와 의미적으로 관련 있는 명사를 찾아 각각 주어와 목적어의 자리에 배치한다.
- **기본 어순을 찾은 다음 기타 성분을 추가하여 문장을 완성한다.**
  주어와 목적어를 수식하는 관형어가 있으면 각각 주어와 목적어의 앞에 배치한다.
  술어를 수식하는 부사어가 있으면 술어 앞에 배치하고, 보어가 있으면 술어 뒤에 배치한다.
- **특수 구문 또는 고정구를 완성하는 문제가 3~4문제 출제되는 경향이 있다.**
  把자문, 被자문, 比자문, 연동문, 겸어문, 존현문, 강조 구문, 이중목적어문을 익혀야 한다.
  상용 고정구를 익혀야 한다.

4 누딜 수강 안내 및 학습법

- 진단평가에서 문제를 먼저 풀어 본다.
- 본 강의를 듣는다.
- 본 강의에 나온 단어를 복습 정리한다.
- 복습 파트를 통해 강의의 핵심 포인트와 관련된 문제를 풀어 본다.
- 「오늘의 중국어 어법 한마디」를 통해 중국어의 기본 어법 지식을 쌓는다.

5 중국어 문장의 어순과 특징

중국어 문장 성분과 어순

★ **문장 성분**
  기본 성분: 주어, 술어, 목적어
  기타 성분: 관형어, 부사어, 보어

★ **어순**

  [부사어] + [관형어+주어] + [부사어+술어+보어] + [관형어+목적어]
  今天　我的 妹妹　在屋里 喝 完了　一杯　咖啡。

문장 성분별 특징

★ **주어와 술어**

  주어: 명사 또는 대명사
  예) <u>小明</u>今天来中国。　　<u>我</u>学习汉语。
      [명사]   [대명사]

  술어: 동사 또는 형용사
  예) 我 <u>去</u> 图书馆　　今天天气<u>很热</u>。
       [동사]   [형용사]

★ **목적어와 보어**

  목적어와 보어: 술어 뒤에 위치
  예) 我 <u>吃</u> <u>苹果</u>。　　我 <u>吃</u> <u>完了</u>。
       [술어][목적어]   [술어][보어]

★ **관형어와 부사어**

  관형어: 주어와 목적어를 수식하는 성분, 주어 또는 목적어 앞에 위치
  예) <u>我的 朋友</u> 也是中国人。　　她有一个 <u>可爱的 女儿</u>。
       [관형어+주어]   [관형어 + 목적어]

  부사어: 문장의 맨 앞에 위치하여 문장 전체를 수식, 또는 술어 앞에 놓여 술어를 수식
  예) <u>今天晚上</u> <u>我有时间</u>。　　他<u>高高兴兴地</u> <u>进了</u> 教室。
       [부사어]   [문장]   [부사어]   [술어]

쓰기 1 공략

⑥ HSK4급 쓰기 빈출 문형 및 상용 고정구

빈출 문형

동사술어문	他是一个演员。 그는 배우다.
형용사술어문	这家餐厅的菜很好吃。 이 식당의 음식은 매우 맛있다.
존현문	桌子上有两本汉语书。 책상 위에 중국어책 두 권이 있다.
강조구문	他是去年来中国的。 그는 작년에 중국에 왔다.
把자문	我把手机弄丢了。 나는 휴대폰을 잃어버렸다.
被자문	我被他骗了。 나는 그에게 속았다.
比자문	他的个子比我矮5公分。 그의 키는 나보다 5센티미터 작다.
让자문	老师每天让我们背单词。 선생님은 매일 우리들에게 단어를 외우게 한다.

상용 고정구

对……感兴趣 duì……gǎn xìngqù | ~에 흥미를 느끼다/관심이 있다

예) 他对中国的京剧非常感兴趣。 그는 중국의 경극에 관심이 아주 많다.

对……熟悉 duì……shúxī | ~에 익숙하다

예) 我对这里的工作很熟悉。 나는 여기의 일에 아주 익숙하다.

对……有/没有好处 duì……yǒu/méiyǒu hǎochù | ~에 좋다/나쁘다

예) 经常散步对身体有好处。 자주 산책하면 건강에 좋다.

对……有效 duì……yǒuxiào | ~에 효과가 있다

예) 这种药对感冒很有效。 이 약은 감기에 효과가 있다.

一点儿……（也）没有 yìdiǎnr……(yě) méiyǒu ┃ 조금의 ~(도) 없다
예 喝酒对你一点儿好处也没有。술을 마시는 것은 너에게 좋은 점이 하나도 없다.

在……举行 zài……jǔxíng ┃ ~에서 열리다/거행하다
예 这次会议会在上海举行。이번 회의는 상하이에서 열릴 것이다.

为……提供…… wèi……tígōng…… ┃ ~을/를 위해 ~을/를 제공하다
예 公司为员工提供了方便的条件。회사는 사원들을 위해 편리한 조건을 제공했다.

按……排列 àn……páiliè ┃ ~에 따라 배열하다
예 请按从大到小的顺序排列。큰 것에서 작은 것의 순서에 따라 배열하세요.

受……喜爱 shòu……xǐ'ài ┃ ~에게 사랑을 받다/인기가 있다
예 这种巧克力非常受顾客的喜爱。이 초콜릿은 고객들에게 아주 인기가 있다.

增加……数量 zēngjiā……shùliàng ┃ ~수를 늘리다
예 这家工厂决定增加设计师的数量。이 공장은 설계사의 수를 늘리기로 결정했다.

祝……顺利 zhù……shùnlì ┃ ~가 순조롭게 잘 되기를 바란다
예 明天祝你面试顺利。내일 면접이 순조롭게 잘 되길 바랄게요.

放弃……机会 fàngqì……jīhuì ┃ ~의 기회를 포기하다
예 他竟然放弃了这次出国的机会。그는 뜻밖에도 이번에 출국의 기회를 포기했다.

进行……调查 jìnxíng……diàochá ┃ ~조사를 하다
예 同学们在学校进行了关于运动方面的调查。반 친구들은 학교에서 운동에 관련된 조사를 했다.

提高……能力 tígāo……nénglì ┃ ~능력을 향상시키다
예 经常看新闻能提高语言表达能力。뉴스를 자주 보면 언어 표현 능력을 향상시킬 수 있다.

提供……机会 tígōng……jīhuì ┃ ~기회를 제공하다
예 学校提供了一些就业的机会。학교에서 일부 취업 기회를 제공했다.

UNIT 1강 쓰기 第一部分

例如：那座桥　800年的　历史　有　了

→ 那座桥有800年的历史了。

1. 动物园里　可爱的　大熊猫　有

→

2. 我　网球　打　很棒　得

→

3. 还是　你　先　作业　把　做完吧

→

4. 这本书　对　他　感兴趣　很

→

5. 出国　小王　就　了　快要　听说

→

1강 정답 및 해설

1. 动物园里 可爱的 大熊猫 有

정답 动物园里有可爱的大熊猫。 동물원에 귀여운 큰 판다가 있다.

단어 动物园 dòngwùyuán 명 동물원 可爱 kě'ài 형 귀엽다
大熊猫 dàxióngmāo 명 판다

핵심 존현문

动物园里	有	可爱的	大熊猫
주어	술어	관형어	목적어

2. 我 网球 打 很棒 得

정답 我网球打得很棒。 나는 테니스를 잘 친다.

단어 网球 wǎngqiú 명 테니스 打 dǎ 동 치다, 때리다
棒 bàng 형 좋다

핵심 得자와 정도보어

我	(打)	网球	打	得	很棒
주어	(술어생략)	목적어	술어	得	정도보어

3. 还是 你 先 作业 把 做完吧

정답 你还是先把作业做完吧。 너 그래도 먼저 숙제를 다 해.

단어 还是 háishi 부 여전히, 아직도, 그래도 先 xiān 부 먼저
作业 zuòyè 명 숙제 做完 zuòwán 다 하다, 끝내다

핵심 把자문

	부사	부사	개사	명사			
你	还是	先	把	作业	做	完	吧
주어		부사어			술어	결과보어	

1강 정답 및 해설

4. 这本书　对　他　感兴趣　很

정답 他对这本书很感兴趣。 그는 이 책에 흥미를 느낀다.
단어 对 duì ㈜ ~에 대해　感兴趣 gǎn xìngqù 흥미가 있다

핵심 对……感兴趣

	개사	지시대명사+양사+명사	부사	
他	对	这本书	很	感兴趣
주어		부사어		술어

5. 出国　小王　就　了　快要　听说

정답 听说小王就快要出国了。 듣자하니 샤오왕이 곧 출국한다고 한다.
단어 出国 chūguó ⑧ 출국하다　快要 kuàiyào ⑨ 곧 (~하다), 말미에 어기조사 了를 동반
　　　 听说 tīngshuō ⑧ 듣자하니, 듣건대

핵심 快要……了

		부사	부사		
听说	小王	就	快要	出国	了
삽입어	주어	부사어		술어	

* 삽입어 문장 성분이 아닌 화자의 말을 보충 설명하는 말.

1강 복습하기

1. 了　去　中国　快要　他

→
_____

2. 很　网球　对　感兴趣　我弟弟

→
_____

3. 你　你的面包　吃完　先　把　还是　吧

→
_____

4. 得　唱　他　歌　好听　不

→
_____

5. 有　银行　学校里　商店　和

→
_____

1강 복습 정답
1. 他快要去中国了。
2. 我弟弟对网球很感兴趣。
3. 你还是先把你的面包吃完吧。
4. 他歌唱得不好听。
5. 学校里有银行和商店。/ 学校里有商店和银行。

중국어 어법 오리엔테이션

我喝咖啡，你喝茶。

단어 독립적으로 사용할 수 있는 가장 작은 단위를 말한다.

품사 단어의 성질이 같은 것끼리 묶은 것이다.
- ★ 종류 명사, 대명사, 수사, 양사, 조동사, 동사, 형용사, 부사, 개사, 조사, 접속사, 감탄사, 의성사
- 예) 我, 喝, 咖啡, 茶

구 두 개 이상의 단어가 일정한 규칙에 맞게 결합한 단위다.
- 예) 我喝(주술구), 喝咖啡(술목구)

문장
- ★ 문장 성분 주어, 술어, 목적어, 관형어, 부사어, 보어
- ★ 단문 언어의 가장 작은 단위, 완전한 하나의 의미를 가짐
  - 예) 我喝咖啡。
- ★ 복문 두 개 이상의 단문으로 구성
  - 예) 我喝咖啡，你喝茶。

2강

쓰기1 ②
정답 및 해설
복습하기
오늘의 중국어 어법 한마디

UNIT 2강 쓰기 | 第一部分

6. 不知道   我的   丢   哪儿了   房间钥匙

→

7. 互联网大会   将   今年的   举行   在东京

→

8. 都   那家   服务员   餐厅的   热情   很

→

9. 偷走   我的   被   钱包   了   小偷

→

10. 被   了   一顿   批评   小红

→

11. 这条裙子的　那条　比　颜色　好看

→

12. 精彩　今年的　一样　表演　跟去年

→

13. 传真　你们公司　给我们　发过　没　从来

→

2강 정답 및 해설

6. 不知道　我的　丢　哪儿了　房间钥匙

정답 我的房间钥匙不知道丢哪儿了。 내 방 열쇠를 어디에 두었는지 모르겠다.
단어 房间 fángjiān 몡 방　钥匙 yàoshi 몡 열쇠
　　　 丢 diū 동 잃어버리다, 분실하다

> **핵심** 동사술어문
>
> 　　我的　　房间钥匙　　不知道　　丢　哪儿了
> 　　관형어　　주어　　　　술어　　　　목적어

7. 互联网大会　将　今年的　举行　在东京

정답 今年的互联网大会将在东京举行。 올해의 인터넷 대회는 도쿄에서 열릴 것이다.
단어 互联网 hùliánwǎng 몡 인터넷　大会 dàhuì 몡 대회
　　　 将 jiāng 부 장차　东京 Dōngjīng 몡 도쿄　举行 jǔxíng 동 거행하다

> **핵심** 동사술어문
>
> 　　　　　　　　　　　　　　　부사　　개사+명사
> 　　今年的　互联网大会　　将　在东京　举行
> 　　관형어　　주어　　　　　부사어　　　술어

8. 都　那家　服务员　餐厅的　热情　很

정답 那家餐厅的服务员都很热情。 그 식당의 종업원들은 모두 친절하다.
단어 家 jiā 양 점포, 가게를 세는 단위　餐厅 cāntīng 몡 식당
　　　 服务员 fúwùyuán 몡 종업원　都 dōu 부 모두　热情 rèqíng 형 친절하다, 열정적이다

> **핵심** 형용사술어문
>
> 　　　　　　　　　　　　　부사　부사
> 　　那家 餐厅的　　服务员　都　很　热情
> 　　관형어　　　　　주어　　부사어　　술어

9. 偷走　我的　被　钱包　了　小偷

정답 我的钱包被小偷偷走了。도둑이 내 지갑을 훔쳐 갔다.
단어 钱包 qiánbāo 명 지갑　被 bèi 개 ~에 의해
　　　小偷 xiǎotōu 명 도둑, 좀도둑　偷 tōu 동 훔치다, 도둑질하다

핵심 被자문

我的	钱包	被	小偷	偷	走	了
		개사	명사			
관형어	주어	부사어		술어	결과보어	

10. 被　了　一顿　批评　小红

정답 小红被批评了一顿。샤오홍은 한 차례 비판을 받았다.
단어 被 bèi 개 동사 앞에 쓰여서 피동을 나타냄　批评 pīpíng 동 비판하다, 질책하다
　　　顿 dùn 양 번, 차례

핵심 被자문(행위자 생략)

小红	被	批评 了	一顿
주어	부사어	술어	보어

11. 这条裙子的　那条　比　颜色　好看

정답 这条裙子的颜色比那条好看。이 치마의 색깔은 저 치마보다 예쁘다.
단어 条 tiáo 양 치마, 바지를 세는 양사　裙子 qúnzi 명 치마, 스커트
　　　颜色 yánsè 명 색깔　比 bǐ 개 ~에 비해, ~보다

핵심 비자문

这条裙子的	颜色	比	那条	好看
		개사	대명사+양사	
관형어	주어	부사어		술어

2강 정답 및 해설

12. 精彩　今年的　一样　表演　跟去年

정답 今年的表演跟去年一样精彩。 올해의 공연은 작년과 마찬가지로 훌륭하다.

단어 今年 jīnnián 몡 올해　表演 biǎoyǎn 동 공연하다　跟 gēn 깨 ~와, ~과
去年 qùnián 몡 작년　一样 yíyàng 형 같다, 동일하다
跟……一样 ~와(과) 같다, ~와(과) 마찬가지로　精彩 jīngcǎi 형 뛰어나다, 훌륭하다

핵심 跟……一样(동등비교문)

　　　　　　　　　　개사+명사　　형용사
今年的　　表演　　跟去年　一样　　精彩
 관형어　　 주어　　　부사어　　　　술어

13. 传真　你们公司　给我们　发过　没　从来

정답 你们公司从来没给我们发过传真。 너희 회사에서는 지금까지 우리에게 팩스를 보낸 적이 없다.

단어 公司 gōngsī 명 회사　从来 cónglái 부 지금까지, 여태껏, 이제까지
没 méi 부 ~하지 않다(과거 경험, 행위, 사실 등을 부정)　给 gěi 깨 ~에게
发 fā 동 보내다, 교부하다, 발송하다　过 guo 조 ~한 적이 있다　传真 chuánzhēn 명 팩스

핵심 과거 경험 부정

　　　　　　부사　　부사　개사+대명사
你们公司　从来　没　给我们　发过　传真
　주어　　　　부사어　　　　　　술어　목적어

2강 복습하기

1. 老师　被　他　骂了　一顿

   →
   _____

   骂 mà (동) 꾸짖다

2. 高　我　跟姐姐　一样

   →
   _____

3. 钱包　她　看起来　很　买的　贵

   →
   _____

   看起来 kànqǐlái (동) 보아하니~하다

4. 夏天　热　今年的　比　去年　更

   →
   _____

5. 我　学校　在　丢了　一本书

   →
   _____

2강 복습 정답
1. 他被老师骂了一顿。
2. 我跟姐姐一样高。
3. 她买的钱包看起来很贵。/ 看起来她买的钱包很贵。
4. 今年的夏天比去年更热。
5. 我在学校丢了一本书。

오늘의 중국어 어법 한마디

명사, 대명사

今年我弟弟的朋友要去上海留学。

명사 사람, 사물, 장소, 추상적인 것 등의 명칭을 말한다.

> 예) 今年, 弟弟, 朋友, 上海

★ 기본 특징

1) 일반적으로 부사의 수식을 받지 않는다. 예) 很书(×)
2) 사람을 가리키는 명사 뒤에 '们'을 붙여 복수를 나타낸다. 예) 朋友们
3) 수량사의 수식을 받는다. 예) 一杯可乐
4) 명사, 대명사, 형용사, 동사의 수식을 받는다. 예) 我的包, 可爱的妹妹
5) 일부 명사는 중첩하여 '하나도 예외 없이'라는 의미로 쓰일 수 있다.
> 예) 人人, 天天, 家家, 年年

★ 문장 성분으로의 활용

1) 문장에서 주어, 목적어, 관형어 등으로 쓰인다.
2) 명사는 대개 부사어로 사용되지 않지만, 장소나 시간을 나타내는 명사는 주어 앞뒤에서 부사어로 쓰일 수 있다. 예) 今年我~, 我今年~

대명사 사람, 사물, 성질 등 명사를 대신해서 가리키는 말이다.

★ 종류

1) 인칭대명사 : 我, 你, 他, 她, 它(단수) + 们(복수) 등
2) 지시대명사 : 这, 那, 这儿, 那儿, 这么, 那么, 每, 各 등
3) 의문대명사 : 谁, 哪儿, 怎么, 什么, 为什么, 几, 多少 등

★ 문장의 모든 성분으로 활용될 수 있다.

3강

쓰기1 ③
정답 및 해설
복습하기
오늘의 중국어 어법 한마디

UNIT 3강 쓰기 | 第一部分

14. 是　这趟航班　飞往　从北京　广东　的

→

15. 连　都　不信任　自己的母亲　不应该　你

→

16. 一个　这件事　使他　道理　明白了

→

17. 我　让　老师　背课文　好好儿

→

18. 和　本子　用零钱　我　买了　橡皮

→

19. 抽烟　大家的　办公室里　禁止　为了　健康

→

20. 还想　一门　我　再选　专业课

→

21. 关于　这篇文章　难翻译　世界经济的　特别

→

3강 정답 및 해설

14. 是　这趟航班　飞往　从北京　广东　的

정답 这趟航班是从北京飞往广东的。 이번 항공편은 베이징에서 광동으로 가는 것입니다.

단어 趟 tàng 〔양〕 편, 번, 차례　航班 hángbān 〔명〕 운항편, 항공편　从 cóng 〔개〕 ~부터
是……的 shì~de 강조구문(是와 的 사이에 강조할 내용을 넣는다)　北京 Běijīng 〔명〕 베이징
飞往 fēiwǎng 비행기를 타고 ~로 가다　广东 Guǎngdōng 〔명〕 광동

핵심 是~的 강조구문

			개사+명사			
这趟	航班	是	从北京	飞往	广东	的
관형어	주어		부사어	술어	목적어	

15. 连　都　不信任　自己的母亲　不应该　你

정답 你不应该连自己的母亲都不信任。 자신의 어머니조차도 믿지 않으면 안 된다.

단어 应该 yīnggāi 〔조동〕 ~해야 한다, ~하는 것이 마땅하다　连……都 lián……dōu ~마저도 ~한다
自己 zìjǐ 〔대〕 자기, 자신, 스스로　母亲 mǔqīn 〔명〕 모친, 엄마, 어머니　信任 xìnrèn 〔동〕 신뢰하다, 믿다

핵심 连……都 강조구문

	부사+조동사	개사	대명사+조사+명사	부사	
你	不应该	连	自己的母亲	都	不信任
주어	부사어				술어

16. 一个　这件事　使他　道理　明白了

정답 这件事使他明白了一个道理。 나는 이 일로 한 가지 이치를 깨달았다.

단어 件 jiàn 〔양〕 건, 개　事 shì 〔명〕 일　使 shǐ 〔동〕 ~시키다, ~하게 하다
明白 míngbai 〔동〕 알다, 이해하다　道理 dàolǐ 〔명〕 이치, 일리

핵심 使자 사역 의미 겸어문

这件事	使	他	明白了	一个	道理
주어	술어	겸어	술어	관형어	목적어

*겸어: 한 문장에서 주어이자 목적어가 되는 성분

17. 我　让　老师　背课文　好好儿

정답 老师让我好好儿背课文。 선생님은 나에게 본문을 제대로 외우도록 시켰다.
단어 老师 lǎoshī 명 선생님　让 ràng 동 ~하게 하다, ~하도록 시키다
好好儿 hǎohāor 부 잘, 제대로　背 bèi 동 외우다, 암기하다　课文 kèwén 명 본문

핵심 让자 사역 의미 겸어문

老师　让　我　好好儿　背　课文
주어　술어　겸어　부사어　술어　목적어

18. 和　本子　用零钱　我　买了　橡皮

정답 我用零钱买了橡皮和本子。 나는 용돈으로 지우개와 노트를 샀다.
　　　 我用零钱买了本子和橡皮。 나는 용돈으로 노트와 지우개를 샀다.
단어 用 yòng 동 쓰다　零钱 língqián 명 용돈, 잔돈　买 mǎi 동 사다
橡皮 xiàngpí 명 지우개　和 hé 접 ~와, ~과　本子 běnzi 명 공책, 노트

핵심 연동문

我　用　零钱　买了　橡皮 和 本子
주어　술어1　목적어　술어2　목적어

19. 抽烟　大家的　办公室里　禁止　为了　健康

정답 为了大家的健康, 办公室里禁止抽烟。 모두의 건강을 위해 사무실 안에서는 흡연하는 것을 금지한다.
단어 为了 wèile 개 ~을(를) 위하여　大家 dàjiā 대 모두　健康 jiànkāng 명 건강
办公室 bàngōngshì 명 사무실　里 lǐ 명 안, 속　禁止 jìnzhǐ 동 금지하다　抽烟 chōuyān 흡연하다

핵심 개사 为了

　　　개사　　대명사+조사　명사
为了 大家的 健康,　办公室里　禁止　抽烟
　부사어　　　　　　　주어　　술어　목적어

3강 정답 및 해설

20. 还想 一门 我 再选 专业课

정답 我还想再选一门专业课。 나는 전공 과목 하나를 더 선택하고 싶다.

단어 还 hái (부) 또, 더   想 xiǎng [조동] ~하고 싶다   再 zài (부) 재차, 또
选 xuǎn (동) 고르다, 선택하다   门 mén (양) 과목   专业课 zhuānyèkè (명) 전공 과목

> **핵심** 부사 还, 再와 조동사 위치
>
> | 我 | 还想再 | 选 | 一门 | 专业课 |
> |---|---|---|---|---|
> | | 부사 조동사 부사 | | | |
> | 주어 | 부사어 | 술어 | 관형어 | 목적어 |

21. 关于 这篇文章 难翻译 世界经济的 特别

정답 关于世界经济的这篇文章特别难翻译。 세계 경제에 관한 이 글은 특히 번역하기 어렵다.

단어 关于 guānyú (개) ~관하여   世界 shìjiè (명) 세계   经济 jīngjì (명) 경제
篇 piān (양) 편, 장   文章 wénzhāng (명) 글, 문장   特别 tèbié (부) 특별히
难 nán (형) ~하기 어렵다, 어렵다   翻译 fānyì (동) 통역하다, 번역하다

> **핵심** 개사 关于
>
> | 关于 世界经济的 | 这篇文章 | 特别 难 | 翻译 |
> |---|---|---|---|
> | | | 부사 형용사 | |
> | 관형어 | 주어 | 부사어 | 술어 |

3강 복습하기

1. 学生　让　老师　不　抽烟

   →

2. 连　这个道理　不　都　明白

   →

3. 北京的　关于　文章　很有意思　这篇

   →

4. 再　我母亲　想　还　去一趟　广东

   →

5. 是　你　和谁　一起　来的

   →

谁 shéi 때 누구

3강 복습 정답
1. 老师不让学生抽烟。
2. 连这个道理都不明白。
3. 关于北京的这篇文章很有意思。
4. 我母亲还想再去一趟广东。
5. 你是和谁一起来的?

수량사 수사, 양사

开学第一天,
我买了十本左右的汉语书。

수사 수를 나타내며, 기수, 서수, 어림수가 있다.
  예) 十, 第一, 左右

★ 기본 특징
  1) 보통 양사와 함께 사용된다. 예) 十本汉语书
  2) 二, 两의 차이
    - '二'은 주로 서수, 분수, 소수에 쓰인다. 예) 第二, 二分之一
    - '两'은 주로 양사 앞에 쓰이며, '千', '万', '亿' 앞에도 주로 '两'을 쓴다.
      예) 两个人, 两千, 两亿
  3) 어림수를 나타내는 多, 来
    - 0으로 끝나는 숫자 : 수사+多/来+양사+명사 예) 十多个月, 二十来个人
    - 1~9로 끝나는 숫자 : 수사+양사+多/来+명사 예) 两个多月, 一个来小时

양사 수를 세는 단위를 말한다.
  1) 명량사(개체&집합) : 一个人, 一条路, 一张床, 一把钥匙, 一部电影,
     一件衣服, 一台电视, 一家餐厅, 一双筷子, 一对夫妇 등
  2) 동량사(일반&차용) : 看一次, 听一遍, 去一趟, 骂了一顿, 看了一眼 등

4강

쓰기1 ④
정답 및 해설
복습하기
오늘의 중국어 어법 한마디

UNIT 4강 쓰기 | 第一部分

22. 千万　抽烟　学　小孩子　不要　大人

→ ....

23. 这本书的　内容　你　告诉　我　别

→ ....

24. 环境污染　支持　全社会的　离不开　减少

→ ....

25. 怎么　你　才　这么晚　回来　呢

→ ....

26. 他　练习　吗　太极拳　不是　每天

→ ....

27. 美丽的　我们　地方　生活在　一个

→

28. 姐姐　咖啡　前面　拿着　走在

→

29. 多远　从你家　有　距离　火车站的　到

→

4강 정답 및 해설

22. 千万 抽烟 学 小孩子 不要 大人

정답 小孩子千万不要学大人抽烟。 아이들은 절대로 어른들이 흡연하는 것을 배우면 안 된다.
단어 小孩子 xiǎoháizi 명 아이 千万 qiānwàn 부 제발
　　　 不要 búyào 부 ~하지 마라 抽烟 chōuyān 흡연하다

> **핵심** 부정적 의미를 가진 부사의 사용
>
> 　　　　　　부사 　부사
> 　　小孩子　千万 不要　学　大人 抽烟
> 　　　주어　　부사어　　술어　　목적어

23. 这本书的 内容 你 告诉 我 别

정답 你别告诉我这本书的内容。 이 책의 내용을 제게 알려 주지 마세요.
단어 别 bié 부 ~하지 마라 告诉 gàosu 동 말하다, 알리다
　　　 本 běn 양 권 书 shū 명 책 内容 nèiróng 명 내용

> **핵심** 이중목적어문
>
> 　　你　别　告诉　我　这本书的　内容
> 　주어　부사어　술어　목적어1　관형어　목적어2

24. 环境污染 支持 全社会的 离不开 减少

정답 减少环境污染离不开全社会的支持。 환경 오염을 줄이기 위해서는 사회 전체의 지지가 필요하다.
단어 减少 jiǎnshǎo 동 감소하다 环境 huánjìng 명 환경 污染 wūrǎn 명 오염
　　　 离开 líkāi 동 떨어지다, 헤어지다, 떠나다 离不开 lí bukāi 떨어질 수 없다, 벗어날 수 없다
　　　 全 quán 형 온, 전부의 社会 shèhuì 명 사회 支持 zhīchí 동 지지하다, 견디다

> **핵심** 가능보어
>
> 　　减少 环境污染　离不开　全社会的　支持
> 　　　주어　　　술어+가능보어　관형어　목적어

25. 怎么 你 才 这么晚 回来 呢

정답 你怎么这么晚才回来呢? 당신은 왜 이렇게 늦게 돌아왔나요?
단어 怎么 zěnme 대 어째서, 왜 这么 zhème 대 이렇게
  晚 wǎn 형 늦다 才 cái 부 ~에서야, 겨우 回来 huílai 동 돌아오다

핵심 반어문

  대명사　　대명사+형용사　부사
  你　怎么　这么晚　才　回来　呢
  주어　　　　부사어　　　　술어

26. 他 练习 吗 太极拳 不是 每天

정답 他不是每天练习太极拳? 그는 매일 태극권을 연습하지 않나요?
단어 不是……吗 búshì……ma 반어문 每天 měitiān 명 매일
  练习 liànxí 동 연습하다 太极拳 tàijíquán 명 태극권

핵심 반어문

  他　不是　每天　练习　太极拳　吗
  주어　술어　　　　　　목적어

27. 美丽的 我们 地方 生活在 一个

정답 我们生活在一个美丽的地方。 우리들은 아름다운 곳에서 생활한다.
단어 生活 shēnghuó 동 살다, 생활하다 美丽 měilì 형 아름답다 地方 dìfang 명 곳, 장소

핵심 결과보어

  我们　生活　在　一个　美丽的　地方
  주어　술어　결과보어　　관형어　　목적어

4강 정답 및 해설

28. 姐姐 咖啡 前面 拿着 走在

정답 姐姐拿着咖啡走在前面。 언니(누나)는 커피를 든 채로 앞에서 걸어간다.

단어 姐姐 jiějie 명 언니, 누나   拿 ná 동 쥐다, 가지다   着 zhe 조 ~하고 있다, ~한 채로
咖啡 kāfēi 명 커피   走 zǒu 동 걷다   前面 qiánmian 명 앞

핵심 동작의 상태·방식을 나타내는 着

姐姐	拿着	咖啡	走	在	前面
주어	술어1	목적어	술어2	결과보어	목적어

29. 多远 从你家 有 距离 火车站的 到

정답 从你家到火车站的距离有多远? 네 집에서 기차역까지 거리가 얼마나 되니?

단어 从……到 cóng……dào ~에서 ~까지   火车站 huǒchēzhàn 명 기차역
距离 jùlí 명 거리, 간격   多 duō 부 얼마나(의문문에서 정도를 나타냄)
远 yuǎn 형 멀다

핵심 의문부사 多

从你家 到 火车站的	距离	有	多远
관형어	주어	술어	목적어

4강 복습하기

1. 你 拿着 不是 咖啡 吗

    →
    ....

2. 生活 都 手机 现代人的 离不开

    →
    ....

    手机 shǒujī 몡 휴대 전화

3. 告诉 太极拳 怎么 练习 你 我

    →
    ....

4. 远 怎么 从你家 学校 到 这么 呢

    →
    ....

5. 找 不要 不喜欢的 自己 工作 千万

    →
    ....

    工作 gōngzuò 몡 직업

4강 복습 정답

1. 你不是拿着咖啡吗?
2. 现代人的生活都离不开手机。
3. 你告诉我怎么练习太极拳。/ 我告诉你怎么练习太极拳。
4. 从你家到学校怎么这么远呢?
5. 千万不要找自己不喜欢的工作。

오늘의 중국어 어법 한마디

동사

我喜欢吃中国菜。

동사 주어의 동작이나 행위를 서술하며, 주로 술어로 쓰인다.
　　예) 喜欢, 吃

★ 동사의 성격에 따른 분류
　1) 동작동사: 吃, 喝, 看, 跑 등
　2) 심리동사: 喜欢, 爱, 担心, 希望 등
　3) 관계동사: 是, 有, 叫 등
　4) 조동사: 能, 会, 可以, 应该 등

★ 목적어의 유형에 따른 분류
　1) 명사를 목적어로 취하는 동사 예) 吃中国菜
　2) 동사, 형용사를 목적어로 취하는 동사 예) 开始上课, 感到幸福
　3) 이중목적어를 취하는 동사 예) 给你书, 教你们汉语, 告诉他这件事
　4) 이합사(离合词): 목적어를 취할 수 없는 동사 예) 见面, 结婚, 帮忙, 毕业 등

★ 특징
　1) 일반 동작 동사는 중첩 사용할 수 있으며, 동작이 짧은 시간에 이뤄지거나, 시도, 바램, 완화된 어기를 나타낸다.
　　예) 看(一)看, 尝(一)尝, 研究研究, 见见面 등
　2) 정도부사를 제외한 일반 부사의 수식을 받을 수 있다. 예) 刚吃饭(O), 很吃(X)
　3) 심리동사는 정도부사의 수식을 받을 수 있다. 예) 很喜欢(O)
　4) 뒤에 동작의 상태를 나타내는 조사 '了(완료)', '着(지속)', '过(경험)'가 올 수 있다.
　　예) 听了, 看着, 吃过
　5) '不', '没'로 부정문을 만든다. 현재형은 '不'로, 동작의 완료·지속·과거형은 '没'로 부정한다.
　　예) 不吃, 没去, 没看过

5강

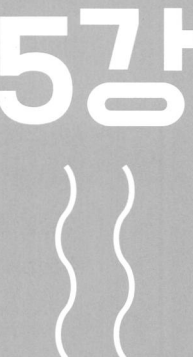

듣기1 공략
듣기1 ①
정답 및 해설
복습하기
오늘의 중국어 어법 한마디

듣기 1
공략

1 듣기 1부분 시험 유형

- 총 10문항으로, 녹음을 듣고 녹음 지문의 내용과 제시된 문장의 일치 여부를 판단하는 문제가 출제된다. 일치하면 √, 틀리면 X로 표시한다.
- 녹음은 일반적으로 3~6문장으로 시간은 20초 정도 되며, 음성으로만 들려준다.
- 각 문제에 제시된 문장은 간단한 하나의 문장으로, 음성으로 들려주고 문제지에도 제시된다.

2 듣기 1부분 시험 문제 맛보기

我想去办个信用卡，明天上午你有时间吗? 陪我去一趟银行?

★ 他打算明天上午去银行。(√)

3 듣기 1부분 시험 공략법

- 먼저 제시된 문장을 빠르게 읽고 핵심 내용을 파악한다.
- 녹음의 핵심 문장은 대체로 처음과 끝에 있는 경우가 많다.
- 문제의 유형은 대체로 제시된 문장이 녹음 지문의 내용과 〈유사하거나 똑같은 경우〉, 〈의미가 완전히 상반되는 경우〉, 〈의미를 절대긍정이나 절대부정으로 표현하는 경우〉, 〈시제가 반대되는 경우〉가 많다. 그러므로 상용 동의어와 반의어를 반드시 익혀야 한다.
- 사람의 신분이나 심정, 대화 장소, 숫자, 행동 등에 관련된 문제가 잘 나오므로, 핵심 어휘를 파악하는 것이 문제 풀이에 많은 도움이 된다.
- 녹음을 들으면서 중요한 내용은 메모해야 한다. 특히 숫자나 술어와 관련 되는 주어가 바뀌지 않도록 주의하며 기록해야 한다.

4 누들 수강 안내 및 학습법

- 진단평가에서 문제를 먼저 풀어 본다.
- 본 강의를 듣는다.
- 본 강의에 나온 단어를 복습 정리한다.
- 복습 파트를 통해 강의의 핵심 문장을 다시 한 번 들어보고, 관련된 중요 어휘를 받아쓰기한다.
- 「오늘의 중국어 어법 한마디」를 통해 HSK4급에 필요한 중국어 어법 지식을 쌓는다.

5 상용 동의어와 반의어

		동 의 어
01	兴趣 xìngqù ≈ 爱好 àihào	몡 취미
02	工资 gōngzī ≈ 收入 shōurù	몡 급여, 수입
03	过去 guòqù ≈ 以前 yǐqián	몡 과거, 이전
04	看法 kànfǎ ≈ 意见 yìjiàn	몡 의견, 견해
05	重点 zhòngdiǎn ≈ 关键 guānjiàn	몡 관건, 핵심
06	爱 ài ≈ 喜欢 xǐhuan ≈ 喜爱 xǐ'ài	동 좋아하다
07	说话 shuōhuà ≈ 聊天儿 liáotiānr	동 말하다, 잡담하다
08	觉得 juéde ≈ 认为 rènwéi ≈ 想 xiǎng	동 생각하다, 여기다
09	帮 bāng ≈ 帮助 bāngzhù ≈ 帮忙 bāngmáng	동 돕다
10	迟到 chídào ≈ 晚到 wǎndào	동 늦게 도착하다, 지각하다
11	懂 dǒng ≈ 明白 míngbai	동 알다, 이해하다
12	小心 xiǎoxīn ≈ 注意 zhùyì	동 조심하다, 주의하다
13	告诉 gàosu ≈ 通知 tōngzhī	동 알리다
14	变化 biànhuà ≈ 改变 gǎibiàn	동 변하다, 바뀌다
15	打算 dǎsuàn ≈ 计划 jìhuà	동 계획하다, 기획하다
16	适应 shìyìng ≈ 习惯 xíguàn	동 적응하다
17	相信 xiāngxìn ≈ 信任 xìnrèn	동 믿다, 신뢰하다
18	同意 tóngyì ≈ 支持 zhīchí	동 동의하다, 지지하다
19	增加 zēngjiā ≈ 增长 zēngzhǎng	동 증가하다, 늘어나다
20	坏 huài ≈ 差 chà	형 나쁘다, 좋지 않다
21	旧 jiù ≈ 老 lǎo	형 오래되다
22	胖 pàng ≈ 肥 féi	형 토실토실하다

23	简单 jiǎndān ≈ 容易 róngyì	형 간단하다, 쉽다
24	粗心 cūxīn ≈ 马虎 mǎhu	형 조심성이 없다, 세심하지 못하다
25	兴奋 xīngfèn ≈ 激动 jīdòng	동 자극시키다, 흥분하다
26	高兴 gāoxìng ≈ 愉快 yúkuài	형 기쁘다, 유쾌하다
27	伤心 shāngxīn ≈ 难过 nánguò	형 슬프다, 괴롭다
28	总是 zǒngshì ≈ 常常 chángcháng	부 늘, 언제나
29	马上 mǎshàng ≈ 立刻 lìkè	부 바로, 곧
30	按时 ànshí ≈ 准时 zhǔnshí	부 정시에, 제때에
31	大约 dàyuē 부 ≈ 左右 zuǒyòu 명 ≈ 大概 dàgài	대략, ~정도
32	刚 gāng 부 ≈ 刚才 gāngcái 명	방금, 막
33	几乎 jīhū ≈ 差不多 chàbuduō	부 거의, 대체로
34	还是 háishi ≈ 仍然 réngrán	부 여전히, 아직도
35	肯定 kěndìng ≈ 一定 yídìng	부 반드시, 필히
36	突然 tūrán ≈ 忽然 hūrán	부 갑자기
37	竟然 jìngrán 부 ≈ 没想到 méi xiǎngdào	뜻밖에도, 생각지 못하다
38	特别 tèbié ≈ 尤其 yóuqí	부 특히
39	由于 yóuyú ≈ 因为 yīnwèi	접 ~때문에
40	但是 dànshì ≈ 可是 kěshì ≈ 然而 rán'ér	접 그러나
41	如果 rúguǒ ≈ 要是 yàoshi ≈ 假如 jiǎrú	접 만약에
42	虽然 suīrán ≈ 尽管 jǐnguǎn	접 비록(설령) ~하더라도
43	根据 gēnjù ≈ 按照 ànzhào	개 ~에 근거하여, ~에 따라
44	还是 háishi ≈ 或者 huòzhě	접 또는, 아니면

			반 의 어	
01	丈夫 zhàngfu 명 남편	↔	妻子 qīzi 명 아내	
02	部分 bùfen 명 부분	↔	全部 quánbù 명 전부	
03	过去 guòqù 명 과거	↔	将来 jiānglái 명 장래, 미래	
04	缺点 quēdiǎn 명 결점	↔	优点 yōudiǎn 명 장점	
05	以后 yǐhòu 명 이후	↔	以前 yǐqián 명 이전	
06	接 jiē 동 마중하다	↔	送 sòng 동 배웅하다	
07	输 shū 동 지다	↔	赢 yíng 동 이기다	
08	表扬 biǎoyáng 동 칭찬하다	↔	批评 pīpíng 동 비판하다, 지적하다	
09	成功 chénggōng 동 성공하다	↔	失败 shībài 동 실패하다	
10	担心 dānxīn 동 걱정하다	↔	放心 fàngxīn 동 마음을 놓다	
11	禁止 jìnzhǐ 동 금지하다	↔	允许 yǔnxǔ 동 허가하다	
12	来得及 láidejí 동 늦지 않다	↔	来不及 láibují 동 제 시간에 할 수 없다	
13	反对 fǎnduì 동 반대하다	↔	支持 zhīchí 동 지지하다	
14	放弃 fàngqì 동 포기하다	↔	坚持 jiānchí 동 견지하다, 굳건히 하다	
15	记得 jìde 동 기억하다	↔	忘记 wàngjì 동 잊어버리다	
16	继续 jìxù 동 계속하다	↔	停止 tíngzhǐ 동 멈추다	
17	减少 jiǎnshǎo 동 감소하다	↔	增加 zēngjiā 동 증가하다	
18	降低 jiàngdī 동 내리다, 낮추다	↔	提高 tígāo 동 제고하다, 향상시키다	
19	拒绝 jùjué 동 거절하다	↔	接受 jiēshòu 동 받아들이다	
20	浪费 làngfèi 동 낭비하다	↔	节约 jiéyuē 동 절약하다	
21	结束 jiéshù 동 끝나다	↔	开始 kāishǐ 동 시작하다	
22	同意 tóngyì 동 동의하다	↔	反对 fǎnduì 동 반대하다	
23	怀疑 huáiyí 동 의심하다	↔	相信 xiāngxìn 동 믿다	

24	提前 tíqián (동) 앞당기다	↔	推迟 tuīchí (동) 연기하다, 늦추다	
25	老 lǎo (형) 늙다	↔	年轻 niánqīng (형) 젊다	
26	宽 kuān (형) 넓다	↔	窄 zhǎi (형) 좁다 (5급)	
27	难 nán (형) 어렵다	↔	容易 róngyì (형) 쉽다	
28	贵 guì (형) 비싸다	↔	便宜 piányi (형) 싸다	
29	安全 ānquán (형) 안전하다	↔	危险 wēixiǎn (형) 위험하다	
30	满意 mǎnyì (형) 만족하다	↔	失望 shīwàng (형) 실망하다	
31	方便 fāngbiàn (형) 편리하다	↔	麻烦 máfan (형) 귀찮다, 번거롭다	
32	简单 jiǎndān (형) 간단하다	↔	复杂 fùzá (형) 복잡하다	
33	凉快 liángkuai (형) 시원하다	↔	暖和 nuǎnhuo (형) 따뜻하다	
34	干燥 gānzào (형) 건조하다	↔	湿润 shīrùn (형) 축축하다	
35	紧张 jǐnzhāng (형) 긴장하다	↔	轻松 qīngsōng (형) 수월하다, 부담이 없다	
36	有趣 yǒuqù (형) 재미있다	↔	无聊 wúliáo (형) 무료하다, 지루하다	
37	普遍 pǔbiàn (형) 보편적이다	↔	特别 tèbié (형) 특별하다	
38	认真 rènzhēn (형) 진지하다, 착실하다	↔	马虎 mǎhu (형) 대충하다, 조심성이 없다	
39	舒服 shūfu (형) 편안하다	↔	难受 nánshòu (형) 불편하다, 견디기 어렵다	
40	正确 zhèngquè (형) 정확하다	↔	错 cuò (형) 부정확하다, 잘못되다	
41	安静 ānjìng (형) 조용하다	↔	热闹 rènao (형) 번화하다, 시끌벅적하다	
42	偶尔 ǒu'ěr (부) 때때로	↔	总是 zǒngshì (부) 늘, 줄곧	

UNIT 5강

듣기 | 第一部分

例如：小李，你还没有毕业就已经找到工作，真是太厉害了。
这个周末，你得请我们吃饭啊。
★ 小李没有找到工作。(X)

1. 他是个演员。　　　　　　　　　　（　）

2. 她现在在银行。　　　　　　　　　（　）

3. 小李给父母打过电话。　　　　　　（　）

4. 小明没去植物园。　　　　　　　　（　）

5. 许老师决定来我们学校讲课。　　　（　）

5강 정답 및 해설

1. 女士，您觉得这件衣服怎么样？颜色挺适合您的，价格也不贵，而且只剩下这一件了。要是现在不买，您可能会后悔的。

여사님, 이 옷은 어떻습니까? 색깔이 여사님과 잘 어울리고 가격도 비싸지 않습니다. 게다가 이 한 벌만 남았습니다. 만약 지금 사지 않으시면 후회하실 겁니다.

★ 他是个演员。(X)

★ 그는 배우다. (X)

2. 女士，对不起，我们现在没有那么多美元，您填一下外币预约单吧。

여사님, 죄송합니다. 저희는 현재 그렇게 많은 달러는 없습니다. 외화 예약 신청서를 좀 작성해 주세요.

★ 她现在在银行。(√)

★ 그녀는 현재 은행에 있다. (√)

3. 小李出国留学很长时间了，从来就没有给父母打过一次电话。

샤오리는 해외 유학을 간 지 오래되었는데, 부모님에게 전화 한 번 한 적 없다.

★ 小李给父母打过电话。(X)

★ 샤오리는 부모님에게 전화를 한 적이 있다. (X)

4. 除了小明，其他同学都去参观植物园了，看到了很多花和树。

샤오밍을 제외하고 다른 친구들은 모두 식물원에 견학을 가서 많은 꽃과 나무를 보았다.

★ 小明没去植物园。(√)

★ 샤오밍은 식물원에 가지 않았다. (√)

5. 我多次邀请许老师来我们学校讲课，可是每次他都说工作太忙，没有时间。

나는 허 선생님께 우리 학교에 오셔서 강의를 해달라고 여러 번 요청 드렸지만, 선생님께서는 매번 일이 바빠서 시간이 없다고 말씀하신다.

★ 许老师决定来我们学校讲课。(X)

★ 허 선생님은 우리 학교에 강의하러 오기로 결정했다. (X)

5강 복습하기

🎧 녹음을 듣고 다음 문장의 빈칸을 채워 보세요.

1. 颜色(　　　)您的。

2. 您(　　)一下外币(　　　)吧。

3. (　　　)没有给父母(　　　)一次电话。

4. (　　　)小明，其他同学都去(　　　)植物园了。

5. 许老师(　　　)来我们学校(　　　)。

5강 복습 정답
1. 挺适合
2. 填, 预约单
3. 从来就, 打过
4. 除了, 参观
5. 决定, 讲课

형용사

> 他学习很认真。

정의 사람, 사물, 행위 등의 성질이나 상태를 나타낸다.
예) 大, 红, 干净

★ 기본 특징

1) 관형어, 부사어, 보어, 술어로 쓰일 수 있고 또 목적어, 주어로도 쓰인다.

2) 술어로 사용될 때 정도부사나 부정부사의 수식을 받거나 형용사의 중첩 형식으로 나타낸다.
예) 汉语<u>很</u>容易。(정도부사)
   这件衣服<u>不好看</u>。(부정부사)
   她的个子<u>高高</u>的。(형용사 중첩)

3) 목적어를 가질 수 없다.
예) 容易汉语。(X)

4) 부정할 때 일반적으로 '不'를 사용하고, 변화가 없음을 나타낼 때 '没'를 사용한다.
예) 妈妈工作<u>不忙</u>。
   早上洗的衣服还<u>没干</u>。

5) 형용사의 중첩은 정도가 더욱 심해지고 감정적 색채를 가진다.
예) 她的眼睛<u>大大</u>的, 鼻子<u>高高</u>的。
   他的房间<u>干干净净</u>的。

6강

듣기1 ②
정답 및 해설
복습하기
오늘의 중국어 어법 한마디

듣기 第一部分

6. 这个周末他不会去旅游。　　　　　　（　）

7. 他一点儿都不喜欢帮助别人。　　　　（　）

8. 雪越下越小了。　　　　　　　　　　（　）

9. 爬山花了她不少时间。　　　　　　　（　）

10. 这个节目在早饭前播出。　　　　　　（　）

11. 小亮考得不好，让奶奶很伤心。　　　（　）

12. 小王受批评了。　　　　　　　　　　（　）

13. 这条路平时热闹极了。　　　　　　　（　）

6강 정답 및 해설

6.
我真想和你们一起去旅游，可是这个周末得准备一个会议，只能等以后有机会再说了。

나는 정말 너희들과 함께 여행을 가고 싶다. 하지만 이번 주말에 회의를 하나 준비해야 돼서 나중을 기약할 수 밖에 없다.

★ 这个周末他不会去旅游。(√)

★ 이번 주말에 그는 여행을 가지 않을 것이다. (√)

7.
不管是同事还是邻居有事找他帮忙，他都很高兴地答应。

동료든 이웃이든 일이 있어 그에게 도움을 청하면 그는 기꺼이 응낙한다.

★ 他一点儿都不喜欢帮助别人。(X)

★ 그는 다른 사람을 도와주는 것을 조금도 좋아하지 않는다. (X)

8.
原来以为这雪也该停了，但是现在不仅没有停，还越来越大了呢。

처음엔 이 눈도 그칠 때가 되었다고 생각했다. 그러나 지금 그치지 않았을 뿐만 아니라 점점 더 많이 내리고 있다.

★ 雪越下越小了。(X)

★ 눈은 점점 적게 내렸다. (X)

9.
现在我一放假就待在宿舍里学习，哪儿也不去。以前总是喜欢去爬山，花费了不少时间。

나는 방학만 하면 기숙사에서 공부하면서 아무데도 가지 않는다. 예전에는 늘 등산하는 것을 좋아해서 적지 않은 시간을 소모했다.

★ 爬山花了她不少时间。(√)

★ 등산으로 그녀는 적지 않은 시간을 소모했다. (√)

10.
这个节目我和我的家人都喜欢看，它每天早上7点半开始播出，正好是我们家吃完早饭的时间。

이 프로그램은 나와 가족들 모두 즐겨 본다. 매일 아침 7시 반부터 방송이 시작되는데, 마침 우리 집이 아침을 다 먹은 시간이다.

★ 这个节目在早饭前播出。(X)

★ 이 프로그램은 아침을 먹기 전에 방송된다. (X)

6강 정답 및 해설

11. 王奶奶的孙子小亮的体育成绩非常好, 但英语和语文每次考试都不及格, 老人家为此常常生气难过。

왕씨 할머니의 손자 샤오량의 체육 성적은 매우 좋지만, 영어와 국어는 매번 시험 때마다 불합격하여 어르신은 이 때문에 자주 화나고 속상해 하신다.

★ 小亮考得不好, 让奶奶很伤心。(√)

★ 샤오량은 시험을 잘 보지 못해 할머니를 매우 속상하게 한다. (√)

12. 我们的任务终于完成了, 我要表扬所有成员, 尤其是小王, 他都生病了还仍然坚持工作。

우리 임무가 드디어 끝났습니다. 여러분 모두를 칭찬하고 싶고, 특히 샤오왕은 몸이 아픈 데도 불구하고 여전히 굳건하게 일을 해 주었습니다.

★ 小王受批评了。(X)

★ 샤오왕은 비판을 받았다. (X)

13. 由于这条路离市中心很远, 所以很安静, 没有公共汽车, 只有一两辆汽车和自行车。

이 길은 시내와 아주 멀리 떨어져 있어서 아주 조용하다. 버스도 없고 단지 한두 대의 자동차와 자전거만 있다.

★ 这条路平时热闹极了。(X)

★ 이 길은 평소에 아주 시끌벅적하다. (X)

6강 복습하기

🎧 녹음을 듣고 다음 문장의 빈칸을 채워 보세요.

1. (　　　)等以后有机会(　　　)了。

2. 现在(　　　)没有停，还(　　　)大了呢。

3. 爬山(　　　)她(　　　)时间。

4. (　　　)是我们家(　　　)早饭的时间。

5. 由于这条路(　　)市中心很远，所以很(　　　)。

6강 복습 정답
1. 只能, 再说
2. 不仅, 越来越
3. 花了, 不少
4. 正好, 吃完
5. 离, 安静

조동사

> 我会说汉语。

조동사 동사나 형용사 앞에 위치하여 가능, 바람, 능력, 당위, 소망 등을 나타낸다.

예) 会, 想, 要, 能, 应该

★ 기본 특징

1) 단독으로 쓰일 수 없으며, 뒤에 동사나 형용사가 와야 한다.

예) 他<u>想</u>去北京。　他的病<u>会</u>好起来的。

2) 부사 뒤 개사구 앞에 위치한다.

예) 你不<u>应该</u>跟他走。

3) 연동문, 겸어문에서 첫 번째 동사 앞에 위치한다.

예) 我<u>想</u>去食堂吃早饭。　公司<u>要</u>派他去北京工作。

4) 중첩할 수 없다.

예) 我<u>会会</u>说汉语。(X)

5) 조동사 뒤에 동태조사 '了', '着', '过'가 올 수 없다.

예) 我<u>想了</u>去图书馆。(X)

6) 부정할 때 일반적으로 앞에 '不'를 사용하지만, '能'은 '不'와 '没' 둘 다 사용할 수 있다.

예) 我<u>不能</u>去首尔。　我<u>没能</u>去首尔。

7강

듣기1 ③
정답 및 해설
복습하기
오늘의 중국어 어법 한마디

UNIT 7강 듣기 第一部分

14. 他是专门去买小说的。　　　　　　　　　（　）

15. 相浩寒假可能会参加一个汉语补习班。　　（　）

16. 他的汉语说得比杰克标准。　　　　　　　（　）

17. 失败的时候需要勇敢地站起来。　　　　　（　）

18. 通过观察头发可以判断身体有没有问题。　（　）

19. 全部物种都消失了。　　　　　　　　　　（　）

20. 他没想到狮子和猴子能在一起表演。　　　（　）

21. D22次列车已经到站了。　　　　　　　　（　）

7강 정답 및 해설

14.

上午我去超市买了镜子，顺便到附近的书店去买了本小说。

오전에 나는 마트에 거울을 사러 간 김에 근처의 서점에 가서 소설 한 권을 샀다.

★ 他是专门去买小说的。(X)

★ 그는 일부러 소설을 사러 간 것이다. (X)

15.

相浩寒假不打算回国，他妈妈希望他参加一个汉语补习班，利用放假时间学好汉语。

상호는 겨울 방학에 귀국할 계획이 없다. 그의 엄마는 그가 중국어 학원에 등록하여 방학 기간을 이용해 중국어를 잘 배우길 바란다.

★ 相浩寒假可能会参加一个汉语补习班。(√)

★ 상호는 아마도 겨울방학에 중국어 학원에 등록할 것이다. (√)

16.

我从来没有想过杰克的汉语能说得这么流利，他来中国才一年啊。我都来了四年了，发音还是不太标准。

나는 지금까지 잭이 중국어를 이렇게 유창하게 하는 줄 몰랐다. 그는 중국에 온 지 이제 1년밖에 안 되었다. 나는 중국에 온 지 벌써 4년이 되었는데, 발음이 아직 그다지 정확하지 않다.

★ 他的汉语说得比杰克标准。(X)

★ 그의 중국어는 잭보다 정확하다. (X)

17.

人的一生会遇到很多困难，我们必须随时准备好，面对未来的各种困难。即使失败了，也要勇敢地站起来。

사람은 일생 동안 수많은 난관에 봉착할 수 있어서, 우리는 반드시 언제든지 잘 준비하여 미래의 여러 어려움에 맞서야 한다. 설령 실패하더라도 용감하게 일어나야 한다.

★ 失败的时候需要勇敢地站起来。(√)

★ 실패했을 때 용감하게 일어나야 한다. (√)

18.

最近，科学家发现，头发可以反映人的健康情况，就是说，我们能通过观察头发的变化来判断身体有没有出现问题。

최근 과학자들이 머리카락이 사람의 건강 상태를 반영한다는 것을 발견했다. 즉 다시 말하면 우리는 머리카락의 변화를 관찰하여 몸에 문제가 있는지 판단할 수 있다.

★ 通过观察头发可以判断身体有没有问题。(√)

★ 머리카락을 관찰하면 몸에 문제가 있는지 판단할 수 있다. (√)

7강 정답 및 해설

19.

因为环境污染严重, 很多土地被破坏了, 这给植物的生长带来了困难, 许多物种已经消失了。

심각한 환경 오염으로 인해 많은 토지가 파괴되었다. 이는 식물이 성장하는 데 어려움을 가져왔으며, 많은 종들이 이미 소실되었다.

★ 全部物种都消失了。(X)

★ 모든 종이 소실되었다. (X)

20.

昨天我在动物园里看到狮子和猴子竟然在一起表演, 真没想到它们还能成为好朋友。

어제 나는 동물원에서 사자와 원숭이가 놀랍게도 함께 공연하는 것을 보았다. 그들이 좋은 친구가 될 수 있을지는 생각도 못했다.

★ 他没想到狮子和猴子能在一起表演。(✓)

★ 그는 사자와 원숭이가 같이 공연할 수 있으리라는 것을 생각도 못했다. (✓)

21.

接旅客的朋友们请注意, 从北京来的D22次列车快要进入1号站台了, 请到1号站台接人。

여객을 마중 나온 분들은 주의하십시오. 베이징에서 온 D22 열차가 곧 1번 플랫폼에 들어옵니다. 1번 플랫폼에 가서 사람을 맞이하시기 바랍니다.

★ D22次列车已经到站了。(X)

★ D22열차는 이미 도착했다. (X)

7강 복습하기

🎧 녹음을 듣고 다음 문장의 빈칸을 채워 보세요.

1. (　　)到(　　)的书店去买了本小说。

2. 相浩寒假(　　)会(　　)一个汉语补习班。

3. (　　)失败了, 也要(　　)地站起来。

4. 因为环境污染(　　), 很多土地被(　　)了。

5. 我看到狮子和猴子(　　)在一起(　　)。

7강 복습 정답
1. 顺便, 附近
2. 可能, 参加
3. 即使, 勇敢
4. 严重, 破坏
5. 竟然, 表演

부사1 시간부사, 정도부사

快考试了, 加油吧!

부사 동사, 형용사를 수식하는 품사로 동작의 시간, 정도, 빈도, 범위, 어기 등을 나타낸다.

예 会, 想, 要, 能, 应该

부사 종류	예
시간부사	快, 才, 就, 已经, 曾经, 马上 등
정도부사	很, 非常, 太, 挺, 十分, 极 등
범위부사	都, 就, 只, 光, 仅仅, 一共 등
빈도부사	常常, 往往, 再, 也, 又 등
상태부사	突然, 忽然, 渐渐, 逐渐 등
부정부사	不, 没, 别 등
어기부사	难道, 原来, 竟然, 差点儿, 只好 등

★ 기본 특징

1) 주로 술어 또는 문장 전체를 수식한다.

   예 他们班同学都来了。　就他一个人去考试了。

2) 일반적으로 주어 뒤, 술어 앞에 위치한다. 예 她很漂亮。

3) 조동사, 개사구가 있으면 그 앞에 위치한다. 예 我也要跟你一起去。

4) 술어 뒤에 위치하여 보어가 될 수 있다. 예 那天他高兴极了。

시간부사 시간을 나타내는 부사를 가리킨다.

예 已经, 刚刚, 马上, 曾经, 才, 就

정도부사 동작, 상태의 정도를 나타내는 부사를 가리킨다.

예 很, 非常, 太, 十分

8강

독해1 공략
독해1 ①
정답 및 해설
복습하기
오늘의 중국어 어법 한마디

독해1 공략

1 독해 1부분 시험 유형

- 총 10문항으로, 빈칸에 들어갈 알맞은 어휘를 선택하는 문제다.
- 보기 어휘는 6개가 제시되며, 예제 1개와 5개의 문항으로 구성되어 있다. 형식은 문장의 빈칸에 단어 넣기(5문항)와 대화의 빈칸에 단어 넣기(5문항) 두 종류다.
- 매 문항의 빈칸에 들어갈 어휘는 중복되지 않는다.
- 중국어 문장의 의미와 어법 구조를 정확하게 파악할 수 있는지 알아보는 테스트다.
- 독해 부분 중에서 비교적 빠르게 풀어낼 수 있는 부분으로, 5~7분 정도 안에 푸는 것이 좋다.

2 독해 1부분 시험 문제 맛보기

예제1) A 表达 B 安排 C 厉害 D 生活 E 硬 F 保证

今天是星期五，下班的时候路上堵得（ C ）。

예제2) A 全部 B 东西 C 符合 D 压力 E 提高 F 哪儿

A：你（ F ）不舒服？
B：从昨天开始肚子疼、发烧，今天我什么都没吃。

3 독해 1부분 시험 공략법

- 예제에 답으로 선택된 단어는 우선 사선으로 삭제하고, 나머지 단어들을 파악하면 시간을 절약할 수 있다.
- 예제의 답을 제외한 5개의 단어를 빠르게 읽고 의미와 품사를 유추한다.
- 문제 중 확실히 아는 문제부터 풀고 관련 답안은 예시에서 사선으로 삭제한다.
- 빠른 시간 안에 괄호 앞뒤를 파악하고, 괄호에 들어갈 단어의 품사를 유추한다.
- 자주 어울리는 단어의 조합을 찾아낸다.

4 누들 수강 안내 및 학습법

- 진단평가에서 문제를 먼저 풀어본다.
- 본 강의를 듣는다.
- 본 강의에 나온 단어와 고정 격식을 복습 정리한다.
- 복습 파트를 통해 강의의 핵심 포인트와 관련된 고정 격식의 어구를 복습한다.
- 「오늘의 중국어 어법 한마디」를 통해 HSK4급에 필요한 중국어 어법 지식을 쌓는다.

5 빈출 동사, 형용사, 부사

동사

安排 ānpái 안배하다 예 安排工作	表达 biǎodá 표현하다 예 表达感情
帮助 bāngzhù 돕다 예 帮助别人	参加 cānjiā 참가하다 예 参加大会
打扫 dǎsǎo 청소하다 예 打扫房间	商量 shāngliang 상의하다 예 和老师商量
担心 dānxīn 염려하다 예 担心孩子	收 shōu 받다 예 收费
发生 fāshēng 발생하다 예 发生情况	收拾 shōushi 정리하다 예 收拾行李
发展 fāzhǎn 발전하다 예 发展事业	提醒 tíxǐng 일깨우다 예 提醒自己
反映 fǎnyìng 반영하다 예 反映现象	提高 tígāo 제고하다 예 提高工资
估计 gūjì 추측하다 예 估计不会来	填 tián 기입하다 예 填申请表
感觉 gǎnjué 느끼다 예 感觉很热	适合 shìhé 적합하다 예 不适合你
挂 guà 걸다 예 挂地图	适应 shìyìng 적응하다 예 适应环境
关心 guānxīn 관심을 갖다 예 关心朋友	坚持 jiānchí 견지하다 예 坚持锻炼
继续 jìxù 계속하다 예 继续努力	后悔 hòuhuǐ 후회하다 예 真后悔
结束 jiéshù 끝나다, 마치다 예 电影结束	推迟 tuīchí 늦추다 예 推迟时间
禁止 jìnzhǐ 금지하다 예 禁止抽烟	引起 yǐnqǐ 야기하다 예 引起关注
举办 jǔbàn 개최하다, 거행하다 예 举办活动	增加 zēngjiā 증가하다 예 增加利益
离开 líkāi 떠나다, 벗어나다 예 离开学校	注意 zhùyì 주의하다 예 注意感冒
陪 péi 동반하다 예 陪父母	组成 zǔchéng 구성하다 예 由两个国家组成

형용사

安静 ānjìng 조용하다 예 教室很安静	破 pò 형편없다 예 破手机
差不多 chàbuduō 비슷하다 예 价钱差不多	热闹 rènao 떠들썩하다 예 热闹的市场
粗心 cūxīn 부주의하다 예 太粗心了	认真 rènzhēn 진지하다, 착실하다 예 认真学习
丰富 fēngfù 풍부하다, 많다 예 经验丰富	瘦 shòu 마르다 예 变瘦了
孤单 gūdān 외롭다 예 感到孤单	熟悉 shúxī 잘 알다 예 对首尔很熟悉
合适 héshì 적합하다 예 合适的鞋子	严格 yángé 엄격하다 예 法律严格
精彩 jīngcǎi 훌륭하다 예 精彩的表演	严重 yánzhòng 심각하다 예 污染严重
冷静 lěngjìng 냉정·침착하다 예 冷静的态度	新鲜 xīnxiān 신선하다 예 新鲜的空气
厉害 lìhai 심각하다 예 堵得厉害	正式 zhèngshì 정식의, 공식의 예 正式比赛
流行 liúxíng 유행하다 예 流行的音乐	主动 zhǔdòng 주동적인 예 学习很主动
耐心 nàixīn 인내심이 강하다 예 耐心地教育	主要 zhǔyào 주요한 예 主要工作
暖和 nuǎnhuo 따듯하다 예 暖和的春天	

부사

从来 cónglái 여태껏 예 从来没去过	偶尔 ǒu'ěr 가끔 예 偶尔喝酒
重新 chóngxīn 새로 예 重新开始	千万 qiānwàn 절대로 예 千万不要去
大概 dàgài 대략 예 大概要一个小时	确实 quèshí 확실히 예 确实难
到底 dàodǐ 도대체 예 到底来不来	顺便 shùnbiàn ~하는 김에 예 顺便带来
好像 hǎoxiàng 마치~과 같다 예 好像很贵	完全 wánquán 완전히 예 完全明白
肯定 kěndìng 확실히 예 肯定知道	永远 yǒngyuǎn 영원히 예 永远忘不了
难道 nándào 설마~란 말인가 예 难道不来吗?	一直 yìzhí 줄곧 예 一直下雨
恐怕 kǒngpà 아마~일 것이다 예 恐怕不能来了	终于 zhōngyú 마침내 예 终于明白了
逐渐 zhújiàn 점점, 점차 예 逐渐提高	

UNIT 8강

독해 | 第一部分

A 无聊   B 脾气   C 趟   D 坚持   E 通过   F 恐怕

例如：她每天都（ D ）走路上下班,所以身体一直很不错。

1. 小李这个人（   ）不太好,经常跟人打架。

2. 李老师刚刚打电话过来说有急事找你,让你去学校一（   ）。

3. 这部电影真是太（   ）了,我没看完就走了。

4. 他（   ）同事的介绍在公司附近租了一套房子,生活比以前更方便了。

5. 周末我得去火车站买回家的车票,（   ）不能陪你去逛街了。

A 注意　B 凉快　C 一直　D 爱好　E 往　F 左右

例如：新来的经理50岁（ F ），经验丰富，性格开朗，大家都很喜欢他。

6. 从这儿（　　）左拐再走50米，你就会看到一个书店。

7. 刚才打篮球打得热死了，现在洗了澡感觉真（　　）呀。

8. 减肥的时候要（　　）身体健康，因为健康比美丽重要多了。

9. 他从小就（　　）音乐，大家都以为他长大后能当个歌手，没想到后来成了医生。

10. 自从结婚以后，她就（　　）没有联系过我。

8강 정답 및 해설

1~5 단어 의미

A 无聊 wúliáo ⑱ 무료하다, 심심하다
㉠ 每天过得很无聊。매일 너무 심심해.

B 脾气 píqi ⑲ 성격, 성질
㉠ 你的脾气很怪。네 성격 정말 이상해.

C 趟 tàng ㉱ 차례, 번
㉠ 你来一趟北京吧。베이징에 한 번 와.

D 坚持 jiānchí ⑧ 견지하다, 굳건히 하다
㉠ 我坚持不喝酒。나는 술 안 마시는 것을 지키고 있다.

E 通过 tōngguò ㉮ ~통하여, ~을 거쳐 ⑧ 통과하다, 통과되다
㉠ 通过两国的努力, 终于解决了这个问题。양국의 노력을 통해 결국 이 문제를 해결했다.

F 恐怕 kǒngpà ⑨ 아마 (~일 것이다), 추측과 짐작을 나타냄
㉠ 我恐怕不能去。나는 아마 못 갈 것이다.

1~5 문제 분석

1. 小李这个人(B 脾气)不太好, 经常跟人打架。

해석 샤오리 이 사람은 (성격이) 별로 안 좋아서 늘 사람들과 싸운다.
분석 명사 어휘 선택. 술어 '好'로 표현할 수 있는 단어를 찾는다.
샤오리를 형용할 수 있는 것으로는 '脾气'가 가장 적합하다.
단어 经常 jīngcháng ⑨ 늘, 항상 打架 dǎjià ⑧ 싸우다, 다투다

2. 李老师刚刚打电话过来说有急事找你,让你去学校一(C 趟)。

> 해석 이 선생님께서 막 전화하셔서 급한 일이 있어 너를 찾는다며 너더러 학교에 한 (번) 가라고 하셨어.
> 분석 양사 어휘 선택. 수사 '一'와 어울릴 수 있는 양사를 찾는다. 이 문장에서는 동사 '去'와 자주 어울려 사용하는 동량사로 '趟', '次'가 있는데 예시에 '趟'이 있으므로 바로 선택할 수 있다.
> 단어 刚刚 gānggāng (부) 막, 방금   急事 jíshì (명) 급한 일   找 zhǎo (동) 찾다, 구하다   学校 xuéxiào (명) 학교

3. 这部电影真是太(A 无聊)了, 我没看完就走了。

> 해석 이 영화는 정말 너무 (재미없어서), 나는 다 보지도 않고 갔다.
> 분석 형용사 어휘 선택. '太……了' 사이에 들어올 수 있는 품사는 형용사다. 여기에서는 '无聊'가 형용사이며, 의미상으로도 적합하다.
> 단어 部 bù (양) 부, 편   真是 zhēnshi (부) 정말로

4. 他 (E 通过) 同事的介绍在公司附近租了一套房子, 生活比以前更方便了。

> 해석 그는 동료의 소개(를 통해) 회사 근처에 집 한 채를 세 얻었는데, 생활이 이전보다 훨씬 편리해졌다.
> 분석 개사 어휘 선택. 명사구 '同事的介绍'를 끌어낼 수 있는 개사를 찾아낸다. 이 문장에서는 '通过'가 명사구 '同事的介绍' 앞에 놓여 개사구로서 술어 '租'를 수식할 수 있는 부사어 역할을 하고 있다.
> 단어 同事 tóngshì (명) 동료   介绍 jièshào (동) 소개하다   公司 gōngsī (명) 회사   附近 fùjìn (명) 부근, 근처   新 xīn (부) 새로이
> 　　　 租 zū (동) 세내다, 임대하다   套 tào (양) 채   房子 fángzi (명) 집   生活 shēnghuó (명) 생활   方便 fāngbiàn (형) 편리하다

5. 周末我得去火车站买回家的车票, (F 恐怕)不能陪你去逛街了。

> 해석 주말에 나는 집으로 가는 표를 사러 기차역에 가야 해. (아마) 너와 함께 쇼핑하러 가지 못할 거야.
> 분석 부사 어휘 선택. 제시된 어휘 중 부정적인 짐작을 나타내는 '恐怕'가 적합하다.
> 단어 火车站 huǒchēzhàn (명) 기차역   回家 huíjiā (동) 집에 돌아가다   车票 chēpiào (명) 차표
> 　　　 陪 péi (동) 동반하다, 곁에서 도와주다   逛街 guàngjiē 길을 거닐며 구경하다

8강 정답 및 해설

6~10 단어 의미

A 注意 zhùyì (동) 주의하다, 조심하다
예) 路上注意安全。길에서 안전에 주의하세요.

B 凉快 liángkuai (형) 시원하다, 서늘하다
예) 秋天了, 很凉快。가을이네요. 참 시원하군요.

C 一直 yìzhí (부) 줄곧, 계속
예) 他一直说我胖, 真讨厌。그는 줄곧 내게 뚱뚱하다고 말하는데 정말 얄밉다.

D 爱好 àihào (동) ~하기를 즐기다
예) 爸爸爱好打高尔夫球。아빠는 골프 치는 것을 좋아하신다.

E 往 wǎng (개) ~쪽으로, ~를 향해
예) 一直往前走。계속 직진하세요.

F 左右 zuǒyòu (명) 가량, 쯤
예) 她看起来三十岁左右。그녀는 30살 정도로 보인다.

6~10 문제 분석

6. 从这儿(**E 往**)左拐再走50米, 你就会看到一个书店。

> 해석 여기서부터 좌회전하여 50미터 더 가면 서점 하나가 보일 것이다.
> 분석 개사 어휘 선택. 방향을 나타내는 '左' 앞에 올 개사를 찾는다.
> 단어 拐 guǎi (동) 방향을 돌다 看到 kàndào 보다, 보이다 书店 shūdiàn (명) 서점

7. 刚才打篮球打得热死了，现在洗了澡感觉真（ B 凉快 ）呀。

> 해석 방금 농구를 했더니 너무 더워서 지금 목욕했는데 정말 (시원하다).
> 분석 형용사 어휘 선택. 부사 '真'의 수식을 받을 수 있는 형용사를 찾는다.
> 단어 篮球 lánqiú 몡 농구 洗澡 xǐzǎo 툉 목욕하다 感觉 gǎnjué 툉 느끼다

8. 减肥的时候要（ A 注意 ）身体健康，因为健康比美丽重要多了。

> 해석 다이어트할 때 건강을 (주의)해야 한다. 왜냐하면 건강은 아름다움보다 훨씬 중요하기 때문이다.
> 분석 동사 어휘 선택. 조동사 '要' 뒤에 올 동사 술어를 찾아야 한다.
> 단어 减肥 jiǎnféi 툉 살을 빼다 的时候 de shíhou ~할 때 健康 jiànkāng 혱 건강하다 美丽 měilì 혱 아름답다
> 　　 重要 zhòngyào 혱 중요하다

9. 他从小就（ D 爱好 ）音乐，大家都以为他长大后能当个歌手，
　　没想到后来成了医生。

> 해석 그는 어릴 때부터 음악을 (좋아하여) 모두들 그가 커서 가수가 될 수 있을 것이라 생각했지만,
> 　　 예상 밖으로 의사가 되었다.
> 분석 동사 어휘 선택. 심리동사 '爱好'는 명사를 목적어로 취할 수 있다. '爱好'가 '취미'라는 명사 의미 외에
> 　　 '~하기 좋아하다'는 동사적 의미도 있음에 주의해야 한다.
> 단어 从小 cóngxiǎo 분 어릴 때부터 音乐 yīnyuè 몡 음악 以为 yǐwéi 툉 여기다, 생각하다 长大 zhǎngdà 자라다
> 　　 当 dāng 툉 ~가 되다 歌手 gēshǒu 몡 가수 成 chéng 툉 ~가 되다 医生 yīshēng 몡 의사

10. 自从结婚以后，她就（ C 一直 ）没有联系过我。

> 해석 결혼한 후부터 그녀는 (줄곧) 내게 연락한 적이 없었다.
> 분석 부사 어휘 선택. 술어 앞에 오는 부사를 찾는다.
> 단어 自从 zìcóng 게 ~부터 联系 liánxì 툉 연락하다

8강 복습하기

해석을 보고 ___ 에 알맞은 단어를 써 보세요.

1. 经验 _____ 　　경험이 풍부하다

2. 通过 _____ 　　소개를 통해

3. 每天都 _____ 　매일 꾸준히 하다

4. 去一 _____ 　　한 차례 다녀오다

5. _____ 右拐　　우회전하다

8강 복습 정답 1. 丰富 / 2. 介绍 / 3. 坚持 / 4. 趟 / 5. 往

부사2 범위부사, 빈도부사, 상태부사

我们也都觉得她渐渐变漂亮了。

범위부사 동작의 범위를 나타내는 부사다.
예) 都, 只, 才, 光, 就, 仅, 仅仅, 一起, 一共

빈도부사 반복 정도를 나타내는 부사다.

1) 상용 빈도부사
   예) 还, 再, 又, 也, 常常, 往往, 继续, 一连, 一再, 再三, 不时

2) 오용하기 쉬운 빈도부사 还, 再, 又 [더/다시/또]의 차이점

	还	再	又
시제	동작, 상황의 지속	미래 반복	추가, 과거 반복
위치	조동사 앞	조동사 뒤	조동사 앞
예문	我还要买东西。	我们下次可以再听一遍吗?	你又想吃啊?

참조 往往 wǎngwǎng 자주 继续 jìxù 계속 一连 yìlián 잇따라
一再/再三 yízài/zàisān 거듭 不时 bùshí 자주, 늘

상태부사 동작이나 상황의 상태를 나타내는 부사다.
예) 往往, 逐渐, 渐渐, 仍然, 偷偷, 亲自

참조 往往 wǎngwǎng 왕왕, 자주 逐渐 zhújiàn 점차 渐渐 jiànjiàn 점점
仍然 réngrán 여전히 偷偷 tōutōu 몰래 亲自 qīnzì 직접

9강

독해1 ②
정답 및 해설
복습하기
오늘의 중국어 어법 한마디

UNIT 9강 독해 第一部分

| A 安排 | B 打扰 | C 甜 | D 由于 | E 几乎 | F 关键 |

例如：(B) 一下，请问到动物园怎么走？

11. 他们俩天天吵架的（　　）原因是两个人的性格不合。

12. 下班的时候，这条路特别堵，汽车（　　）都不怎么动。

13. （　　）今天下雪了，所以我们没去打棒球。

14. 这种蛋糕非常（　　），不能吃太多。

15. 公司应该根据每个员工的能力（　　）合适的工作。

A 说明　　B 缺点　　C 敢　　D 只要　　E 难受　　F 着

例如: 我的（ B ）就是做什么事情都不能坚持。

16. 售货员向我（　　）了洗衣机的使用方法。

17. 他生病快一个月了还没好, 一直很（　　）。

18. （　　）努力学习, 你就能取得好成绩。

19. 在公司里竟然（　　）说领导的坏话, 你真厉害。

20. 我拿（　　）咖啡走路, 不小心跌倒了, 结果手被咖啡烫到了。

9강 정답 및 해설

11~15 단어 의미

A 安排 ānpái (동) 안배하다
예) 这次会议已经安排好了。 이번 회의는 모두 준비가 되었습니다.

B 打扰 dǎrǎo (동) 방해하다
예) 别打扰他们, 他们正在认真学习呢。 그들을 방해하지 마세요. 열심히 공부하는 중입니다.

C 甜 tián (형) 달다
예) 这个西瓜又大又甜。 이 수박은 크고 달다.

D 由于 yóuyú (접) ~때문에
예) 由于他身体不舒服, 所以今天没能去参加会议。 그는 몸이 불편해서 오늘 회의에 갈 수 없었다.

E 几乎 jīhū (부) 거의
예) 这些人, 我几乎都不认识。 나는 이 사람들을 거의 다 모른다.

F 关键 guānjiàn (형) 결정적이다, 매우 중요하다
예) 关键问题是他不会开车。 결정적인 문제는 그가 운전할 줄 모른다는 것이다.

11~15 문제 분석

11. 他们俩天天吵架的（ **F 关键** ）原因是两个人的性格不合。

해석 그 둘이 매일 다투는 (결정적인) 이유는 둘의 성격이 맞지 않기 때문이다.
분석 형용사 어휘 선택. 명사 '原因'을 수식할 수 있는 단어를 찾는다. '关键问题, 关键时刻'도 자주 사용되는 명사구다.
단어 吵架 chǎojià (동) 다투다   原因 yuányīn (명) 원인   性格 xìnggé (명) 성격   不合 bùhé (형) 맞지 않다

12. 下班的时候，这条路特别堵，汽车（ E 几乎 ）都不怎么动。

해석 퇴근할 때 이 길은 심하게 막혀서 차가 (거의) 움직이지 않는다.
분석 부사 어휘 선택. 주어 뒤 술어 '不怎么动' 앞에 수식할 수 있는 부사 '几乎'가 오는 것이 적합하다.
단어 堵 dǔ 동 막히다 动 dòng 동 움직이다

13. (D 由于) 今天下雪了，所以我们没去打棒球。

해석 오늘 눈이 내려서 우리는 야구를 하러 가지 않았다.
분석 접속사 어휘 선택. 뒷절 '所以'를 보면 앞에 원인을 나타내는 접속사가 필요함을 알 수 있다.
단어 下雪 xiàxuě 눈 내리다 棒球 bàngqiú 명 야구

14. 这种蛋糕非常（ C 甜 ），不能吃太多。

해석 이런 케익은 너무 (달아서) 많이 먹을 수 없다.
분석 형용사 어휘 선택. 정도부사 '非常'의 수식을 받을 수 있는 형용사 술어가 오는 것이 적합하다.
단어 蛋糕 dàngāo 명 케익

15. 公司应该根据每个员工的能力（ A 安排 ）合适的工作。

해석 회사는 직원들의 능력에 근거하여 그에 맞는 업무를 (안배해야) 한다.
분석 동사 어휘 선택. 전체 문장의 술어가 필요하므로, 술어가 될 수 있는 단어 중 '工作'를 목적어로 취하기에 적합한 동사를 찾는다.
단어 应该 yīnggāi [조동] ~해야 한다 根据 gēnjù 개 ~에 근거하여 员工 yuángōng 명 직원
  能力 nénglì 명 능력 合适 héshì 형 적합하다 工作 gōngzuò 명 일

9강 정답 및 해설

16~20 단어 의미

A 说明 shuōmíng 〔동〕 설명하다
예) 老师向我们说明了准备HSK4级考试的方法。 선생님은 우리에게 HSK4급 시험 준비 방법을 설명하였다.

B 缺点 quēdiǎn 〔명〕 결점, 단점
예) 他的缺点就是太粗心了。 그의 단점은 바로 너무 부주의하다는 것이다.

C 敢 gǎn 〔부〕 감히 ~하다
예) 在老师面前, 我不敢抽烟。 선생님 앞에서 나는 감히 담배를 피울 수 없었다.

D 只要 zhǐyào 〔접〕 ~하기만 하면
예) 只要明天不下雨, 咱们就去爬山吧。 내일 비만 내리지 않으면, 우리 등산 가자.

E 难受 nánshòu 〔형〕 불편하다, 괴롭다
예) 这儿的空气很不好, 真难受。 여기 공기가 너무 좋지 않아 괴롭다.

F 着 zhe 〔조〕 ~하고 있다, ~한 채로
예) 他躺着看电视。 그는 누워서 TV를 본다.

16~20 문제 분석

16. 售货员向我 (A 说明) 了洗衣机的使用方法。

해석 판매원이 내게 세탁기 사용법을 (설명)했다.
분석 동사 어휘 선택. 문장의 술어가 될 수 있는 단어 중 '使用方法'를 목적어로 취할 수 있는 동사를 찾는다.
단어 售货员 shòuhuòyuán 〔명〕 판매원 洗衣机 xǐyījī 〔명〕 세탁기 使用 shǐyòng 〔동〕 사용하다 方法 fāngfǎ 〔명〕 방법

17. 他生病快一个月了还没好, 一直很 (E 难受)。

해석 그는 아픈 지 한 달이 다 되어 가는데 아직 낫지 않아 계속 힘들다.
분석 형용사 어휘 선택. 정도부사 '很'의 수식을 받을 수 있는 형용사를 찾는다.
단어 生病 shēngbìng 동 병이 나다

18. (D 只要) 努力学习, 你就能取得好成绩。

해석 열심히 공부하기(만 하면) 너는 좋은 성적을 얻을 수 있다.
분석 접속사 어휘 선택. 문장 앞에 오는 접속사를 먼저 찾는다. '只要……就'를 알면 바로 풀 수 있다.
단어 只要……就…… zhǐyào……jiù…… ~하기만 하면 ~한다 取得 qǔdé 동 취득하다, 얻다 成绩 chéngjì 명 성적

19. 在公司里竟然 (C 敢) 说领导的坏话, 你真厉害。

해석 회사에서 (감히) 상사의 험담을 하다니 너 정말 대단하다.
분석 부사 어휘 선택. 술어 '说'를 수식할 수 있는 부사를 찾는다. '竟然'과 의미상 어울리는 부사는 '敢'이다.
단어 竟然 jìngrán 부 뜻밖에, 놀랍게도 领导 lǐngdǎo 명 상사, 책임자 坏话 huàihuà 명 험담

20. 我拿 (F 着) 咖啡走路, 不小心跌倒了, 结果手被咖啡烫到了。

해석 나는 커피를 든 채로 길을 걷다가 실수로 넘어졌는데, 결국 커피에 손을 데었다.
분석 조사 어휘 선택. 동사 '拿'와 '走路'를 연결할 수 있는 조사를 찾는다.
상태를 표현하는 조사 '着'는 두 동작을 연결하여 'A한 채로 B한다'는 의미를 갖게 한다.
단어 拿 ná 동 잡다, 가지다 小心 xiǎoxīn 동 조심하다 跌倒 diēdǎo 동 넘어지다 结果 jiéguǒ 접 결국
烫 tàng 동 데다, 화상 입다

9강 복습하기

해석을 보고 ▢에 알맞은 단어를 써 보세요.

1. 堵得很 ▢▢▢   (차가) 심하게 막히다

2. 关键 ▢▢▢   결정적인 문제

3. ▢▢▢ 能力   능력에 근거하다

4. ▢▢▢ 时间   시간을 안배하다

5. ▢▢▢ 好成绩   좋은 성적을 얻다

9강 복습 정답 1. 厉害 / 2. 问题 / 3. 根据 / 4. 安排 / 5. 取得

부사3 부정부사, 어기부사

他难道不是中国人吗?

부정부사 부정을 나타내는 부사다.
예) 不, 没, 别(不要/不用/不必), 无, 决不 등

★ 부정부사의 위치
1) 주로 일반부사 뒤, 술어 앞에 온다. 예) 我从来<u>没</u>去过中国。
2) 일부 부사는 부정부사 뒤에 오는데, 그 예로 只, 仅, 光, 曾, 马上, 立刻, 一起 등이 있다.
  예) 我<u>没马上</u>回答她的问题。
3) 부정부사의 위치에 따라 부분 부정과 전체 부정으로 의미가 달라진다.
  • 부분 부정: 부정부사+都, 全, 很, 太, 一定 예) <u>不都</u>是中国菜
  • 전체 부정: 都, 全, 很, 太, 一定+부정부사 예) <u>都不</u>是中国菜

참조 无 wú ~아니다, ~하지 않다 决不 juébù 절대~하지 않는다 仅 jǐn 겨우, 단지
   光 guāng 단지 曾 céng 일찍이 马上 mǎshàng 곧 立刻 lìkè 바로

★ 不, 没(有)의 비교

	不	没(有)
시제	현재, 미래	과거
부정 대상	주관적 의지: 我不去了。 습관적 동작: 她常常不吃饭。 일반 조동사: 我不会做菜。 심리 상태: 我不喜欢看电视。	객관적 서술: 我没去。 상태의 변화: 没好。 조동사 能: 没能来。

어기부사 화자의 추측, 강조, 긍정, 의문 등 각종 어기를 나타내는 부사다.

1) 의문 어기부사: 难道, 到底, 究竟
2) 부정적 어기부사: 恐怕, 千万, 万万, 从来, 偏偏, 何必
3) 추측 어기부사: 差不多, 大约, 大概
4) 강조 어기부사: 差点儿, 竟然, 可, 原来

참조 难道 nándào 설마~하겠는가　到底 dàodǐ 도대체　究竟 jiūjìng 도대체
恐怕 kǒngpà 아마~일 것이다　偏偏 piānpiān 기어코　何必 hébì 구태여~할 필요가 있겠는가
大概 dàgài 대략　竟然 jìngrán 의외로　原来 yuánlái 알고 보니

10강

독해1 ③
정답 및 해설
복습하기
오늘의 중국어 어법 한마디

UNIT 10강 독해 第一部分

A 到底　B 按照　C 温度　D 终于　E 提高　F 粗心

例如：A：（ D ）放假了，可以好好休息了。
　　　B：我们一起去香港旅游吧，听说现在机票打特价。

21. A：哎呀，我没带身份证来。
　　 B：什么？你也太（　　）了吧！去考驾照怎么能不带身份证呢？

22. A：他（　　）什么时候去美国啊？
　　 B：我也不太清楚，好像是下个月。

23. A：你的汉语进步得真快！你是怎么学习的？
　　 B：我就用传统的方法，多听多说确实能（　　）汉语水平。

24. A：今天好热啊，好像白天最高（　　）就达38℃。
　　 B：听说明天更热，我感觉今年比去年还热。

25. A：欢迎您乘坐我们的航班，请您（　　）登机牌上的座位号入座。
　　 B：好的，谢谢！

A 压力   B 受不了   C 偶尔   D 空气   E 吵   F 符合

例如：A：这里的（ D ）特别新鲜，太棒了。
　　　B：可不是嘛！

26. A：你们公司的领导对你好吗？
　　 B：别提了，他脾气很怪，真让人（　　）。

27. A：我们的空调声音太（　　）了，应该找人修理修理。
　　 B：这台太旧了，还是换一台新的吧。

28. A：上星期，我和家人去吃湖南菜了，特别辣，辣得我以后不想再吃了。
　　 B：没错。不过我还是（　　）想吃一顿。

29. A：请问，这次通知招生的汉语进修班，我（　　）报名条件吗？
　　 B：很遗憾，这次报名人数已经满了，下次看看吧。

30. A：恭喜你这次升职为领导，我相信你一定会更上一层楼。
　　 B：哎呀，责任越大，（　　）就越大呀。

10강 정답 및 해설

21~25 단어 의미

A 到底 dàodǐ 분 도대체
예 他到底来不来？ 그는 대체 오나요 안 오나요?

B 按照 ànzhào 개 ~에 따라, ~에 의해
예 我会按照您的要求去做。 당신의 요구에 따라 하겠습니다.

C 温度 wēndù 명 온도
예 房间的温度太低了。 집 온도가 너무 낮다.

D 终于 zhōngyú 분 마침내, 결국
예 这本小说终于看完了。 이 소설을 마침내 다 읽었다.

E 提高 tígāo 동 향상시키다
예 公司决定明年提高员工的工资。 회사는 내년에 직원들의 임금을 인상하기로 결정했다.

F 粗心 cūxīn 형 세심하지 못하다, 부주의하다
예 做事不应该那么粗心。 일 처리를 그렇게 허술하게 하면 안 된다.

21~25 문제 분석

21. A：哎呀，我没带身份证来。
B：什么？你也太（ F 粗心 ）了吧！去考驾照怎么能不带身份证呢？

해석 A: 아이쿠, 나 신분증을 안 가져왔어.
B: 뭐? 너도 참 (덜렁거리는구나)! 운전면허 시험을 보는데 어떻게 신분증을 안 가져오니?
분석 형용사 어휘 선택. '太……了' 사이에 들어갈 수 있는 형용사를 찾는다.
단어 带 dài 동 지니다, 휴대하다 身份证 shēnfènzhèng 명 신분증

22. A : 他（ A 到底 ）什么时候去美国啊?
    B : 我也不太清楚，好像是下个月。

> 해석 A: 그 사람 (도대체) 언제 미국에 가는 거야?
>   B: 나도 확실히 몰라. 다음 달 같아.
> 분석 부사 어휘 선택. 뒷 문장 전체를 수식할 수 있는 부사어 위치에 적합한 부사이면서, 의문의 어기를 나타내는 말을 찾는다.
> 단어 好像 hǎoxiàng (부) 마치 ~과 같다.

23. A : 你的汉语进步得真快! 你是怎么学习的?
    B : 我就用传统的方法，多听多说确实能（ E 提高 ）汉语水平。

> 해석 A: 중국어 실력이 정말 빨리 늘었다! 어떻게 공부했니?
>   B: 전통적인 방식으로 했어. 많이 듣고 많이 말하면 확실히 중국어 실력을 (높일 수 있어).
> 분석 동사 어휘 선택. 동사와 명사의 상용 조합을 생각하면 찾기 쉽다. 문장에서 술어 자리에 올 수 있는 단어 중 목적어 '水平'과 상용하는 동사는 '提高'이다.
> 단어 进步 jìnbù (동) 진보하다, 발전하다 传统 chuántǒng (형) 전통적이다 方法 fāngfǎ (명) 방법
>   确实 quèshí (부) 확실히 水平 shuǐpíng (명) 수준

24. A : 今天好热啊，好像白天最高（ C 温度 ）就达38℃。
    B : 听说明天更热，我感觉今年比去年还热。

> 해석 A: 오늘 정말 더워요. 낮에는 최고 (온도가) 38℃에 달한 듯해요.
>   B: 듣자하니 내일은 더 덥다는데요. 저는 올해가 작년보다 더 덥게 느껴져요.
> 분석 명사 어휘 선택. 날씨와 관련된 표현을 찾는다. 38도를 보면 바로 앞에서 말하고자 하는 주어가 온도임을 알 수 있다.
> 단어 达 dá (동) 도달하다 白天 báitiān (명) 낮, 대낮 听说 tīngshuō (동) 듣자하니~라고 하다 感觉 gǎnjué (동) 느끼다

25. A : 欢迎您乘坐我们的航班，请您（ B 按照 ）登机牌上的座位号入座。
    B : 好的，谢谢！

> 해석 A: 저희 비행기에 탑승하신 걸 환영합니다. 비행기 티켓 상의 좌석 번호에 (따라) 앉아 주세요.
>   B: 네, 감사합니다.
> 분석 개사 어휘 선택. 명사구 '登机牌上的座位号'를 이끌어 낼 수 있는 개사를 찾는다.
> 단어 乘坐 chéngzuò (동) 타다 航班 hángbān (명) 항공편, 운항편 座位 zuòwèi (명) 좌석
>   登机牌 dēngjī pái 비행기 티켓, 탑승권 入座 rùzuò (동) 자리에 앉다

10강 정답 및 해설

26~30 단어 의미

A 压力 yālì 명 압력, 스트레스
예) 工作压力很大。업무 스트레스가 크다.

B 受不了 shòu buliǎo 견딜 수 없다
예) 天气太热了, 受不了。날씨가 너무 더워 견딜 수 없다.

C 偶尔 ǒu'ěr 부 때때로, 간혹
예) 偶尔去看看球赛。가끔 축구 경기를 보러 간다.

D 空气 kōngqì 명 공기
예) 这儿的空气很新鲜。이곳의 공기는 매우 신선하다.

E 吵 chǎo 형 시끄럽다
예) 你们班学生太吵了。너희 반 학생들은 너무 시끄럽다.

F 符合 fúhé 동 부합하다
예) 这道菜不符合我的口味。이 음식은 내 입맛에 맞지 않는다.

26~30 문제 분석

26. A : 你们公司的领导对你好吗?
　　　B : 别提了, 他脾气很怪, 真让人 (B 受不了)。

해석　A: 너희 회사의 상사가 네게 잘해 주니?
　　　B: 말도 하지마. 그 사람 성격이 너무 이상해서 정말 (견디기 힘들어).
분석　동사 어휘 선택. 술어의 위치에 올 수 있는 단어이자 사역동사 '让'과 의미상 어울려 사용할 수 있는 말을 찾는다.
단어　别提了 bié tí le 말도 마라　怪 guài 형 이상하다, 괴상하다

27. A：我们的空调声音太（ E 吵 ）了，应该找人修理修理。
　　B：这台太旧了，还是换一台新的吧。

> 해석　A: 우리 에어컨 소리가 너무 (시끄러운데) 사람 불러 수리 좀 해야겠어.
> 　　　B: 이 에어컨 너무 오래됐어. 새 걸로 바꾸는 것이 좋겠어.
> 분석　형용사 어휘 선택. '太……了'사이에 들어갈 수 있는 형용사이자, 의미상 '소리'와 관련된 단어를 찾는다.
> 단어　空调 kōngtiáo 몡 에어컨　声音 shēngyīn 몡 소리　修理 xiūlǐ 통 수리하다　旧 jiù 톙 낡다, 오래되다
> 　　　还是 háishi 튀 ~하는 편이 더 좋다　换 huàn 통 바꾸다　台 tái 양 대(기계, 설비, 차량 등을 세는 단위)

28. A：上星期，我和家人去吃湖南菜了，特别辣，辣得我以后不想再吃了。
　　B：没错。不过我还是（ C 偶尔 ）想吃一顿。

> 해석　A: 지난주에 나는 가족들하고 후난 요리를 먹으러 갔는데 너무 맵더라. 이후에 다시는 먹고 싶지 않을 정도였어.
> 　　　B: 맞아. 하지만 나는 그래도 (가끔은) 한 번씩 먹고 싶어.
> 분석　부사 어휘 선택. 부사 '还是'과 조동사 '想' 사이에 들어갈 수 있는 품사는 부사로, 의미상으로도 적합한 부사를 찾는다.
> 단어　湖南菜 Húnáncài 몡 후난 요리　辣 là 톙 맵다

29. A：请问，这次通知招生的汉语进修班，我（ F 符合 ）报名条件吗?
　　B：很遗憾，这次报名人数已经满了，下次看看吧。

> 해석　A: 말씀 좀 묻겠습니다. 이번에 공지한 중국어 연수반 신청 조건에 제가 맞을까요?
> 　　　B: 아쉽지만 이번 신청 인원은 이미 다 찼어요. 다음에 보셔야겠네요.
> 분석　동사 어휘 선택. 술어 자리에 들어갈 단어를 찾는다. 목적어의 '条件'은 동사 '符合'와 상용하는 명사로 '符合条件'을 기억해 둔다.
> 단어　通知 tōngzhī 통 알리다　招生 zhāoshēng 통 신입생을 모집하다　进修 jìnxiū 통 연수하다　条件 tiáojiàn 몡 조건
> 　　　报名 bàomíng 통 신청하다, 등록하다　遗憾 yíhàn 통 유감이다, 섭섭하다　满 mǎn 톙 가득 차다

30. A：恭喜你这次升职为领导，我相信你一定会更上一层楼。
　　B：哎呀，责任越大，（ A 压力 ）就越大呀。

> 해석　A: 이번에 매니저로 진급한 거 축하해. 너는 틀림없이 더 발전할 거야.
> 　　　B: 아이구, 책임이 클수록 스트레스도 많아져.
> 분석　명사 어휘 선택. '越A越B[(주어가) A할수록 B하다]' 관용구의 용법을 이해하고, B에 들어갈 의미상 적합한 단어를 찾는다. 여기서는 '越' 앞에 오는 주어가 서로 달라 '주어1이 A할수록 주어2가 B하다'라는 의미이기 때문에, 주어 자리에 적합한 명사를 찾는 것이 중요하다.
> 단어　升职 shēngzhí 통 진급하다　相信 xiāngxìn 통 믿다　责任 zérèn 몡 책임
> 　　　更上一层楼 gèng shàng yì céng lóu 쉥 한 층 더 올라가다, 더욱 발전하다

10강 복습하기

해석을 보고 ___ 에 알맞은 단어를 써 보세요.

1. 提高 _____   수준을 향상시키다

2. 升职为 _____   매니저가 되다

3. 让人 _____   사람을 힘들게 하다

4. 越 _____ 越 _____   클수록 비싸다

5. _____ 工作条件   업무 조건에 부합하다

10강 복습 정답   1. 水平 / 2. 领导 / 3. 受不了 / 4. 大, 贵 / 5. 符合

개사1 시간, 장소, 대상

> 如果在公司的话，从12点到2点，
> 我可以给你打电话。

개사 명사나 대사 또는 구 앞에 놓여 동작이나 형용사의 성질과 관련 있는 시간, 장소, 대상, 범위, 방식 등을 나타낸다. 주요 역할은 부사어지만, 관형어나 보어로도 활용된다.
  예 在, 从, 到, 给

시간과 장소를 나타내는 개사

★ 종류 从, 自, 打, 由, 离, 在, 于, 当

1) 从, 打: ~부터. 시간과 장소의 기점
   예 今天从10点开始上课。
2) 自: ~부터. 시간과 장소의 기점, 근거나 출처. 서면어에서 주로 사용.
   예 自2000年以来，我们一直住在北京。
3) 由: 시간과 장소의 기점, 행위의 주체.
   예 今天晚饭由我来做。
4) 离: 기준점에서 시간, 장소, 사물의 거리.
   예 我家离学校很近。
5) 到: ~까지. 종점, 도착지.
   예 从这儿到那儿可以走路过去。
6) 当: ~할 때. 当~时/的时候
   예 当他到火车站时，火车已经出发了。

대상을 나타내는 개사

★ **종류** 给, 为, 对, 跟, 和, 把, 被, 对于, 关于

1) 给: ~에게. 이득 또는 피해를 받는 대상을 끌어냄.
   - 예) 爸爸给我买衣服了。

2) 为: ~를 위해, ~ 때문에.
   - 예) 这是为你准备的礼物。

3) 对: ~에게, ~에 대해. 일방적인 동작을 받는 대상을 끌어냄.
   - 예) 他对我特别关心。

4) 跟, 和: ~와/과.
   - 예) 我跟(和)他商量。

5) 把: ~을/를. 동작의 처리 대상을 강조하기 위해 끌어냄.
   - 예) 我把这杯酒喝完了。

6) 被: ~에 의해. 행위자를 강조하기 위해 끌어냄.
   - 예) 这些钱被他花光了。

7) 对于: ~에 대하여. 사람, 사물, 행위를 끌어냄.
   - 예) 汉语对于我来说很容易。

8) 关于: ~에 관하여. 범위나 내용을 끌어냄. 부사어로 쓰일 때 주어 앞에만 옴.
   - 예) 关于这本书的内容, 我不太明白。

11강

쓰기2 공략
쓰기2 ①
정답 및 해설
복습하기
오늘의 중국어 어법 한마디

쓰기2 공략

1 쓰기 2부분 시험 유형

- 총 5문항으로, 사진과 제시어를 보고 작문한다.
- 매 문항의 배점은 8점으로, 부분 점수로 채점된다.
- 본인의 작문 수준에 맞고 최대한 어법적 오류를 범하지 않게 작문한다.

2 쓰기 2부분 시험 문제 맛보기

区别

정답: 这三只小狗长得很像，没有什么区别。

3 쓰기 2부분 시험 공략법

- 먼저 제시어의 품사를 파악한다. 명사, 동사, 형용사가 가장 많이 출제되는 품사다.
- 제시어와 관련된 핵심 단어, 관용구를 떠올린다.
- 적절한 주어를 생각하고, 제시어를 중심으로 기본 문장의 골격을 만든다.
  그리고 차근차근 다양한 표현으로 문장을 풍성하게 만든다.
- 형용사는 정도부사, 술어, 관형어의 용법을 생각하고, 동사는 진행 표현인 '正在'나 조동사를 사용해 주면 좋다.

4 누들 수강 안내 및 학습법

- 진단평가에서 문제를 먼저 풀어본다.
- 본 강의를 듣는다.
- 본 강의에 나온 단어와 모범 답안을 잘 익힌다.
- 복습 파트를 통해 강의의 핵심 포인트와 관련된 작문을 해 본다.
- 「오늘의 중국어 어법 한마디」를 통해 HSK4급에 필요한 중국어 어법 지식을 쌓는다.

5 쓰기2 빈출 동사, 명사, 형용사

동 사

安排 ānpái 안배하다 예 安排工作	抱歉 bàoqiàn 미안하다 예 真抱歉
帮助 bāngzhù 돕다 예 帮助别人	毕业 bìyè 졸업하다 예 去年毕业
保护 bǎohù 보호하다 예 保护动物	表示 biǎoshì 나타내다 예 表示满意
保证 bǎozhèng 보증하다 예 保证便宜	猜 cāi 추측하다 예 猜猜他是哪国人
吃惊 chījīng 놀라다 예 非常吃惊	参加 cānjiā 참가하다 예 参加比赛
出发 chūfā 출발하다 예 几点出发	来不及 láibují 시간이 부족하다 예 来不及吃
道歉 dàoqiàn 사과하다 예 向他道歉	聊天儿 liáotiānr 잡담하다 예 一起聊天儿
打扫 dǎsǎo 청소하다 예 打扫教室	敲 qiāo 두드리다 예 敲一下门
复印 fùyìn 복사하다 예 复印学习材料	讨论 tǎolùn 토론하다 예 讨论问题
负责 fùzé 책임지다 예 负责安排工作	收到 shōudào 수령하다 예 收到信
换 huàn 바꾸다 예 换衣服	受到 shòudào 받다, 부딪히다 예 受到压力
加班 jiābān 초과 근무하다 예 天天加班	弹 tán 연주하다 예 弹钢琴
禁止 jìnzhǐ 금지하다 예 禁止抽烟	躺 tǎng 눕다 예 躺在床上
交流 jiāoliú 교류하다 예 韩中交流	抬 tái 맞들다 예 抬不动
举行 jǔxíng 거행하다 예 举行婚礼	羡慕 xiànmù 부러워하다 예 真羡慕
考虑 kǎolǜ 고려하다 예 考虑问题	醒 xǐng 잠에서 깨다 예 醒过来
原谅 yuánliàng 양해하다 예 原谅别人	注意 zhùyì 주의하다 예 注意身体健康
咳嗽 késou 기침하다 예 咳嗽厉害	选择 xuǎnzé 고르다 예 选择正确的

명사

办法 bànfǎ 방법 예 想办法	包子 bāozi 만두 예 做包子
笔记本 bǐjìběn 노트, 노트북 예 买笔记本	标准 biāozhǔn 표준 예 发音标准
茶 chá 차 예 喝杯茶	饼干 bǐnggān 과자 예 吃饼干
成绩 chéngjì 성적 예 考试成绩	答案 dá'àn 답안 예 英语答案
电话 diànhuà 전화 예 给他打电话	电脑 diànnǎo 컴퓨터 예 玩电脑
肚子 dùzi 배 예 肚子疼	方法 fāngfǎ 방법 예 练习方法
飞机 fēijī 비행기 예 飞机起飞	复印机 fùyìnjī 복사기 예 复印机坏了
个子 gèzi 키 예 个子很高	广告 guǎnggào 광고 예 拍广告
果汁 guǒzhī 과일 주스 예 果汁好喝	号码 hàomǎ 번호 예 手机号码
航班 hángbān 운항편 예 这趟航班	环境 huánjìng 환경 예 环境污染
鸡蛋 jīdàn 계란 예 打碎鸡蛋	计划 jìhuà 계획 예 建立计划
街 jiē 거리 예 逛街	京剧 jīngjù 경극 예 观看京剧
看法 kànfǎ 견해 예 不同的看法	梦 mèng 꿈 예 做梦
密码 mìmǎ 비밀번호 예 忘记密码	汤 tāng 국 예 鸡蛋汤
袜子 wàzi 양말 예 一双袜子	味道 wèidao 맛 예 味道鲜美
问题 wèntí 문제 예 提问题	习惯 xíguàn 습관 예 生活习惯
信用卡 xìnyòngkǎ 신용카드 예 办信用卡	信心 xìnxīn 믿음 예 很有信心
性格 xìnggé 성격 예 性格开朗	钥匙 yàoshi 열쇠 예 房间钥匙
印象 yìnxiàng 인상 예 留下深刻的印象	重点 zhòngdiǎn 중점 예 重点学校
压力 yālì 스트레스 예 压力很大	污染 wūrǎn 오염 예 污染严重

형용사

得意 déyì 득의양양하다 예 得意洋洋	饿 è 배고프다 예 饿极了
烦恼 fánnǎo 걱정스럽다 예 让他烦恼	方便 fāngbiàn 편리하다 예 交通方便
丰富 fēngfù 풍부하다 예 物产丰富	干净 gānjìng 깨끗하다 예 打扫得干干净净
高兴 gāoxìng 기쁘다 예 玩得很高兴	害羞 hàixiū 부끄러워하다 예 有些害羞
合适 héshì 적당하다 예 对你很合适	厚 hòu 두껍다 예 这本书很厚
活泼 huópō 활발하다 예 性格活泼	简单 jiǎndān 간단하다 예 考试很简单
精彩 jīngcǎi 뛰어나다 예 精彩的表演	可爱 kě'ài 귀엽다 예 可爱的孩子
可惜 kěxī 아쉽다 예 真是可惜	凉快 liángkuai 시원하다 예 天气凉快
流利 liúlì 유창하다 예 说得流利	乱 luàn 어지럽다 예 手忙脚乱
满意 mǎnyì 만족하다 예 感到满意	美丽 měilì 아름답다 예 景色美丽
难受 nánshòu 괴롭다 예 让我难受	漂亮 piàoliang 예쁘다 예 漂亮极了
热闹 rènao 시끌벅적하다 예 十分热闹	帅 shuài 잘생기다 예 他很帅
讨厌 tǎoyàn 얄밉다, 싫다 예 让人讨厌	优秀 yōuxiù 우수하다 예 优秀的学生
香 xiāng 향기롭다, 맛있다 예 吃得很香	兴奋 xīngfèn 흥분하다 예 感到兴奋
有趣 yǒuqù 재미있다 예 内容有趣	脏 zāng 더럽다 예 手很脏
正式 zhèngshì 정식의 예 正式比赛	重 zhòng 무겁다 예 这些书很重

UNIT 11강 쓰기 | 第二部分

例如:

乒乓球   <u>她很喜欢打乒乓球。</u>

1.  航班

2.  复印机

3.  满意

4. 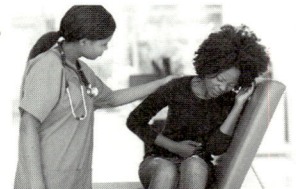 难受

5.  讨论

6.  抬

11강 정답 및 해설

1.
 航班

> **1단계** 사진과 제시어 파악하기

航班 hángbān은 '운항편'이라는 명사로, 비행기가 이륙하는 사진과 함께 나와 비행기 운행과 관련된 표현을 생각할 수 있다. '비행기가 이륙을 한다'거나, '이륙 시간이 늦춰졌다'거나 등의 내용으로 문장을 만들어 본다.

> **2단계** 관련 어휘 생각하기

快要……了 kuàiyào……le 곧 ~하려고 하다 起飞 qǐfēi 동 이륙하다 乘坐 chéngzuò 동 타다
开往 kāiwǎng ~을 향하여 출발하다 提前 tíqián 동 앞당기다 推迟 tuīchí 동 미루다

> **3단계** 문장의 뼈대 만들기

航班 + 起飞
주어　 술어

航班 + 开往 + 上海
주어　 술어　 목적어

> **4단계** 문장에 살 붙이기

这趟航班快要起飞了。
他乘坐的航班是开往上海的。
我乘坐的航班提前了十分钟。
爸爸乘坐的航班推迟了一个小时。

11강 정답 및 해설

2. 复印机

1단계 사진과 제시어 파악하기

复印机fùyìnjī는 '복사기'라는 명사로, 사람이 복사하는 사진과 함께 나와 복사하는 환경이나 복사기와 관련된 표현을 생각할 수 있다. '사무실 복사기가 쓰기 편하다'거나, '복사기가 고장 났다' 등의 문장을 만들어 본다.

2단계 관련 어휘 생각하기

办公室 bàngōngshì 몡 사무실　好用 hǎo yòng 쓰기 편하다　坏 huài 동 고장 나다
台 tái 양 대(기계, 설비, 차량 등을 세는 단위)

3단계 문장의 뼈대 만들기

<u>复印机</u> + <u>好用</u>
　주어　　　술어

4단계 문장에 살 붙이기

这台复印机特别好用。
办公室的复印机很好用。
这台复印机又坏了。
我们办公室的复印机坏了。

3.  满意

| 1단계 | 사진과 제시어 파악하기 |

满意 mǎnyì는 '만족스럽다'라는 형용사로, '对……满意' 구조를 잘 취한다. '성적이 만족스럽다' 든지, '음식 맛이 만족스럽다'든지, '오늘의 회의가 만족스럽다' 등 엄지손가락을 세울 만큼 만족스러울 만한 일을 생각해 본다.

| 2단계 | 관련 어휘 생각하기 |

成绩 chéngjì 명 성적   餐厅 cāntīng 명 식당   味道 wèidao 명 맛   会议 huìyì 명 회의

| 3단계 | 문장의 뼈대 만들기 |

<u>他</u> + <u>对( )</u> + <u>满意</u>
주어   부사어   술어

| 4단계 | 문장에 살 붙이기 |

他对自己的成绩很满意。
他对这家餐厅的菜很满意。
他对这道菜的味道很满意。
他对今天的会议感到非常满意。

11강 정답 및 해설

4.  难受

1단계 사진과 제시어 파악하기

难受 nánshòu는 '견디기 힘들다, 괴롭다'라는 뜻의 형용사로, '让+사람+难受' 또는 '정도부사+难受' 구조를 잘 취한다. 배 아파하는 사진을 보고, '배가 불편해서 너무 견디기 힘들다'는 문장을 만들어 본다.

2단계 관련 어휘 생각하기

肚子 dùzi 명 배, 복부   疼 téng 형 아프다   不舒服 bù shūfu (몸이) 아프다, 불편하다   厉害 lìhai 형 대단하다, 심각하다

3단계 문장의 뼈대 만들기

我 + 难受
주어   술어

4단계 문장에 살 붙이기

我肚子疼, 真难受。
我肚子一直很不舒服, 真难受。
我从昨天开始肚子疼得厉害, 难受死了。
我从昨天开始肚子疼得厉害, 难受得一天都没吃饭。

5.  讨论

1단계 사진과 제시어 파악하기

讨论 tǎolùn은 '토론하다'라는 동사로, 목적어를 취할 수 있다. '업무를 토론한다' 든지, '지금 열심히 토론하고 있다'는 등의 표현을 만들어 본다.

2단계 관련 어휘 생각하기

工作 gōngzuò 〔명〕〔동〕 일, 일하다   会议室 huìyìshì 회의실   问题 wèntí 〔명〕 문제   认真 rènzhēn 〔형〕 진지하다, 착실하다

3단계 문장의 뼈대 만들기

他们 + 讨论 + 问题
주어   술어   목적어

4단계 문장에 살 붙이기

他们正在讨论工作呢。
他们在会议室里讨论工作。
他们在会议室里讨论问题。
他们在会议室里认真地讨论问题。

11강 정답 및 해설

6. 抬

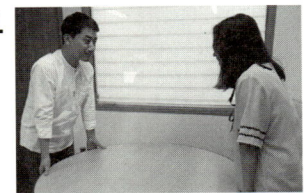

1단계 사진과 제시어 파악하기

抬 tái는 '함께 들다'라는 동사로, 목적어를 취할 수 있다. 책상을 드는 사진이므로, '둘이 함께 책상을 든다', '책상을 들고 옮긴다' 등의 문장을 만들어 본다.

2단계 관련 어휘 생각하기

两个人 liǎng gè rén 두 사람　桌子 zhuōzi 몡 탁자, 테이블　重 zhòng 휑 무겁다

3단계 문장의 뼈대 만들기

他们 + 抬 + 桌子
　주어　술어　목적어

4단계 문장에 살 붙이기

他们两个人正在抬桌子呢。
我帮你抬一下这张桌子。
我们把这张桌子抬到门口吧。
那张桌子有点儿重，一个人抬不动。

11강 복습하기

1. 업무 스트레스가 너무 커서 그를 견디기 힘들게 한다.

   →
   ....

2. 저를 도와 복사기를 고쳐 주세요.

   →
   ....

3. 이 소파는 너무 무거워서 나 혼자는 들기 어렵다.

   →
   ....

4. 우리 이 문제를 해결할 방법을 토론해 봅시다.

   →
   ....

5. 나는 이 은행의 서비스에 매우 만족한다.

   →
   ....

11강 복습 정답
1. 工作压力太大了, 让他很难受。
2. 请帮我修理一下复印机。
3. 这张沙发太重了, 我一个人抬不动。
4. 我们讨论一下解决这个问题的方法吧。
5. 我对这家银行的服务很满意。

개사2 방향, 근거

按照他指的方向，你就一直往前走吧。

방향을 나타내는 개사

★ 종류 往, 向, 随着, 跟着

1) 往: 동작의 방향을 나타냄. 사람을 방향으로 삼을 수는 없음.
   예) 他往前走。
2) 向: 동작의 방향을 나타냄. 사람도 방향으로 삼을 수 있음.
   예) 他向前走。他向我点头。我向他学习。
3) 随着: 주로 문장 맨 앞에서 발전, 변화 등에 따른 결과를 나타냄.
   예) 随着经济的发展, 人们的生活水平越来越高了。
4) 跟着: 사람이나 행동을 따르는 것을 나타냄.
   예) 他是跟着我来的。

근거를 나타내는 개사

★ 종류 按, 按照, 根据, 以

1) 按: ~에 따라서. 기준을 제시할 때 쓰임. 예) 按月交费。
2) 按照: ~에 따라서. 기준을 제시할 때 쓰임. 예) 按照学校的规定办事。
3) 根据: ~근거하여. 예) 根据汉语水平报名。
4) 以: ~로서. 예) 我以老师的立场跟你说吧。

12강

쓰기2 ②
정답 및 해설
복습하기
오늘의 중국어 어법 한마디

UNIT 12강 쓰기 第二部分

7.  禁止

8.  加班

9.  活泼

10.  烦恼

11.  俩

12.  京剧

12강 정답 및 해설

7.  禁止

1단계 사진과 제시어 파악하기

禁止 jìnzhǐ는 '금지하다'라는 동사로, 자전거 금지 표시판과 같이 제시되어 자전거 통행금지와 관련된 문장을 생각해 볼 수 있다. '이 길은 도로 정비 중이라 자전거 통행을 금지한다' 또는 '행인들의 안전을 위해 자전거 통행을 금지한다'는 등의 문장을 만들어 본다.

2단계 관련 어휘 생각하기

修路 xiūlù 통 도로를 정비하다　**骑** qí 통 타다　**自行车** zìxíngchē 명 자전거　**道路** dàolù 명 도로
为了 wèile 개 ~을(를) 위하여　**安全** ānquán 형 안전하다　**行人** xíngrén 명 행인

3단계 문장의 뼈대 만들기

<u>这条道路</u> + <u>禁止</u> + <u>骑自行车</u>
　주어　　　술어　　　목적어

4단계 문장에 살 붙이기

前面正在修路, 所以禁止骑自行车。
这条道路正在修, 所以禁止骑自行车。
为了安全, 这条道路禁止骑自行车。
为了行人的安全, 这条道路禁止骑自行车。

12강 정답 및 해설

8. 加班

1단계 사진과 제시어 파악하기

加班jiābān은 '초과 근무하다'라는 동사로, '매일같이 야근해서 피곤하다', '업무가 많아서 거의 매일 야근한다', '업무가 많아서 주말에도 야근해야 한다' 등의 내용을 만들어 본다.

2단계 관련 어휘 생각하기

天天 tiāntiān 매일, 날마다   累 lèi 형 지치다, 피곤하다   工作 gōngzuò 명동 일, 일 하다   多 duō 형 많다
几乎 jīhū 부 거의   周末 zhōumò 명 주말

3단계 문장의 뼈대 만들기

<u>她们</u> + <u>加班</u>
 주어   술어

4단계 문장에 살 붙이기

她们正在加班呢。

她们天天加班，累死了。

她们的工作太多了，几乎天天加班。

因为她们的工作太多了，所以周末也要加班。

9.    活泼

1단계 사진과 제시어 파악하기

活泼 huópō는 '활발하다'라는 형용사로, 아이가 매우 즐거워하는 모습의 사진과 함께 제시되었다. '아이의 성격이 매우 활발해 보인다'거나 '아이의 활발한 모습을 보니 아주 행복하다' 등의 문장을 만들어 본다.

2단계 관련 어휘 생각하기

孩子 háizi 몡 아이   性格 xìnggé 몡 성격   幸福 xìngfú 휑 행복하다   喜欢 xǐhuan 동 좋아하다, 흥미를 느끼다

3단계 문장의 뼈대 만들기

她 + 很 + 活泼
주어   정도부사   술어

4단계 문장에 살 붙이기

她看起来很活泼。
这个孩子看起来性格非常活泼。
看到她那活泼的样子，我感到很幸福。
她是一个活泼的孩子，所以大家都很喜欢她。

12강 정답 및 해설

10. 烦恼

1단계 사진과 제시어 파악하기

烦恼fánnǎo는 '걱정하다, 마음 졸이다'라는 형용사로, 미간을 찌푸릴 정도로 걱정하는 모습의 사진과 같이 제시되었다. '烦恼'와 함께 쓰일 수 있는 정도부사와 겸어문 구성 등을 생각하여 문장을 만들어 본다.

2단계 관련 어휘 생각하기

工作 gōngzuò (형)(동) 일, 일 하다   公司 gōngsī (명) 회사   女朋友 nǚ péngyou 여자친구   吵架 chǎojià (동) 다투다

3단계 문장의 뼈대 만들기

他 + 很 + 烦恼
주어 정도부사 술어

4단계 문장에 살 붙이기

他最近因为工作上的事情很烦恼。

他儿子没有考上重点大学，所以最近他很烦恼。

公司的工作让他很烦恼。

他和他的女朋友经常吵架，这让他很烦恼。

11.  俩

| **1단계** 사진과 제시어 파악하기 |

俩liǎ는 '두 개, 두 사람'이라는 의미의 수량사로, 두 아이의 사진과 함께 제시되었다. 아이 둘이 어떤 모습을 하고 있는지 보며 '아이들이 모두 귀엽다', '두 아이들이 즐거워 보인다', '둘이 자매 같아 보인다' 등의 표현을 생각해 본다.

| **2단계** 관련 어휘 생각하기 |

她们 tāmen ㈜ 그녀들   可爱 kě'ài ㈜ 귀엽다   看起来 kàn qǐlái 보기에 ~하다   开心 kāixīn ㈜ 기쁘다, 즐겁다
像 xiàng ㈜ 닮다

| **3단계** 문장의 뼈대 만들기 |

她们俩 + 很 + 开心
주어   정도부사   술어

| **4단계** 문장에 살 붙이기 |

她们俩都很可爱。

她们俩看起来很开心。

她们俩看起来好像是姐妹。

她们俩看起来长得很像。

12강 정답 및 해설

12.  京剧

1단계 사진과 제시어 파악하기

京剧 jīngjù는 '경극'이라는 의미의 명사로, 경극 배우 사진과 함께 제시되었다. 중국의 대표적인 전통문화 중의 하나로, '경극 보는 것을 좋아한다', '경극이 특색이 있어 볼 만하다', '경극 공연이 훌륭해서 볼 만하다' 등의 문장을 생각해 본다.

2단계 관련 어휘 생각하기

喜欢 xǐhuan 통 좋아하다, 흥미를 느끼다　有意思 yǒu yìsi 재미있다, 흥미 있다　值得 zhídé 통 ~할 가치가 있다
表演 biǎoyǎn 통 공연하다　精彩 jīngcǎi 형 뛰어나다, 훌륭하다

3단계 문장의 뼈대 만들기

京剧 ＋ 好看
주어　　술어

我 ＋ 喜欢 ＋ 京剧
주어　 술어　 목적어

4단계 문장에 살 붙이기

我爸爸喜欢看京剧。
我爷爷和我常常去看京剧。
中国的京剧很有意思，值得一看。
这场京剧表演很精彩，值得一看。

12강 복습하기

1. 내일 중국 여행을 갈 생각을 하니 너무 흥분된다.

   →

2. 동물원에 판다 두 마리가 있다.

   →

3. 어머니가 몸이 안 좋은데, 이 일로 그는 줄곧 걱정하고 있다.

   →

4. 공공장소에서는 흡연을 금지합니다.

   →

5. 나는 작년에 베이징에서 경극을 본 적이 있다.

   →

12강 복습 정답

1. 一想到明天要去中国旅游，我就很兴奋。
2. 动物园里有两只熊猫。
3. 妈妈身体不舒服，这件事一直让他很烦恼。
4. 公共场所禁止抽烟。
5. 我去年在北京看过京剧。

오늘의 중국어 어법 한마디

조사

这儿的旅游景点你都去过吧?

구조조사 단어, 구 또는 문장 뒤에서 어법 관계를 나타낸다.

★ 종류 的, 地, 得

1) 的: 명사나 대명사를 수식하는 데 쓰이며 관형어를 구성한다. 예 这儿<u>的</u>景点
2) 地: 동사나 형용사를 수식하는 데 쓰이며 부사어를 구성한다. 예 高高兴兴<u>地</u>进去。
3) 得: 정도보어와 가능보어를 연결하는 역할을 한다. 예 说<u>得</u>很好。听<u>得</u>懂。

동태조사 동사 뒤에서 동작의 상태를 나타낸다.

★ 종류 了, 着, 过

1) 了: 동작의 완료를 나타냄. 예 下<u>了</u>课去看电影。
2) 着: 동작의 진행이나 상태의 지속을 나타냄. 예 听<u>着</u>音乐。门开<u>着</u>。
3) 过: 동작의 경험이나 완료를 나타냄. 예 我去<u>过</u>北京。我刚吃<u>过</u>晚饭。

어기조사 문장 끝에서 화자의 말투(어기)를 나타낸다.

★ 종류 了, 吗, 吧, 啊, 呢, 罢了

1) 了: 상태나 상황의 변화를 나타냄. 예 秋天<u>了</u>。胖<u>了</u>。
2) 吗: 의문을 나타냄. 예 你是韩国人<u>吗</u>?
3) 吧: 추측, 권유, 동의, 명령의 의미를 나타냄. 예 我们走<u>吧</u>。你没关系<u>吧</u>?
4) 啊: 감탄이나 긍정의 의미를 나타냄. 예 多好<u>啊</u>!
5) 呢: 진행, 의문, 휴지 등을 나타냄. 예 我看着<u>呢</u>! 你<u>呢</u>?
6) 罢了: 단지~일 뿐이다. 예 只是说说<u>罢了</u>!

13강

듣기2 공략
듣기2 ①
정답 및 해설
복습하기
오늘의 중국어 어법 한마디

듣기 2
공략

1 듣기 2부분 시험 유형

- 총 15문항으로, 남녀의 대화를 듣고 관련된 질문에 대한 답을 고르는 문제다.
- 매 문항의 녹음은 한 번만 들려준다.
- 녹음은 일반적으로 남녀가 한마디씩 주고받는 짧은 대화이며, 제3자가 질문을 하는 형식이다. 대략 17초 정도 되며, 음성으로만 들려준다.
- 문제지에는 4개의 선택 항목만 제시된다.

2 듣기 2부분 시험 문제 맛보기

> 女: 该加油了, 去北京的路上有加油站吗?
> 男: 有啊, 你别担心。
> 问: 男的主要是什么意思?

A 快要到了　　B 油够了　　C 有加油站　　D 去北京

3 듣기 2부분 시험 공략법

- 먼저 제시된 4개의 선택 항목을 빠르게 읽고 대화의 주제와 질문을 추측한다.
- 대화의 핵심 문장은 대체로 두 번째 사람의 말에 있는 경우가 많다.
- 대화의 주제는 대체로 일상생활, 직장 생활과 관련된 내용들이다.
- 전체 대화의 의미 이해, 행동, 대화 장소, 숫자(시간, 가격), 원인, 사물·인물, 상태·상황, 직업·관계, 심정·태도·어기, 화제, 평가 등에 관련된 문제가 시험에 자주 나온다.
- 녹음을 들으면서 중요한 내용은 메모해야 한다. 특히 숫자나 술어와 관련되는 주어가 바뀌지 않도록 주의해야 하고, 녹음에서 언급되는 내용이 선택 항목에 있을 경우 역시 메모를 하며 들어야 한다.

4 누들 수강 안내 및 학습법

- 진단평가에서 문제를 먼저 풀어본다.
- 본 강의를 듣는다.
- 본 강의에 나온 단어를 복습 정리한다.
- 복습 파트를 통해 강의의 핵심 문장을 다시 한 번 들어보고, 관련된 중요 어휘를 받아쓰기한다.
- 「오늘의 중국어 어법 한마디」를 통해 HSK4급에 필요한 중국어 어법 지식을 쌓는다.

5 시험에 자주 나오는 질문 형식

유형	질문 형식의 예
의미 이해	女的**意思是什么**? 여자는 무슨 뜻인가요? 男的**主要是什么意思**? 남자는 주로 무슨 뜻인가요? 根据对话, **可以知道什么**? 대화에 근거하여, 무엇을 알 수 있을까요? 他们**说的是什么意思**? 그들이 말한 것은 무슨 뜻일까요?
행동	男的**让女的做什么**? 남자는 여자에게 무엇을 하라고 했나요? 男的**建议女的做什么**? 남자는 여자에게 무엇을 하라고 건의했나요? 男的现在**想做什**么? 남자는 지금 무엇을 하고 싶은가요? 男的现在**可能在做什**么? 남자는 지금 무엇을 하고 있을 것 같나요? 女的**准备做什么**? 여자는 무엇을 하려고 하나요? 根据对话, 可以知道**男的做了什么**? 대화에 근거하여 남자가 무엇을 했다는 것을 알 수 있을까요?
대화 장소	男的**要去哪里**? 남자는 어디에 가려고 하나요? 男的**要去什么地方**? 남자는 어느 곳에 가려고 하나요? 男的**现在在哪儿**? 남자는 지금 어디에 있나요? 这段话最有可能**发生在哪里**? 이 말은 어디에서 발생할 가능성이 제일 큰가요?
시간·가격	男的**什么时候可以**……? 남자는 언제 ~을/를 할 수 있나요? 女的**几点有空**? 여자는 몇 시에 시간이 있나요? ……동사**几年了**? ~은 ~한 지 몇 년 되었나요? ……**多少钱**? ~은 얼마인가요? ……**多少钱一**+양사? ~은 한~에 얼마인가요?

원인	女的为什么……? 여자는 왜 ~했을까요?
사물·인물	女的+동사+什么? 여자는 무엇을 ~까요? 谁要……? 누가 ~려고 하나요?
상태·상황	男的怎么了? 남자는 어떻게 된 건가요? 根据对话,可以知道女的怎么了? 대화에 근거하여 여자가 어떻게 된 건지 알 수 있을까요? 根据对话,可以知道男的是什么情况? 대화에 근거하여 남자는 무슨 상황인지 알 수 있을까요?
직업·관계	男的是做什么的? 남자는 무엇을 하는 사람일까요? 男的最可能是做什么的? 남자는 무엇을 할 가능성이 제일 클까요? 女的干(做)什么工作? 여자는 무슨 일을 하나요? 他们是什么关系? 그들은 무슨 관계일까요? 他们可能是什么关系? 그들은 아마 무슨 관계일까요?
심정·태도 어기	男的心情怎么样? 남자는 심정이 어떤가요? 女的是什么心情? 여자는 어떤 심정일까요? 男的态度怎么样? 남자의 태도는 어떤가요? 男的是什么态度? 남자는 어떤 태도인가요? 女的对……的态度是什么? 여자의 ~에 대한 태도는 어떤가요? 女的是什么语气? 여자는 어떤 말투인가요? 男的语气怎么样? 남자의 말투는 어떤가요?
화제	关于男的,可以知道什么? 남자에 대해 무엇을 알 수 있을까요? 关于女的,下面哪句话是对的? 여자에 대해 아래의 어느 말이 맞나요? 关于女的,下面哪句话是错的? 여자에 대해 아래의 어느 말이 틀렸나요? 他们在谈什么? 그들은 무엇을 이야기하고 있나요?
평가	根据对话,可以知道男的怎么样? 대화에 근거하여 남자가 어떤 사람이라는 것을 알 수 있나요? 女的是个什么样的人? 여자는 어떤 사람인가요? 男的觉得……怎么样? 남자가 생각하기에 ~은 어떤가요?

UNIT 13강 듣기 | 第二部分

例如: 男: 今天晚上有一个晚会, 你去吗?
　　　女: 不去了, 最近工作太忙了, 我得加班。
　　　问: 女的为什么不去参加晚会?

　　A 生病了　　**B 工作太忙**　　C 不想去　　D 有约会

1. A 同学
   B 夫妻
   C 老板和员工
   D 男女朋友

2. A 书店
   B 商场
   C 出租车
   D 水果店

3. A 热情
   B 认真
   C 勇敢
   D 有趣

4. A 公共汽车
   B 飞机
   C 地铁
   D 船

5. A 听音乐
   B 复习
   C 看书
   D 准备考试

6. A 早上7:30
   B 早上9:00
   C 晚上8:30
   D 晚上9:00

7. A 买了新手机
   B 下个月考试
   C 不想买手机
   D 不想考试

8. A 很漂亮的猫
   B 晚上睡得很早的人
   C 晚上睡得很晚的人
   D 早上起得很早的人

9. A 快乐
   B 生气
   C 紧张
   D 幸福

10. A 面包
    B 冰咖啡
    C 面条
    D 米饭

13강 정답 및 해설

1. 男：晚上就去我家见爸妈了，你就穿这一身去啊？
   女：怎么了？又不是去开会，我觉得这么穿挺好的。
   问：他们是什么关系？

   A 同学　　B 夫妻　　C 老板和员工　　**D 男女朋友**

   남: 저녁에 우리 집에 부모님을 만나러 가는데, 이렇게 입고 갈 거야?
   여: 왜? 회의하러 가는 것도 아니고, 이렇게 입는 게 좋다고 생각되는데.
   질문: 그들은 무슨 관계일까요?

   A 급우　　B 부부　　C 사장과 직원　　**D 연인**

2. 女：师傅，麻烦您把车开到刚才坐车的地方吧，我的手机不见了。
   男：就是您买水果的那个地方吧？
   问：女的现在可能在哪儿？

   A 书店　　B 商场　　**C 出租车**　　D 水果店

   여: 기사님, 좀 전에 차 탔던 곳으로 다시 가 주세요. 제 휴대 전화가 없어졌어요.
   남: 바로 과일을 샀던 그곳이지요?
   질문: 여자는 지금 어디에 있을까요?

   A 서점　　B 상점　　**C 택시**　　D 과일가게

3. 女：你们公司的李丽人怎么样？
   男：她做事很认真，老板给的任务她总是提前完成。
   问：根据这段对话，可以知道李丽怎么样？

   A 热情　　**B 认真**　　C 勇敢　　D 有趣

여: 너의 회사 리리 씨는 사람이 어때?
남: 그녀는 일을 착실히 하고 사장님이 주신 임무는 언제나 미리 완성해.
질문: 이 대화에 근거하면 리리 씨는 어떤 사람일까요?

A 친절하다   B 착실하다   C 용감하다   D 재미있다

4. 女: 你知道往西单方向去的1号线最后一班是几点吗?
   男: 你等等, 我上网给你看一下, 是11点38分。
   问: 女的要坐什么交通工具?

   A 公共汽车   B 飞机   C 地铁   D 船

여: 시단 방향으로 가는 1호선 막차가 몇 시인지 알아?
남: 잠깐 기다려 봐. 내가 인터넷에서 한번 볼게. 11시 38분이네.
질문: 여자는 어떤 교통수단을 이용하려고 하나요?

A 버스   B 비행기   C 지하철   D 배

5. 男: 你能不能把声音弄小一点儿? 我正准备考试呢!
   女: 好的, 我马上关掉它, 你好好复习吧。
   问: 女的可能在做什么?

   A 听音乐   B 复习   C 看书   D 准备考试

남: 소리를 좀 작게 해줄 수 있어? 나 시험 준비하고 있어!
여: 알았어, 지금 바로 끌게. 복습 잘해.
질문: 여자는 무엇을 하고 있을까요?

A 음악을 듣는다   B 복습을 한다   C 책을 본다   D 시험을 준비한다

13강 정답 및 해설

6. 男: 电影《变形金刚》今晚几点开始?
女: 我昨天明明告诉你是九点啊。现在是七点半, 咱们八点半见吧!
问: 这个电影什么时候开始?

A 早上7:30　　B 早上9:00　　C 晚上8:30　　**D 晚上9:00**

남: <트랜스포머> 이 영화는 오늘 저녁 몇 시에 시작해?
여: 어제 내가 분명히 9시라고 알려줬는데. 지금 7시 반이니까 우리 8시 반에 만나자.
질문: 이 영화는 언제 시작하나요?

A 아침 7:30　　B 아침 9:00　　C 저녁 8:30　　**D 저녁 9:00**

7. 女: 我同学昨天买了一部新手机, 又好看又好用, 让人羡慕死了。
男: 如果你下个月考试考得好, 爸爸也给你买一个。
问: 关于女的可以知道什么?

A 买了新手机　　**B 下个月考试**　　C 不想买手机　　D 不想考试

여: 제 친구가 어제 휴대 전화를 하나 새로 샀는데, 보기도 좋고 사용하기도 편해요. 너무 부러워요.
남: 다음 달에 시험을 잘 보면 아빠도 너한테 하나 사줄게.
질문: 여자에 관하여 무엇을 알 수 있나요?

A 새 휴대 전화를 샀다　　　　　　**B 다음 달에 시험을 본다**
C 휴대 전화를 사고 싶지 않다　　　D 시험을 보고 싶지 않다

8. 男: 好困啊, 真想多睡一会儿。
女: 你这个夜猫子, 昨晚睡得又很晚吧?
问: "夜猫子"是什么意思?

A 很漂亮的猫　　　　　　B 晚上睡得很早的人
C 晚上睡得很晚的人　　D 早上起得很早的人

남: 너무 졸려. 좀 더 자고 싶다.
여: 이 올빼미 같은 사람아, 어제 또 늦게 잤지?
질문: '올빼미'는 무슨 뜻인가요?

A 아주 예쁜 고양이　　　　B 저녁에 아주 일찍 자는 사람
C 저녁에 아주 늦게 자는 사람　D 아침에 아주 일찍 일어나는 사람

9. 女: 我早就跟你说过, 这种鱼一天要换一次水, 现在都死了, 怎么办啊?
男: 我哪想到这种鱼会这么难养啊!
问: 现在女的心情怎么样?

A 快乐　　B 生气　　C 紧张　　D 幸福

여: 내가 진작 너한테 말했었지. 이런 물고기는 하루에 한 번 물을 갈아야 한다고.
　　지금 다 죽었는데 어떻게 할 거야?
남: 나도 이 물고기가 이렇게 키우기 어려운 줄은 몰랐지.
질문: 지금 여자는 어떤 심정일까요?

A 즐겁다　　B 화가 나다　　C 긴장되다　　D 행복하다

10. 女: 医生, 严不严重? 需要打针吗?
男: 不需要, 一会儿我给你开点儿药。回去多休息, 少吃凉的、辣的食物。
问: 下面哪种食物女的平时应该少吃?

A 面包　　B 冰咖啡　　C 面条　　D 米饭

여: 의사 선생님, 심각한가요? 주사를 맞아야 하나요?
남: 안 맞아도 돼요. 잠시 후에 약을 좀 처방해 드릴게요. 집에 돌아가서 휴식을 많이 하고
　　차거나 매운 음식을 적게 드세요.
질문: 아래 음식 중 여자가 평소에 적게 먹어야 할 음식은 어떤 것일까요?

A 빵　　B 아이스커피　　C 국수　　D 쌀밥

13강 복습하기

🎧 녹음을 듣고 다음 문장의 빈칸을 채워 보세요.

1. (　　)您把车开到(　　)坐车的地方吧。

2. 她做事很(　　)，老板给的任务她总是(　　)完成。

3. 我(　　)关掉它，你(　　)复习吧。

4. (　　)好看(　　)好用，让人(　　)死了。

5. 我(　　)跟你说过，这种鱼一天要(　　)一次水。

13강 복습 정답
1. 麻烦, 刚才
2. 认真, 提前
3. 马上, 好好
4. 又, 又, 羡慕
5. 早就, 换

오늘의 중국어 어법 한마디

주어, 술어, 목적어

我骑自行车。

주어 문장의 주체, 즉 서술의 대상으로 보통 문장의 앞에 위치한다. 주로 명사와 대명사가 주어가 되지만 수사, 동사, 형용사 등도 주어가 될 수 있다.

예) 我吃饭。　　　　　　　咖啡喝了吗?
　　今天3月3号。　　　　　这里是图书馆。
　　六是中国人喜欢的数字。　骑车要注意安全。

술어 주어를 설명, 서술하는 성분으로 주어 뒤에 위치한다. 주로 동사와 형용사가 술어가 되지만 명사, 대명사, 수량사 등도 술어가 될 수 있다.

예) 我说, 你写。　　这件衣服很漂亮。
　　明天星期五。　　天气怎么样?　　这本词典200元。

목적어 동작이나 행동의 대상을 나타내며 술어 뒤에 위치한다. 주로 명사와 대명사가 목적어가 되지만 동사, 형용사, 수량사, 각종 구 등도 목적어가 될 수 있다.

예) 我去书店。　　我爱你。
　　我喜欢滑冰。　我怕累。
　　我要买两杯。　我觉得她很可爱。

★ **이중목적어문**: 하나의 동사가 두 개의 목적어를 가지는 문장이다.
　1) 동사와 가까이 있는 목적어는 간접목적어고 멀리 있는 목적어는 직접목적어다.
　　간접목적어로는 보통 사람이 오고 직접목적어는 사물, 호칭 등이 온다.
　　예) 他送我 一个礼物。　我教他 汉语。　大家叫他 班长。　他告诉我 一个秘密。
　2) 일부 동사만 이중목적어를 취한다.
　　예) 给, 送, 借, 还, 教, 叫, 告诉, 通知

MEMO

子曰：“学而不思则罔，思而不学则殆。”-《论语·为政篇》
공자께서 말씀하셨다. "배우기만 하고 생각하지 않으면 어리석어지고, 생각만 하고 배우지 않으면 위태롭게 된다." -『논어·위정편』

14강

듣기2 ②
정답 및 해설
복습하기
오늘의 중국어 어법 한마디

UNIT 14강 듣기 第二部分

11. A 杰克的同学
    B 小王
    C 杰克
    D 莉莉

12. A 吃饭
    B 骑自行车
    C 看电影
    D 爬山

13. A 售货员
    B 作者
    C 律师
    D 理发师

14. A 200元
    B 100元
    C 150元
    D 550元

15. A 填写报名表
    B 发邮件
    C 等他们的邮件
    D 在网上申请ID

16. A 想在商场买
    B 商场人不多
    C 喜欢便宜的
    D 网上买放心

17. A 满意
    B 兴奋
    C 羡慕
    D 失望

18. A 周末想去故宫
    B 周一打算去故宫
    C 不喜欢故宫
    D 不想去故宫

19. A 现在喜欢喝茶
    B 现在喜欢喝咖啡
    C 茶和咖啡都不喜欢
    D 不知道茶怎么喝

20. A 鞋不好看
    B 鞋很便宜
    C 不想给男的买
    D 不满意价格

14강 정답 및 해설

11. 女：小王，你认识3班的杰克吗？昨天我遇到他的一个老同学，非要我带一封信给他不可。
男：莉莉好像认识杰克，你让她给杰克吧。
问：这封信是给谁的？

A 杰克的同学　　B 小王　　**C 杰克**　　D 莉莉

여: 샤오왕, 너 3반의 잭 알아? 어제 내가 그의 옛 친구를 만났는데, 나한테 편지 한 통을 전달해 달라고 하더라고.
남: 리리가 잭을 아는 거 같아. 리리더러 잭한테 주라고 해.
질문: 이 편지는 누구한테 주는 것일까요?

A 잭의 친구　　B 샤오왕　　**C 잭**　　D 리리

12. 男：这个周末我有时间，咱俩去吃饭还是看电影啊？
女：不是吃饭就是看电影，太没意思了。我们去公园骑自行车怎么样？
问：周末女的想做什么？

A 吃饭　　**B 骑自行车**　　C 看电影　　D 爬山

남: 이번 주말에 나 시간 있는데, 우리 밥 먹을까 영화 볼까?
여: 밥 아니면 영화니까 너무 재미없어. 우리 공원에 자전거 타러 가는 건 어때?
질문: 주말에 여자는 무엇을 하고 싶나요?

A 밥을 먹는다　　**B 자전거를 탄다**　　C 영화를 본다　　D 등산을 한다

13. 男：女士，今天想怎么弄？
女：我的头发有点长，我想先把头发剪短然后再烫一下。
问：男的可能是做什么的？

A 售货员　　B 作者　　C 律师　　**D 理发师**

14강 정답 및 해설

남: 여사님, 오늘은 어떻게 하고 싶으세요?
여: 머리가 좀 길어서 먼저 머리를 짧게 자른 다음 다시 파마를 하고 싶어요.
질문: 남자는 무엇을 하는 사람일까요?

A 판매원　　B 작가　　C 변호사　　**D 미용사**

14. 女: 这个月给你1000块, 怎么这么快就花完了?
　　男: 电话费100, 交通费150, 餐费550。对了, 前几天我生病了, 还花了200。
　　问: 交通费是多少钱?

A 200元　　B 100元　　**C 150元**　　D 550元

여: 이번 달에 1000위안을 줬는데, 왜 이렇게 빨리 써 버렸어?
남: 전화 요금 100, 교통비 150, 식비 550. 맞다, 며칠 전에 아파서 또 200위안 썼어.
질문: 교통비는 얼마인가요?

A 200위안　　B 100위안　　**C 150위안**　　D 550위안

15. 女: 你好! 我想报名参加8月份的"汉语桥"比赛, 请问怎么报名?
　　男: 先在这个网站上申请一个ID, 然后填写报名表。
　　　　详细的内容我们会发邮件给你。
　　问: 女的现在要做什么?

A 填写报名表　　B 发邮件　　C 等他们的邮件　　**D 在网上申请ID**

여: 안녕하세요! 8월에 열리는 '한어교' 경연 대회에 참가하고 싶은데 어떻게 신청하나요?
남: 먼저 이 사이트에서 ID를 신청한 후 신청서를 작성하면 돼요.
　　자세한 내용은 저희가 메일로 보내 드릴게요.
질문: 여자는 지금 무엇을 해야 되나요?

A 신청서를 작성한다　　　　B 이메일을 보낸다
C 그들의 메일을 기다린다　　**D 인터넷에서 ID를 신청한다**

16. 男：商场人太多了，在网上买又便宜又方便，多好啊！
女：但是总觉得网上买不放心，我宁可多花点儿钱。
问：女的是什么意思？

A 想在商场买　　B 商场人不多　　C 喜欢便宜的　　D 网上买放心

> 남: 상점에 사람이 너무 많아, 인터넷에서 사면 싸고 편리한데 얼마나 좋아!
> 여: 그렇지만 인터넷에서 사면 항상 마음이 불안해, 돈을 좀 더 쓰더라도
> 　　상점에서 사고 싶어.
> 질문: 여자는 무슨 뜻일까요?
>
> A 상점에서 사고 싶다　　　　　B 상점에 사람이 많지 않다
> C 저렴한 것을 좋아한다　　　　D 인터넷에서 사면 마음이 놓인다

17. 女：听说这次过节的时候公司决定发礼物。
男：原来不是说发奖金吗？怎么是礼物啊？
问：男的态度怎么样？

A 满意　　　B 兴奋　　　C 羡慕　　　D 失望

> 여: 듣자하니 이번 명절에 회사에서 선물을 주기로 결정했대.
> 남: 원래 보너스 준다고 하지 않았어? 왜 선물이야?
> 질문: 남자의 태도는 어떤가요?
>
> A 만족스럽다　　B 흥분하다　　C 부러워하다　　D 실망하다

18. 女：暑假我去故宫了。没想到故宫那么大，逛了一上午都没逛完。
男：是吗？好想去看看。这个周末你可以带我去吗？
问：男的是什么意思？

A 周末想去故宫　　B 周一打算去故宫　　C 不喜欢故宫　　D 不想去故宫

14강 정답 및 해설

여: 여름방학에 나는 고궁에 갔어. 고궁이 그렇게 큰 줄 몰랐는데, 오전 내내 돌아다녔는데도 다 돌지 못했어.
남: 그래? 너무 가 보고 싶다. 이번 주말에 나 데리고 가 줄래?
질문: 남자는 무슨 뜻인가요?

A 주말에 고궁에 가고 싶다   B 월요일에 고궁에 갈 계획이다
C 고궁을 좋아하지 않는다   D 고궁에 가고 싶지 않다

19. 男: 咖啡和茶你喜欢哪一种?
    女: 我不怎么喝茶。咖啡一开始也不习惯, 不过现在喜欢喝了。
    问: 女的是什么意思?

A 现在喜欢喝茶   B 现在喜欢喝咖啡   C 茶和咖啡都不喜欢   D 不知道茶怎么喝

남: 커피랑 차 중에서 너는 어떤 걸 좋아해?
여: 나는 차를 별로 안 마셔. 커피도 처음에는 적응이 안 됐는데 지금은 좋아해.
질문: 여자는 무슨 뜻인가요?

A 지금은 차 마시기를 좋아한다   B 지금은 커피 마시기를 좋아한다
C 차와 커피 모두 좋아하지 않는다   D 차는 어떻게 마시는지 모른다

20. 男: 我觉得这双鞋不大不小正合适, 而且还挺好看的。可以给我买吗?
    女: 好看是好看, 不过有点儿贵, 要不过两天打折的时候再来买?
    问: 女的是什么意思?

A 鞋不好看   B 鞋很便宜   C 不想给男的买   D 不满意价格

남: 이 신발이 크지도 작지도 않고 딱 맞는 것 같고, 게다가 보기에도 좋아. 사줄 수 있어?
여: 보기 좋기는 좋은데, 좀 비싸. 아니면 며칠 후에 할인할 때 다시 와서 살까?
질문: 여자는 무슨 뜻인가요?

A 신발이 보기 좋지 않다   B 신발이 아주 싸다
C 남자에게 사주고 싶지 않다   D 가격이 만족스럽지 않다

14강 복습하기

🎧 녹음을 듣고 다음 문장의 빈칸을 채워 보세요.

1. 我(　　　)他的一个老同学，非要我带一封信给他(　　　)。

2. (　　　)的内容我们会发(　　　)给你。

3. 总觉得网上买不(　　　)，我(　　　)多花点儿钱。

4. (　　　)这次过节的时候公司(　　　)发礼物。

5. 我觉得这双鞋不大不小正(　　　)，(　　　)还挺好看的。

14강 복습 정답
1. 遇到, 不可
2. 详细, 邮件
3. 放心, 宁可
4. 听说, 决定
5. 合适, 而且

오늘의 중국어 어법 한마디

관형어, 부사어

韩国的秋天真的很美。

관형어 명사를 수식하는 성분으로, 주어와 목적어 앞에 놓여 이를 수식하고 제한하는 역할을 한다. 명사, 대명사, 수량사, 형용사, 동사, 각종 구 등이 관형어로 쓰인다.

예) 蓝色的T恤　　我的手机　　一本书
　　干净的教室　　买的菜　　我穿的衣服

★ **주어와 목적어를 수식하는 경우**

예) 我的雨伞在哪儿?　　　这本书多少钱?　(주어 수식)
　　这是一条很漂亮的裙子。　他是一个聪明的孩子。(목적어 수식)

★ **관형어와 '的'** 관형어가 중심어를 수식할 때 '的'를 동반하는 경우가 많다. 동반하지 않는 경우는 주로 다음과 같다.

1) 재료, 직업을 나타내는 명사, 고유명사가 관형어로 쓰일 때 '的'를 동반하지 않는다.

예) 木头房子　　汉语老师　　吉林大学

2) '지시대명사+양사'가 관형어로 쓰일 때 '的'를 동반하지 않는다.

예) 这件衣服　　那个人

3) 인칭대명사가 관형어로 쓰이고 친족 호칭, 소속 기관이 중심어로 쓰일 때 '的'는 생략 가능하다.

예) 我(的)妈妈　　我们(的)学校

4) 1음절 형용사가 관형어로 쓰일 때 일반적으로 '的'를 동반하지 않는다.

예) 好方法　　长头发　　新衣服　　白衬衫

부사어 문장의 앞에서 전체 문장을 수식하거나 술어 앞에 위치하여 술어를 수식하는 성분이다. 부사, 형용사, 개사구, 시간명사, 대명사 등이 부사어로 쓰인다.

예) 常来　　快跑　　往北走　　会议现在开始　　这么做

★ **부사어의 위치**

1) 부사어가 주어 앞에 오는 경우다.

예) 关于这件事情, 你还是问问小王吧。

2) 부사어가 주어 뒤 술어 앞에 오는 경우인데, 제일 보편적인 위치다.

예) 这个汉字怎么读?　　他高高兴兴地上班了。

3) 부사어가 주어의 앞, 뒤에 모두 올 수 있는 경우다.

예) 今天他来上课了。　　他今天来上课了。
　　为了健康, 爷爷天天打太极拳。　爷爷为了健康天天打太极拳。

15강

듣기2 ③
정답 및 해설
복습하기
오늘의 중국어 어법 한마디

UNIT 15강 듣기 | 第二部分

21. A 不想喝果汁
    B 要继续逛
    C 不想再逛了
    D 没有爱好

22. A 六片
    B 五片
    C 三片
    D 两片

23. A 图书馆
    B 银行
    C 医院
    D 家

24. A 没有好看的
    B 他也不知道
    C 衣服都很漂亮
    D 他问这里是哪儿

25. A 都准备好了
    B 还没有打印表格
    C 发完电子邮件了
    D 都没准备好

26. A 莉莉爱喝冷水
    B 莉莉不喜欢唱歌
    C 女的给莉莉倒了冷水
    D 男的说了让莉莉失望的话

27. A 等打折了再买
    B 质量很好，买了
    C 不舒服，没买
    D 没带信用卡，没买

28. A 现在发不了传真
    B 明天发传真
    C 知道传真号码
    D 今天跟女的见面

29. A 还剩5分钟
    B 现在很累
    C 还想跑20分钟
    D 不想减肥

30. A 肚子疼
    B 孩子生病了
    C 丈夫肚子不舒服
    D 不想去

15강 정답 및 해설

21. 女: 喝完果汁咱们再继续逛，好不好？
男: 还要逛啊？难道除了逛街，你就没有其他的爱好？
问: 男的是什么意思？

A 不想喝果汁　　B 要继续逛　　**C 不想再逛了**　　D 没有爱好

여: 우리 주스를 다 마시고 계속 쇼핑할까?
남: 더 쇼핑할 거야? 설마 쇼핑 말고 다른 취미는 없는 거 아니야?
질문: 남자는 무슨 뜻인가요?

A 주스를 마시고 싶지 않다　　　B 계속 쇼핑하려고 한다
C 더 이상 쇼핑하고 싶지 않다　　D 취미가 없다

22. 女: 大夫，这药我应该怎么吃啊？
男: 一天吃两次，一次吃三片。回去多喝水，注意休息。
问: 女的一天吃几片药？

A 六片　　B 五片　　C 三片　　D 两片

여: 의사 선생님, 이 약은 어떻게 먹어야 하나요?
남: 하루에 두 번, 한 번에 세 알씩 드세요. 돌아가서 물을 많이 드시고 잘 쉬세요.
질문: 여자는 하루에 약을 몇 알 먹나요?

A 여섯 알　　B 다섯 알　　C 세 알　　D 두 알

23. 女: 我整理房间，你去打扫洗手间，怎么样？
男: 没问题。对了，牙膏好像用完了，记得要拿一个新的。
问: 他们可能在哪里？

A 图书馆　　B 银行　　C 医院　　**D 家**

15강 정답 및 해설

여: 내가 방을 정리하고 당신이 화장실 청소하는 건 어때요?
남: 알았어. 맞다, 치약을 다 쓴 거 같은데 새것으로 하나 가져다 놓는 거 잊지 마.
질문: 그들은 어디에 있을까요?

A 도서관   B 은행   C 병원   **D 집**

24. 女: 听说，这里的衣服都很好看。
男: 你听谁说的? 哪有什么好看的啊!
问: 关于男的，哪句话正确?

A 没有好看的   B 他也不知道   C 衣服都很漂亮   D 他问这里是哪儿

여: 듣자하니, 여기 옷이 모두 예쁘다고 하던데.
남: 누구한테 들은 거야? 예쁜 게 어디 있어?
질문: 남자에 관하여 어느 말이 정확한가요?

A 예쁜 것이 없다   B 그도 모른다
C 옷이 모두 예쁘다   D 그는 여기가 어디냐고 물었다

25. 男: 后天就要开会了，你们准备得怎么样?
女: 除了发电子邮件和打印表格，其他的都准备好了。
问: 女的是什么意思?

A 都准备好了   **B 还没有打印表格**   C 发完电子邮件了   D 都没准备好

남: 모레 회의하는데 준비는 어떻게 되고 있나요?
여: 이메일 발송과 리스트 출력 외에 다른 것은 모두 준비되었어요.
질문: 여자는 무슨 뜻인가요?

A 모두 준비되었다   **B 리스트를 아직 출력하지 않았다**
C 이메일을 다 보냈다   D 모두 준비되지 않았다

26. 女：莉莉要参加歌唱比赛，但是你跟她说她唱得难听，这不是给她泼冷水吗？
    男：我只是跟她开玩笑。
    问：关于这段话，可以知道什么？

    A 莉莉爱喝冷水　　　　　　B 莉莉不喜欢唱歌
    C 女的给莉莉倒了冷水　　　D 男的说了让莉莉失望的话

    여: 리리가 노래 경연 대회에 참가하려고 하는데, 네가 노래를 잘 못한다고 했으니,
        이는 찬물을 끼얹은 것이 아니겠니?
    남: 나는 그냥 농담한 건데.
    질문: 이 대화에서 무엇을 알 수 있을까요?

    A 리리는 냉수를 마시기 좋아한다　　B 리리는 노래 부르는 것을 좋아하지 않는다
    C 여자가 리리에게 냉수를 주었다　　D 남자는 리리를 실망시키는 말을 했다

27. 女：这个沙发很舒服，而且现在还打折呢，买吗？
    男：质量确实不错，不过我才发现没带信用卡。
    问：他们买沙发了吗？

    A 等打折了再买　　B 质量很好，买了　　C 不舒服，没买　　D 没带信用卡，没买

    여: 이 소파는 너무 편해. 게다가 지금 할인하네. 살까?
    남: 품질은 확실히 괜찮은데, 내가 신용카드를 안 가지고 왔어.
    질문: 그들은 소파를 샀나요?

    A 할인할 때를 기다렸다가 산다　　B 품질이 좋아서 샀다
    C 편하지 않아서 사지 않았다　　　D 신용카드를 안 가져와서 사지 않았다

28. 男：喂，小王，我一会儿要给你发一份传真，请把传真号码告诉我。
    女：最近我们公司的传真机坏了，要是不着急的话，明天见面时给我就行。
    问：关于男的，下面哪句话是对的？

    A 现在发不了传真　　B 明天发传真　　C 知道传真号码　　D 今天跟女的见面

15강 정답 및 해설

남: 여보세요, 샤오왕, 잠시 후에 당신에게 팩스를 하나 보내려고 하는데, 팩스 번호를 알려주세요.
여: 저희 회사 팩스가 최근에 고장이 났어요. 만약 급하지 않으면 내일 만날 때 주셔도 돼요.
질문: 남자에 관하여, 아래의 어느 내용이 정확한가요?

A 지금 팩스를 보낼 수 없다　　　B 내일 팩스를 보낸다
C 팩스 번호를 알고 있다　　　　D 오늘 여자와 만난다

29. 女: 咱们再跑5分钟, 然后就休息吧。
    男: 你不是想减肥吗? 坚持一下, 还剩20分钟。
    问: 关于女的, 可以知道什么?

A 还剩5分钟　　B 现在很累　　C 还想跑20分钟　　D 不想减肥

여: 우리 5분만 더 달리고 쉬자.
남: 다이어트하고 싶다고 하지 않았어? 조금만 참고 견뎌 보자, 아직 20분 남았어.
질문: 여자에 관하여, 무엇을 알 수 있나요?

A 아직 5분이 남았다　　　　　B 지금 힘들다
C 아직 20분 더 달리고 싶다　　D 다이어트를 하고 싶지 않다

30. 男: 昨天的晚会你不是很想去吗? 但是好像没看见你, 生病了?
    女: 昨天孩子突然肚子疼, 我跟丈夫陪他去医院了。
    问: 女的为什么没去晚会?

A 肚子疼　　B 孩子生病了　　C 丈夫肚子不舒服　　D 不想去

남: 어제 파티 가고 싶어 하지 않았어? 그런데 너를 못 본 거 같은데, 아팠어?
여: 어제 아이가 갑자기 배가 아파서 남편이랑 애를 데리고 병원에 갔어.
질문: 여자는 어제 왜 파티에 안 갔나요?

A 배가 아프다　　　　　　B 아이가 아팠다
C 남편이 배가 아프다　　　D 가고 싶지 않다

15강 복습하기

🎧 녹음을 듣고 다음 문장의 빈칸을 채워 보세요.

1. 我(　　)房间, 你去(　　)洗手间, 怎么样?

2. 除了发(　　　)和打印表格, 其他的都(　　)好了。

3. 但是你跟她说她唱得(　　), 这不是给她(　　　)吗?

4. 质量(　　)不错, 不过我才(　　)没带信用卡。

5. 你不是想(　　)吗? (　　)一下, 还剩20分钟。

15강 복습 정답
1. 整理, 打扫
2. 电子邮件, 准备
3. 难听, 泼冷水
4. 确实, 发现
5. 减肥, 坚持

오늘의 중국어 어법 한마디

보어1 수량보어

我等你半天了。

보어 술어 뒤에 위치하여 그 의미를 보충 설명하는 성분이다.

★ **보어의 종류** 정도보어, 결과보어, 방향보어, 가능보어, 수량보어
  1) 수량보어: 来一趟   睡一个小时
  2) 결과보어: 吃饱了   写好了
  3) 방향보어: 拿来了   开回来了
  4) 정도보어: 穿得很多   吃得很快
  5) 가능보어: 听得懂   看不清楚

수량보어 술어 뒤에서 동작이 발생한 횟수나 지속된 시간을 나타내며, 동량보어와 시량보어로 나뉜다.

★ **동량보어** 동작이 발생한 횟수를 나타낸다.
  1) 동량보어는 일반적으로 목적어 앞에 오지만, 목적어가 대명사일 경우 목적어 뒤에 온다.
     예) 我复习了一遍课文。   我见过他一次。
  2) 목적어가 인명, 지명일 경우 동량보어는 목적어 앞, 뒤에 모두 올 수 있다.
     예) 我见过一次老张。   我见过老张一次。   我去过一次上海。   我去过上海一次。

★ **시량보어** 동작이 지속된 시간을 나타낸다.
     예) 找了一个小时。   学了一年半。

목적어의 성격에 따라 시량보어의 위치가 다르다.
  1) 목적어가 일반 명사일 경우
     ① (술어)+목적어+술어+시량보어 [첫 번째 술어 생략 가능]
        예) 我(做)作业做了半个小时。
     ② 술어+시량보어(的)+목적어 ['的' 생략가능]
        예) 我做了半个小时(的)作业。
  2) 목적어가 대명사, 지명일 경우 시량보어는 목적어의 뒤에 위치
     예) 我等你一个小时了。   我来韩国两年了。

16강

독해2 공략
독해2 ①
정답 및 해설
복습하기
오늘의 중국어 어법 한마디

독해2 공략

1 독해 2부분 시험 유형

- 총 10문항으로, 주어진 세 개의 문장을 의미에 맞게 순서대로 배열하는 형식이다.
- 중국어 문장의 전체적 의미를 논리적으로 파악하고, 접속사, 대명사, 시간 표현 등의 연관 관계를 잘 이해하고 있는지 테스트하는 부분이다.
- 중국어 특유의 표현 방식을 주의해서 살펴보고, 문장의 전체 의미를 파악하는 능력을 갖추도록 한다.

2 독해 2부분 시험 문제 맛보기

A 没有人是十全十美的，有缺点很正常
B 也要试着原谅自己
C 因此我们既要学会原谅别人

정답: A C B

3 독해 2부분 시험 공략법

- 먼저 각 보기의 앞부분에 있는 대명사, 인명, 시간 표현, 접속사 등을 파악하여 첫 문장을 찾아낸다.
- 첫 문장을 가려내면 비교적 쉽게 논리 관계를 추정하여 문장을 배열할 수 있다.
- 접속사가 있다면 상호 연결되는 두 문장을 찾아 연결한다.
- 모르는 단어가 있더라도 당황하지 말고 전체 의미의 논리 관계에 맞게 문장을 배열한다.

4 누들 수강 안내 및 학습법

- 진단평가에서 문제를 먼저 풀어본다.
- 본 강의를 들으며 문장의 논리적 연결 관계를 학습한다.
- 본 강의에 나온 단어를 복습 정리한다.
- 복습 파트를 통해 강의의 핵심 포인트와 관련된 접속사, 개사를 복습한다.
- 「오늘의 중국어 어법 한마디」를 통해 HSK4급에 필요한 중국어 어법 지식을 쌓는다.

5 빈출 접속사

연결관계	의미	앞절(A내용)	뒷절(B내용)
조건관계	A를 막론하고 모두 B하다 无论遇到什么问题, 我们也要坚持下去。	不管A 无论A 不论A	都/也/永远B
	A하기만 하면 B하다 只要努力, 就有机会成功。	只要A	就B
	오직 A해야만 B하다 只有这样做, 才能解决问题。	只有A	才B
점층관계	A뿐만 아니라 B하다 妈妈不但工作出色, 家务也做得很好。	不但/不仅/ 不光/不只A	也/还/并且/而且B
선택관계	A를 제외하고 B 모두 除了他, 别人都会开车。	除了A (以外)	B都
	A 말고도 B 역시 除了他, 我也会做菜。	除了A (以外)	B也/还B
	A가 아니라 B이다(B선택) 不是我去, 而是你去。	不是A	而是B
	A가 아니면 B이다(A 또는 B 중 택1) 不是去北京, 就是去上海。	不是A	就是B
	A하느니 B하는 편이 낫다 与其买裙子, 不如买裤子。	与其A	不如B
전환관계	비록 A하지만 B하다 虽然会说汉语, 但是说得不太好。	虽然/虽说/尽管A	但是/可是/不过/ 然而B
	A하지만, 오히려 B하다 这件衣服很漂亮, 价格却很便宜。	A	却/倒B
가정관계	만약 A하면 B하다 如果他不能来, 我就一个人上课。	要是/如果A	那么/就B
	설령 A하더라도 B하다 哪怕明天刮风下雨, 我也要去上课。	哪怕/即使/即便A	也/还B
인과관계	A때문에 B하다 因为下大雨, 所以没出去。	因为/由于A	所以B
	A한 까닭은 B 때문이다 他之所以离开你, 是因为你太忙了。	(之)所以A	是因为/是由于B
	기왕 A한 이상 B하다 既然他来了, 我们就一起去吃饭吧。	既然A	就B
병렬관계	A하면서 B하다(동시 동작) 我一边听音乐, 一边看书。	一边/一面A	一边/一面B
	한편으로는 A하고 한편으로는 B하다 参加足球俱乐部, 一方面可以锻炼身体, 另一方面可以交很多朋友。	一方面A	(另)一方面B

UNIT 16강 독해 第二部分

例如：A 可是今天起晚了
　　　B 平时我骑自行车上下班
　　　C 所以就打车来公司了　　　　　　　　　　　B A C

1. A 汉语说得很流利
   B 甚至还能听懂一些上海话
   C 马丽在上海交通大学留了3年学　　　　　_____

2. A 今天朋友们安排了很多精彩的节目
   B 都忘记拍照了
   C 大家玩得很开心　　　　　　　　　　　　_____

3. A 西安的景点差不多都去过了
   B 他最喜欢的地方是西安
   C 所以这次打算去四川旅游　　　　　　　　_____

4. A 不仅能增长我们的知识
   B 去国外旅游
   C 而且还能丰富我们的经验　　　　　　　　_____

5. A 我也会给你摘下来的
   B 即使你要星星月亮
   C 你的要求我都能接受　　　　　　　　　　_____

6. A 就应该向他道歉
   B 他能不能原谅你那是他的事情
   C 既然你知道自己错了　　　　　　　　　　_____

16강 정답 및 해설

1~6 문제 분석

1.

A 汉语说得很流利	A 중국어를 유창하게 말한다
B 甚至还能听懂一些上海话	B 심지어 일부 상하이 사투리까지 알아들을 수 있다
C 马丽在上海交通大学留了3年学	C 메리는 상하이교통대학교에서 3년간 유학했다

분석 논리적인 문장 배열. 인명이 나오므로 그 문장을 중심으로 나열해 볼 수 있으며, 접속사 '甚至'는 대개 마지막 문장에서 내용을 강조하는 역할을 하는 점에 주의한다.

정답 CAB. 马丽在上海交通大学留了3年学, 汉语说得很流利, 甚至还能听懂一些上海话。

해석 메리는 상하이교통대학교에서 3년간 유학하여 중국어를 유창하게 잘한다. 심지어 일부 상하이 사투리까지도 알아들을 수 있다.

단어 流利 liúlì (형) 유창하다 甚至 shènzhì (접) ~까지도, ~조차도
上海交通大学 Shànghǎi Jiāotōng Dàxué 상하이교통대학교 留学 liúxué (동) 유학하다

2.

A 今天朋友们安排了很多精彩的节目	A 오늘 친구들은 훌륭한 프로그램들을 많이 준비했다
B 都忘记拍照了	B 사진 찍는 것도 깜박했다
C 大家玩得很开心	C 모두들 매우 즐겁게 놀았다

분석 논리적인 문장 배열. 이 문장에서 부사 '都'는 '심지어, 조차도'라는 의미로 쓰여 앞의 일 때문에 결과적으로 발생한 일을 연관시키고 있으므로, 문장의 마지막에 위치한다. A의 훌륭한 프로그램을 준비한 결과 C의 모두 즐거웠다는 것이 논리적으로 맞는 연결이다.

정답 ACB. 今天朋友们安排了很多精彩的节目, 大家玩得很开心, 都忘记拍照了。

해석 오늘 친구들은 훌륭한 프로그램들을 많이 준비했다. 모두들 매우 즐겁게 노느라 사진 찍는 것도 깜박했다.

단어 安排 ānpái (동) 안배하다, 일을 처리하다 精彩 jīngcǎi (형) 뛰어나다, 훌륭하다 节目 jiémù (명) 프로그램
开心 kāixīn (형) 기쁘다, 즐겁다 忘记 wàngjì (동) 잊어버리다 拍照 pāizhào (동) 사진을 찍다

3.

A 西安的景点差不多都去过了	A 시안의 관광지는 거의 다 가 봤다
B 他最喜欢的地方是西安	B 그가 가장 좋아하는 지역은 시안이다
C 所以这次打算去四川旅游	C 그래서 이번에는 쓰촨에 여행 갈 계획이다

분석 논리적인 문장 배열. C의 접속사 '所以'는 결과적 의미를 이끌기 때문에 문장 처음에 나올 수 없음에 주의한다. A의 시안의 관광지를 다 가 봤기 때문에 C의 이번에 쓰촨에 여행 갈 계획이다가 논리적으로 맞는 배열이다.

정답 BAC. 他最喜欢的地方是西安, 西安的景点差不多都去过了, 所以这次打算去四川旅游。

해석 그가 가장 좋아하는 지역은 시안인데, 시안의 관광지는 거의 다 가 봤으므로 이번에는 쓰촨에 여행 갈 계획이다.

단어 景点 jǐngdiǎn (명) 관광지 打算 dǎsuàn (동) ~할 생각이다 旅游 lǚyóu (동) 여행하다

16강 정답 및 해설

4.
A 不仅能增长我们的知识	A 우리의 지식을 늘려줄 수 있을 뿐 아니라
B 去国外旅游	B 해외여행을 가다
C 而且还能丰富我们的经验	C 게다가 우리의 경험도 풍부하게 해 준다

분석 접속사 不仅……而且. 접속사 '不仅'은 '而且'와 호응하여 점층적인 의미 관계를 나타내므로 문장의 선후 연결 고리가 된다. 그리고 대전제를 찾는다.

정답 BAC. 去国外旅游, 不仅能增长我们的知识, 而且还能丰富我们的经验。

해석 해외여행을 가는 것은 우리의 지식을 늘려줄 수 있을 뿐 아니라, 게다가 우리의 경험도 풍부하게 해 준다.

단어 增长 zēngzhǎng 동 증가하다, 늘어나다 知识 zhīshi 명 지식 丰富 fēngfù 형 풍부하다, 넉넉하다
经验 jīngyàn 명 경험

5.
A 我也会给你摘下来的	A 나는 네게 따다 줄 거야
B 即使你要星星月亮	B 설령 네가 별과 달을 원한다 해도
C 你的要求我都能接受	C 너의 요구는 내가 다 받아들일 수 있다

분석 접속사 即使……也. 접속사 '即使'는 보통 '也' 또는 '还'와 호응하여 '설령 ~하더라도 ~한다'는 양보의 의미 관계를 나타내므로 문장의 선후 연결 고리가 된다.

정답 CBA. 你的要求我都能接受, 即使你要星星月亮, 我也会给你摘下来的。

해석 너의 요구는 내가 다 받아들일 수 있어. 설령 네가 별과 달을 원한다 해도 나는 네게 따다 줄 거야.

단어 要求 yāoqiú 명 요구 接受 jiēshòu 동 받아들이다 星星 xīngxing 명 별 月亮 yuèliang 명 달 摘 zhāi 동 따다, 꺾다

6.
A 就应该向他道歉	A 그에게 사과해야 한다
B 他能不能原谅你那是他的事情	B 그가 너를 용서할지 말지는 그의 일이다
C 既然你知道自己错了	C 기왕 네가 스스로 잘못했음을 알았다면

분석 접속사 既然……就. 접속사 '既然'은 보통 '就, 也, 还'와 호응하여 '기왕 ~한 바에야 ~하다'는 조건과 추론의 의미 관계를 나타내므로 문장의 선후 연결 고리가 된다. 먼저 사과를 하고, 그 다음 상대방의 반응에 대한 이야기인 B가 오는 것이 논리 전개상 맞다.

정답 CAB. 既然你知道自己错了, 就应该向他道歉, 他能不能原谅你那是他的事情。

해석 기왕 네가 스스로 잘못했음을 알았다면 그에게 사과해야 한다. 그가 너를 용서할지 말지는 그의 일이다.

단어 道歉 dàoqiàn 동 사과하다 原谅 yuánliàng 동 양해하다, 용서하다

16강 복습하기

해석을 보고 문장의 빈칸에 알맞은 접속사를 채워 보세요.

1. 小王从小就爱读书, (　　　)现在他的写作能力比别人优秀。

    샤오왕은 어릴 때부터 독서를 좋아해서 지금 그의 작문 능력은 다른 사람보다 우수하다.

2. (　　　)你不同意我去旅游, 我就不去了。

    당신이 내가 여행 가는 것을 동의하지 않는 이상 나는 가지 않겠다.

3. 她不仅很漂亮, (　　　)性格也很好。

    그녀는 예쁠 뿐만 아니라 성격도 매우 좋다.

4. 他非常喜欢吃冰淇淋, (　　　)寒冷的冬天也天天吃。

    그는 아이스크림 먹는 것을 매우 좋아해서, 심지어 추운 겨울에도 매일 먹는다.

5. 即使老师不在, 我们(　　　)应该安安静静地学习。

    선생님이 안 계신다 하더라도 우리는 조용히 공부해야 한다.

16강 복습 정답　1. 所以 / 2. 既然 / 3. 而且 / 4. 甚至 / 5. 也

보어2 결과보어, 방향보어

我想起来了, 你上次和我说好今天请客。

결과보어 술어 뒤에서 동작의 결과를 나타낸다.

예) 走<u>遍</u>, 换<u>成</u>, 买<u>到</u>, 丢<u>掉</u>, 吃<u>光</u>, 送<u>给</u>, 看<u>懂</u>, 听<u>见</u>, 打<u>开</u>, 学<u>完</u>, 住<u>在</u>, 记<u>住</u>

1) 긍정형: 吃完了
2) 부정형: 没吃完
3) 의문형: ① 吃完了吗? ② 没吃完吗? ③ 吃完了没有?

방향보어 동사 뒤에 놓여 동작의 방향을 나타낸다.

1) 단순 방향보어 来, 去   예) 拿<u>来</u>, 拿<u>去</u>
2) 복합 방향보어

	上	下	进	出	回	过	起
来	上来	下来	进来	出来	回来	过来	起来
去	上去	下去	进去	出去	回去	过去	—

예) 拿<u>上来</u>, 站<u>起来</u>, 买<u>回来</u>

3) 방향보어와 목적어 위치
   - 목적어가 일반명사일 경우 '来', '去' 앞뒤 가능: 带<u>一些书</u>去, 带去<u>一些书</u>
   - 목적어가 대명사일 경우 '来', '去' 앞: 认出<u>他</u>来
   - 목적어가 장소일 경우 '来', '去' 앞: 回<u>家</u>去, 进<u>办公室</u>来
   - 이합동사의 목적어 '来', '去' 앞: 跳起<u>舞</u>来, 唱起<u>歌</u>来

17강

독해2 ②
정답 및 해설
복습하기
오늘의 중국어 어법 한마디

UNIT 17강 독해 第二部分

例如：A 可是今天起晚了
　　　B 平时我骑自行车上下班
　　　C 所以就打车来公司了　　　　　　　　 B A C

7.　A 不是我做得太慢
　　B 而是题太难了
　　C 我昨晚做作业做到十二点　　　　　 _____

8.　A 因此每次过春节的时候
　　B 春节是中国最重要的传统节日
　　C 家家户户都要在门上倒贴"福"字　　 _____

9.　A 想要考上好大学
　　B 其次要靠自己坚持不懈的努力
　　C 首先要定好自己的目标　　　　　　 _____

10.　A 这也是锻炼身体的一种方式
　　 B 如果看到很多人在广场上跳舞
　　 C 你千万不要觉得奇怪　　　　　　　 _____

11.　A 但并不是没有优点
　　 B 也有许多长处值得大家学习
　　 C 他虽然有很多缺点　　　　　　　　 _____

12.　A 由于电影已经开始
　　 B 于是错过了一个很重要的电话
　　 C 我关掉了手机　　　　　　　　　　 _____

13.　A 但还是没有得出结论
　　 B 他们进行了热烈的讨论
　　 C 对于空气污染问题　　　　　　　　 _____

17강 정답 및 해설

7~13 문제 분석

7.
A 不是我做得太慢	A 내가 너무 느리게 한 것이 아니다
B 而是题太难了	B 문제가 너무 어려운 것이다
C 我昨晚做作业做到十二点	C 나는 어제 저녁 12시까지 숙제를 했다

분석 접속사 不是……而是. 접속사의 '不是A而是B (A가 아니라 B이다)'의 호응 관계를 주의하면 문장의 선후 관계를 바로 파악할 수 있다. 이 접속사의 경우 문장의 맨 앞에 올 수 없으므로, 나머지 한 문장이 대전제가 된다.

정답 CAB. 我昨晚做作业做到十二点, 不是我做得太慢, 而是题太难了。

해석 나는 어제 저녁 12시까지 숙제를 했는데, 내가 너무 느리게 한 것이 아니라 문제가 어려워서 그런 것이다.

단어 努力 nǔlì 톙 노력하다 昨晚 zuówǎn 어제 저녁

8.
A 因此每次过春节的时候	A 그래서 매번 설(춘절)을 지낼 때
B 春节是中国最重要的传统节日	B 설날은 중국의 가장 중요한 전통 명절이다
C 家家户户都要在门上倒贴 "福" 字	C 집집마다 모두 문에 '복(福)'자를 거꾸로 붙여야 한다

분석 논리적인 문장 배열. 접속사 '因此'는 인과 관계를 나타내는 접속사이므로 첫 문장에 배치될 수 없으며, B와 C의 의미 관계를 살펴서 선후 배열을 한다.

정답 BAC. 春节是中国最重要的传统节日, 因此每次过春节的时候, 家家户户都要在门上倒贴 "福" 字。

해석 설날은 중국의 가장 중요한 전통 명절이기 때문에 매번 설을 지낼 때 집집마다 모두 문에 '복(福)'자를 거꾸로 붙여야 한다.

단어 春节 chūnjié 몡 설날, 춘절   重要 zhòngyào 톙 중요하다   传统 chuántǒng 톙 전통적이다
节日 jiérì 몡 명절, 기념일   家家户户 jiājiā-hùhù 몡 가가호호   倒贴 dàotiē 거꾸로 붙이다

9.
A 想要考上好大学	A 좋은 대학에 가고 싶다면
B 其次要靠自己坚持不懈的努力	B 다음으로 자신의 끈기 있는 부단한 노력에 달려 있다
C 首先要定好自己的目标	C 먼저 자신의 목표를 잘 정한다

분석 논리적인 문장 배열. 이 문장에서 먼저라는 뜻의 '首先'과 다음으로라는 뜻의 '其次'를 보면 바로 C-B의 순서로 진행됨을 알 수 있다. 아무런 전제 없이 '首先'이 나올 수 없으므로, 대전제가 A임을 알 수 있다.

정답 ACB. 想要考上好大学, 首先要定好自己的目标, 其次要靠自己坚持不懈的努力。

해석 좋은 대학에 가고 싶다면 먼저 자신의 목표를 잘 정하고 다음으로 끈기 있는 부단한 노력에 달려 있다.

단어 靠 kào 동 기대다   坚持不懈 jiānchí-búxiè 젱 느슨해지지 않고 끝까지 견지하다   目标 mùbiāo 몡 목표

10.
A 这也是锻炼身体的一种方式	A 이것 또한 신체 단련의 한 가지 방식입니다
B 如果看到很多人在广场上跳舞	B 만약 많은 사람들이 광장에서 춤추는 것을 본다면
C 你千万不要觉得奇怪	C 이상하다고 생각하지 마세요

17강 정답 및 해설

분석 접속사 如果……, (就). '如果'는 만약이란 가정을 나타내는 접속사로, 문장 앞에 올 수 있다. '如果'와 호응하는 부사가 보이지는 않지만, 내용 전개상 많은 사람들이 춤추는 것을 이상하게 생각하지 말라는 C가 연결되는 것이 자연스럽다. A는 이상하게 생각하지 말라는 이유를 설명하는 부분이다.

정답 BCA. 如果看到很多人在广场上跳舞, 你千万不要觉得奇怪, 这也是锻炼身体的一种方式。

해석 만약 많은 사람들이 광장에서 춤추는 것을 본다면 이상하다고 생각하지 마세요. 이것 또한 신체 단련의 한 가지 방식입니다.

단어 方式 fāngshì 명 방식 广场 guǎngchǎng 명 광장 奇怪 qíguài 형 이상하다, 괴상하다

11.
A 但并不是没有优点	A 그러나 장점이 없다는 것은 결코 아니다
B 也有许多长处值得大家学习	B 그에게도 모두가 배울 만한 많은 장점이 있다
C 他虽然有很多缺点	C 그는 비록 단점이 많지만

분석 접속사 虽然……, 但(是). 먼저 '虽然……, 但(是)(비록~하지만 ~하다)'라는 의미의 접속사 호응 관계를 파악한다. 전환 관계를 나타내는 접속사로, '虽然' 절은 문장 앞에 올 수 있다.

정답 CAB. 他虽然有很多缺点, 但并不是没有优点, 也有许多长处值得大家学习。

해석 그가 비록 단점이 많지만, 장점이 없다는 것은 결코 아니다. 그에게도 모두가 배울 만한 많은 장점이 있다.

단어 缺点 quēdiǎn 명 단점 并 bìng 부 결코 优点 yōudiǎn 명 장점 长处 chángchù 명 장점 值得 zhídé 동 ~할 만한 가치가 있다

12.
A 由于电影已经开始	A 영화가 이미 시작했기 때문에
B 于是错过了一个很重要的电话	B 그래서 중요한 전화 한 통을 놓쳤다
C 我关掉了手机	C 나는 휴대 전화를 꺼 놓았다

분석 접속사 由于와 于是. A의 접속사 '由于'는 인과 관계에서 원인을 이끄는 절에 쓰여 문장의 앞에 위치하는 경우가 많다. B의 '于是'는 '그리하여'라는 의미의 접속사로 결과를 나타내기 때문에 문장 첫머리에 올 수 없음에 유의한다.

정답 ACB. 由于电影已经开始, 我关掉了手机, 于是错过了一个很重要的电话。

해석 영화가 이미 시작했기 때문에 나는 휴대 전화를 꺼 놓았다. 그래서 중요한 전화 한 통을 놓쳤다.

단어 电影 diànyǐng 명 영화 错过 cuòguò 동 놓치다, 엇갈리다

13.
A 但还是没有得出结论	A 그러나 여전히 결론을 얻지 못했다
B 他们进行了热烈的讨论	B 그들은 열띤 토론을 했다
C 对于空气污染问题	C 공기 오염 문제에 대하여

분석 개사 对于의 사용. C의 개사 '对于'는 '~에 대하여'라는 뜻으로 대상의 범위를 나타낸다. 보통 문장의 앞에서 말하고자 하는 대상을 구체적으로 이끌어낼 때 사용하며, 주어 앞과 뒤에 모두 위치할 수 있다. 여기서는 먼저 토론 대상을 언급하고 토론을 한 결과 결론이 나지 않았다는 의미가 논리적으로 맞다.

정답 CBA. 对于空气污染问题, 他们进行了热烈的讨论, 但还是没有得出结论。

해석 공기 오염 문제에 대하여 그들은 열띤 토론을 하였으나 여전히 결론을 얻지 못했다.

단어 污染 wūrǎn 동 오염시키다, 오염되다 进行 jìnxíng 동 진행하다 热烈 rèliè 형 열렬하다 讨论 tǎolùn 동 토론하다 结论 jiélùn 명 결론

17강 복습하기

해석을 보고 빈칸에 알맞은 접속사 또는 개사를 써 보세요.

1. (   )他只有5岁，但会说5种语言。

   그는 비록 5살 밖에 안 되지만, 5개 국어를 할 줄 안다.

2. (   )这个问题，我们不需要讨论了。

   이 문제에 대해 우리는 토론할 필요가 없다.

3. 明年去留学的(   )她，而是我。

   내년에 유학 가는 사람은 그녀가 아니라 나이다.

4. (   )明天不下雨，我们(   )去踢足球吧。

   만약 내일 비가 안 오면 우리 축구하러 가자.

5. 他觉得自己的汉语水平很低，(   )学习特别努力。

   그는 자신의 중국어 수준이 낮다고 느껴져서 아주 열심히 공부한다.

17강 복습 정답 1. 虽然 / 2. 对于 / 3. 不是 / 4. 如果, 就 / 5. 因此

보어3 정도보어, 가능보어

你点菜点得太多, 我们吃不了。

정도보어 구조조사 '得'를 사용하여 동작이나 상태가 어느 정도인지 나타낸다.

1) 긍정형 : 他吃得很快。
2) 부정형 : 他吃得不快。
3) 의문형 : 他吃得快吗? 他吃得快不快? 他吃得怎么样?
4) 기타 형식
   ① 심리동사/형용사+极了, 死了, 坏了, 透了 : 好极了, 饿死了, 饿坏了, 坏透了
   ② 동사/형용사+得多, 多了, 得很 : 好得多, 瘦多了, 热得很
   ③ 동사/형용사+得慌 : 闷得慌
   ④ 동사/형용사+个+정도보어 : 看个够

가능보어 동사 뒤에 '得'나 '不'를 사용해 동작의 실현 가능성을 나타낸다.

1) 긍정형 : 看得懂
2) 부정형 : 吃不完
3) 의문형 : 听得懂吗? 听不懂吗? 听得懂听不懂?
4) 기타 형식
   ① 동사+不了 : 실현 불가능 예 吃不了
   ② 동사+不到 : 수준에 도달 불가능, 기회가 없어 불가능 예 达不到
   ③ 동사+不惯 : 습관이 안 되어 불가능 예 吃不惯
   ④ 동사+不起 : 경제 능력이 안 되어 불가능 예 买不起
   ⑤ 동사+不上 : 목적 실현 불가능 예 赶不上
   ⑥ 동사+不下 : 공간, 수량 여유가 없어서 불가능 예 坐不下
   ⑦ 동사+不动 : 무겁거나 힘들어 불가능 예 拿不动

18강

독해2 ③
정답 및 해설
복습하기
오늘의 중국어 어법 한마디

UNIT 18강 독해 第二部分

例如：A 可是今天起晚了
　　　B 平时我骑自行车上下班
　　　C 所以就打车来公司了　　　　　　　　　　　B A C

14. A 那就欢迎你加入我们公司
　　B 只要你对工作充满热情
　　C 不管你的专业是什么、哪所大学毕业的　　　_____

15. A 现代人在生活中几乎离不开它
　　B 随着智能手机的发展
　　C 它也给人们的交流方式带来了很大的影响　　_____

16. A 我的目标是成为一名律师
　　B 今后我会认真准备的
　　C 为了实现这个目标　　　　　　　　　　　　_____

17. A 也要坚持下去
　　B 只有这样才能走上成功之路
　　C 无论你遇到多大的困难　　　　　　　　　　_____

18. A 我尽管很努力地跑完了1000米
　　B 不过我仍然对自己很满意
　　C 可还是没有拿到好成绩　　　　　　　　　　_____

19. A 我们俩是同一天出生的双胞胎
　　B 除了爸妈
　　C 别人都分不清楚谁是姐姐，谁是妹妹　　　　_____

20. A 还不如亲自去找一找
　　B 你在这儿着急也没用
　　C 这几天他突然不见了　　　　　　　　　　　_____

18강 정답 및 해설

14~20 문제 분석

14.

A 那就欢迎你加入我们公司	A 당신이 우리 회사에 입사하는 것을 환영합니다
B 只要你对工作充满热情	B 당신이 업무에 열정만 가득하다면
C 不管你的专业是什么、哪所大学毕业的	C 당신의 전공이 무엇이든지 어느 대학을 졸업했든지 상관없이

분석 접속사 只要……就. 접속사의 '只要A就B (A하기만 하면 B한다)'의 호응 관계를 주의하면 문장의 선후 관계가 B-A순으로 됨을 바로 파악할 수 있다. 문맥상 접속사 '不管(~을 막론하고)'이 이끄는 내용인 C가 대전제가 되어 맨 앞에 위치해야 한다.

정답 CBA. 不管你的专业是什么, 哪所大学毕业的, 只要你对工作充满热情, 那就欢迎你加入我们公司。

해석 당신의 전공이 무엇이든 어느 대학을 졸업했든 상관없이 업무에 열정만 가득하다면 당신이 우리 회사에 입사하는 것을 환영합니다.

단어 专业 zhuānyè 명 전공 充满 chōngmǎn 동 충만하다 热情 rèqíng 명 열정 加入 jiārù 동 가입하다, 참가하다

15.

A 现代人在生活中几乎离不开它	A 현대인은 생활 중에서 거의 그것을 떠날 수 없다
B 随着智能手机的发展	B 스마트폰이 발전함에 따라
C 它也给人们的交流方式带来了很大的影响	C 그것은 사람들의 교류방식에도 많은 영향을 가져왔다

분석 논리적 문장 연결. '随着'는 '发展'과 자주 호응을 이루며 '~이 발전함에 따라'라는 의미로, 보통 문장에서 전제를 이끌어 내는 역할을 한다. A와 C문장은 대명사 '它'가 있어 아직 무엇을 지칭하는지 알 수 없기 때문에 첫 문장에 적합하지 않다. B의 결과 A가 되고, 보다 점진적인 의미를 나타내는 C가 마지막에 오는 것이 문맥에 맞다.

정답 BAC. 随着智能手机的发展, 现代人在生活中几乎离不开它, 它也给人们的交流方式带来了很大的影响。

해석 스마트폰이 발전함에 따라 현대인은 생활 중에서 거의 그것을 떠날 수 없으며, 그것은 사람들의 교류방식에도 많은 영향을 가져왔다.

단어 随着 suízhe 개 ~에 따르다 智能 zhìnéng 명 지능 发展 fāzhǎn 동 발전하다

16.

A 我的目标是成为一名律师	A 나의 목표는 변호사가 되는 것이다
B 今后我会认真准备的	B 앞으로 나는 열심히 준비할 것이다
C 为了实现这个目标	C 이 목표를 실현하기 위해

분석 논리적 문장 연결. 문장 C는 '这个目标(이 목표)'라는 표현에서 앞의 문장에서 어떤 목표가 언급되어야 뒤따라 나올 수 있는 문장임을 알 수 있다. 따라서 먼저 목표가 무엇인지 제시한 A문장이 첫 문장에 적합하다.

정답 ACB. 我的目标是成为一名律师, 为了实现这个目标, 今后我会认真准备的。

해석 나의 목표는 변호사가 되는 것인데, 이 목표를 실현하기 위해 앞으로 나는 열심히 준비할 것이다.

단어 律师 lǜshī 명 변호사 实现 shíxiàn 동 실현하다, 달성하다

18강 정답 및 해설

17.
A 也要坚持下去
B 只有这样才能走上成功之路
C 无论你遇到多大的困难

A 굳건하게 해 나가야 한다
B 그렇게 해야만 성공의 길을 갈 수 있다
C 네가 얼마나 큰 어려움을 만나든

분석 접속사 无论……也, 只有……才. 문장 C의 접속사 '无论(~에 관계 없이)'은 부사 '也' 또는 '都'와 호응함에 주의한다. 문장 B의 '只有……才(~해야만 ~할 수 있다)'의 표현을 주의하여 해석하고, 그 사이에 있는 '这样(이런 방식으로)'은 앞의 내용을 받아들이는 말이므로 첫 문장에 위치할 수 없다.
정답 CAB. 无论你遇到多大的困难，也要坚持下去，只有这样才能走上成功之路。
해석 네가 얼마나 큰 어려움을 만나든 굳건하게 해 나가야 한다. 그렇게 해야만 성공의 길을 갈 수 있다.
단어 成功 chénggōng 형 성공적이다　遇到 yùdào 동 만나다, 맞닥뜨리다　困难 kùnnan 명 곤란, 어려움

18.
A 我尽管很努力地跑完了1000米
B 不过我仍然对自己很满意
C 可还是没有拿到好成绩

A 나는 열심히 1000미터를 완주하였음에도 불구하고
B 하지만 나는 여전히 내 자신이 만족스럽다
C 그러나 여전히 좋은 성적을 거두지 못했다

분석 접속사 尽管……还是. 문장 A의 접속사 '尽管(비록~에도 불구하고)'은 양보 관계를 나타내어 뒤에 '但, 也, 还是'과 자주 호응하여 사용된다. 따라서 A-C의 문장 관계가 성립됨을 알 수 있으며, 그 결과 B가 되는 문맥으로 연결할 수 있다.
정답 ACB. 我尽管很努力地跑完了1000米, 可还是没有拿到好成绩, 不过我仍然对自己很满意。
해석 나는 열심히 1000미터를 완주하였음에도 불구하고 여전히 좋은 성적을 거두지 못했다. 하지만 나는 여전히 내 자신이 만족스럽다.
단어 尽管 jǐnguǎn 접 비록(설령) ~라 하더라도　拿到 nádào 손에 넣다

19.
A 我们俩是同一天出生的双胞胎
B 除了爸妈
C 别人都分不清楚谁是姐姐，谁是妹妹

A 우리 둘은 같은 날 태어난 쌍둥이다
B 아빠, 엄마를 제외하고
C 다른 사람들은 모두 누가 언니고, 누가 여동생인지 구분하지 못한다

분석 접속사 除了……都. 문장 B의 개사 '除了(~을 제외하고)'는 뒤에 부사 '都, 也, 还'와 자주 호응하여 사용된다. '除了A, B 都'는 'A를 제외하고 B는 모두 ~한다'는 의미이며, '除了A, B 也(还)'는 'A외에 B도 ~한다'는 의미로, 둘의 의미상 차이점을 잘 알아둔다.
정답 ABC. 我们俩是同一天出生的双胞胎，除了爸妈, 别人都分不清楚谁是姐姐，谁是妹妹。
해석 우리 둘은 같은 날 태어난 쌍둥이인데, 아빠, 엄마를 제외하고 다른 사람들은 모두 누가 언니고, 누가 여동생인지 구분하지 못한다.
단어 出生 chūshēng 동 출생하다, 태어나다　双胞胎 shuāngbāotāi 명 쌍둥이

20.
A 还不如亲自去找一找	A 직접 찾아 나서는 것이 낫다
B 你在这儿着急也没用	B 네가 여기에서 조급해 하는 것은 소용없다
C 这几天他突然不见了	C 요 며칠 갑자기 그가 보이지 않는다

분석 접속사 不如. 문장 A의 접속사 '不如(~하는 편이 낫다)'는 보통 앞 절에 접속사 '与其'와 호응하여 '~하느니 ~하는 편이 낫다'란 의미로 사용된다. 여기에서는 '不如'만 단독으로 쓰였는데, 이 절이 문장 앞에 올 수 없음을 주의하며, 의미상 대전제인 C에 대해 B와 A의 내용을 순서대로 나열하면 된다.

정답 CBA. 这几天他突然不见了, 你在这儿着急也没用, 还不如亲自去找一找。

해석 요 며칠 갑자기 그가 보이지 않는데, 네가 여기에서 조급해 하는 것은 소용없어. 직접 찾아 나서는 것이 낫다.

단어 亲自 qīnzì (부) 직접, 손수 着急 zháojí (형) 조급하다, 안달하다 突然 tūrán (부) 갑자기

MEMO

子曰: "学而时习之, 不亦说乎?" –《论语·学而篇》
공자께서 말씀하셨다. "배우고 계속해서 익히니, 어찌 즐겁지 않겠는가?" –「논어·학이편」

18강 복습하기

해석을 보고 빈칸에 알맞은 접속사 또는 개사를 써 보세요.

1. (　　　)我和他以外, 我们公司的其他员工(　　)受到了领导的表扬。

   나와 그 외에 우리 회사 다른 직원들도 상사의 칭찬을 받았다.

2. (　　　)互相帮助,(　　)能走上成功之路。

   서로 도와주어야만 성공의 길을 갈 수 있다.

3. (　　　)这次考试很难, 但我(　　　)考出了好成绩。

   이번 시험이 비록 어려웠지만, 그래도 나는 좋은 성적을 얻었다.

4. (　　　)一紧张, 双手(　　)会出汗。

   긴장만 하면 두 손에 땀이 난다.

5. (　　　)浪费时间,(　　　)做些有意义的事。

   시간을 낭비하느니 의미 있는 일을 하는 편이 낫다.

18강 복습 정답 1. 除了, 也 / 2. 只有, 才 / 3. 尽管, 还是 / 4. 只要, 就 / 5. 与其, 不如

존재를 나타내는 '是', '有', '在'

桌子上有一本书。

동사 是, 有, 在 술어의 주요 성분으로 쓰여 존재를 나타낼 수 있다. 문장의 어순은 다음과 같다.

★ 장소+是+사람/사물
  예) 我的左边是小王。　桌子上是我的铅笔。

★ 장소+有+사람/사물
  예) 学校里有很多人。　墙上有一幅画。

★ 사람/사물+在+장소
  예) 我在你的对面。　邮局在银行的旁边。

부정 형식

★ 장소+【不+是】+사람/사물
  예) 我的右边不是小王。

★ 장소+【没+有】+사람/사물
  예) 学校里没有人。

★ 사람/사물+【不+在】+장소
  예) 我的书不在桌子上。

※ 동사 '在'는 일반적으로 '不'로 부정하지만, 과거의 부정으로 '没'를 사용하기도 한다.
  예) 昨天我没在学校。

오늘의 중국어 어법 한마디

존재를 나타내는 경우 동사 '是', '有', '在'의 차이

★ 是
  1) 어순 : 장소+是+사람/사물
  2) 특징 : 어떤 장소에 사람이나 사물이 존재함을 나타내며, 그 대상은 확정적인 것일 수도 있고 불확정적인 것일 수도 있음
     예) 桌子上是我的手机。

★ 有
  1) 어순 : 장소+有+사람/사물
  2) 특징 : 어떤 장소에 사람이나 사물이 존재함을 나타내며, 주로 불확정적인 대상을 언급함
     예) 桌子上有一个手机。

★ 在
  1) 어순 : 사람/사물+在+장소
  2) 특징 : 어떤 특정한 사람이나 사물이 어떤 장소에 있음을 나타냄
     예) 我的手机在桌子上。

19강

듣기3-1 공략
듣기3-1 ①
정답 및 해설
복습하기
오늘의 중국어 어법 한마디

듣기 3-1
공략

1. 듣기 3-1부분 시험 유형

- 총 10문항으로, 남녀의 대화를 듣고 질문에 알맞은 답을 고르는 문제다.
- 매 문항의 녹음은 한 번만 들려준다.
- 녹음은 일반적으로 남녀가 주고받는 4-5문장의 긴 대화로, 대략 23초 정도 된다.
- 문제지에는 4개의 선택 항목만 제시된다.

2. 듣기 3-1부분 시험 문제 맛보기

男: 小李, 把这个文件复印一下, 一会儿开会的时候发给大家。
女: 知道了。会议是下午两点开始吗?
男: 改了。两点半, 推迟了半个小时。
女: 好的, 会议室还是502没变吧?
男: 对, 没变。
问: 会议几点开始?

A 2:30　　　B 3:00　　　C 3:30　　　D 5:00

3. 듣기 3-1부분 시험 공략법

- 먼저 제시된 4개의 선택 항목을 빠르게 읽고 대화의 주제와 질문을 미리 추측한다.
- 대화의 주제는 일상생활, 직장 생활과 관련된 내용들이다.
- 전체 대화의 의미 이해(비슷한 의미, 상반되는 의미, 옳고 그름 판단), 행동, 대화 장소, 시간, 상태·상황, 원인, 사물·인물, 직업·관계, 평가에 관련된 문제가 시험에 자주 나온다.
- 녹음을 들으면서 중요한 내용은 메모해야 한다. 선택 항목이 녹음 지문에 그대로 들리는 경우가 자주 있으므로 메모를 하면서 듣는 것이 좋다.

4 누들 수강 안내 및 학습법

- 진단평가에서 문제를 먼저 풀어본다.
- 본 강의를 듣는다.
- 본 강의에 나온 단어를 복습 정리한다.
- 복습 파트를 통해 강의의 핵심 문장을 다시 한 번 들어보고, 관련된 중요 어휘를 받아쓰기한다.
- 「오늘의 중국어 어법 한마디」를 통해 HSK4급에 필요한 중국어 어법 지식을 쌓는다.

5 문제 유형별 빈출 어휘 및 표현 정리

유형		빈출 어휘
행동	학습	上课 shàngkè 동 수업하다 下课 xiàkè 동 수업을 마치다 考试 kǎoshì 동 시험을 보다 放假 fàngjià 동 방학하다 放暑假 fàng shǔjià 여름 방학하다 放寒假 fàng hánjià 겨울 방학하다
	일	开会 kāihuì 동 회의하다 加班 jiābān 동 초과근무하다 讨论 tǎolùn 동 토론하다 迟到 chídào 동 지각하다 听取意见 tīngqǔ yìjiàn 의견을 듣다
	가사일	做饭 zuò fàn 밥을 하다 打扫 dǎsǎo 동 청소하다 洗衣服 xǐ yīfu 옷을 세탁하다 修理空调 xiūlǐ kōngtiáo 에어컨을 수리하다
	운동	比赛 bǐsài 동 시합하다 输 shū 동 지다 赢 yíng 동 이기다 爬山 páshān 동 등산하다 滑冰 huábīng 동 스케이트를 타다 打羽毛球 dǎ yǔmáoqiú 배드민턴을 치다 跑步 pǎobù 동 달리기하다 健身 jiànshēn 동 신체를 건강하게 하다 游泳 yóuyǒng 동 수영하다
	구매	逛街 guàngjiē 동 길거리를 구경하다 买东西 mǎi dōngxi 물건을 사다 打折 dǎzhé 동 할인하다 刷卡 shuākǎ 카드로 결제하다 付现金 fù xiànjīn 현금으로 지불하다
대화 장소		家 jiā 집 公司 gōngsī 명 회사 电影院 diànyǐngyuàn 명 영화관 商场 shāngchǎng 명 쇼핑센터 超市 chāoshì 명 슈퍼마켓 百货大楼 bǎihuò dàlóu 명 백화점 出租车 chūzūchē 명 택시 理发店 lǐfàdiàn 명 이발소 美容院 měiróngyuàn 명 미용실 书店 shūdiàn 명 서점 饭店 fàndiàn 명 호텔 餐馆 cānguǎn 명 레스토랑 食堂 shítáng 명 (구내) 식당 宾馆 bīnguǎn 명 호텔 酒店 jiǔdiàn 명 호텔 咖啡厅 kāfēitīng 명 카페 医院 yīyuàn 명 병원 学校 xuéxiào 명 학교 图书馆 túshūguǎn 명 도서관 银行 yínháng 명 은행 邮局 yóujú 명 우체국 机场 jīchǎng 명 공항 火车站 huǒchēzhàn 명 기차역 汽车站 qìchēzhàn 명 버스정류장 大使馆 dàshǐguǎn 명 대사관 免税店 miǎnshuìdiàn 명 면세점
시간		分 fēn 양 분 分钟 fēnzhōng 명 분 点 diǎn 명 시 小时 xiǎoshí 명 시간 整 zhěng 명 정수의·나머지가 없는 刻 kè 명 15분 半 bàn 수 반 过 guò 동 지나다 差 chà 동 부족하다 傍晚 bàngwǎn 명 저녁 무렵 晚上 wǎnshang 명 저녁 白天 báitiān 명 낮 月初 yuèchū 명 월초 月末 yuèmò 명 월말 月底 yuèdǐ 명 월말

분류		단어
시간		半个月 bàn ge yuè 보름　上个月 shàng ge yuè 지난달　下个月 xià ge yuè 다음 달　多久 duō jiǔ 얼마 동안　晚点 wǎndiǎn 동 늦다·연착하다　提前 tíqián 동 앞당기다　推迟 tuīchí 동 연기하다　准时 zhǔnshí 부 제때에　马上 mǎshàng 부 곧　立刻 lìkè 부 곧·바로　刚刚 gānggāng 부 방금　总是 zǒngshì 부 늘　经常 jīngcháng 부 자주　来得及 láidejí 동 늦지 않다　来不及 láibùjí 동 제 시간에 미처 ~할 수 없다　差点儿 chàdiǎnr 부 간신히·거의　赶不上 gǎnbúshàng 동 따라잡지 못하다
원인		为什么 wèishénme 왜　由于 yóuyú 접 ~ 때문에　因为 yīnwèi 접 ~ 때문에　所以 suǒyǐ 접 그래서　于是 yúshì 접 그리하여　从而 cóng'ér 접 따라서　原因 yuányīn 명 원인　结果 jiéguǒ 명 결과
직업·관계	직업	演员 yǎnyuán 명 배우　医生 yīshēng 명 의사　护士 hùshi 명 간호사　售货员 shòuhuòyuán 명 판매원　作家 zuòjiā 명 작가　导游 dǎoyóu 명 가이드　空姐 kōngjiě 명 스튜어디스　老师 lǎoshī 명 선생님　经理 jīnglǐ 명 이사·사장　秘书 mìshū 명 비서　翻译 fānyì 명 통역사·번역사　律师 lǜshī 명 변호사　记者 jìzhě 명 기자　警察 jǐngchá 명 경찰
	관계	师生 shīshēng 스승과 제자　朋友 péngyou 친구　同学 tóngxué 동창　夫妻 fūqī 명 부부　丈夫和妻子 zhàngfu hé qīzi 남편과 아내　恋人 liànrén 명 연인　同事 tóngshì 명 동료　父女 fùnǚ 명 부녀　母子 mǔzǐ 명 모자　服务员和顾客 fúwùyuán hé gùkè 종업원과 고객　售货员和顾客 shòuhuòyuán hé gùkè 판매원과 고객　司机和乘客 sījī hé chéngkè 기사와 승객　老板和职员 lǎobǎn hé zhíyuán 사장과 직원　医生和病人 yīshēng hé bìngrén 의사와 환자　演员和观众 yǎnyuán hé guānzhòng 배우와 관중
평가	성격	热情 rèqíng 형 열정적이다, 친절하다　聪明 cōngming 형 똑똑하다　幽默 yōumò 형 유머러스하다　勇敢 yǒnggǎn 형 용감하다　诚实 chéngshí 형 진실하다·성실하다　可爱 kě'ài 형 귀엽다　有礼貌 yǒu lǐmào 예의 바르다　害羞 hàixiū 형 부끄럽다　安静 ānjìng 형 조용하다
	음식	辣 là 형 맵다　咸 xián 형 짜다　新鲜 xīnxiān 형 신선하다　不怎么样 bù zěnmeyàng 별로이다　不好喝 bù hǎohē 맛이 없다
	날씨	冷 lěng 형 춥다　热 rè 형 덥다　凉快 liángkuai 형 시원하다　暖和 nuǎnhuo 형 따뜻하다　干燥 gānzào 형 건조하다　刮风 guā fēng 바람 불다　下雨 xià yǔ 비 내리다
어기·태도·심정		满意 mǎnyì 형 만족하다　感谢 gǎnxiè 동 감사하다　礼貌 lǐmào 명 예의　骄傲 jiāo'ào 형 거만하다·자부심을 느끼다　羡慕 xiànmù 동 부러워하다　鼓励 gǔlì 동 격려하다　同情 tóngqíng 동 동정하다　原谅 yuánliàng 동 용서하다　同意 tóngyì 동 동의하다　开心 kāixīn 형 기쁘다　高兴 gāoxìng 형 기쁘다　兴奋 xīngfèn 형 흥분하다　感动 gǎndòng 동 감동하다　激动 jīdòng 형 흥분하다·감격하다　幸福 xìngfú 형 행복하다　轻松 qīngsōng 형 부담이 없다　可惜 kěxī 형 아쉽다　遗憾 yíhàn 형 유감이다·섭섭하다　后悔 hòuhuǐ 동 후회하다　反对 fǎnduì 동 반대하다　怀疑 huáiyí 동 의심하다　担心 dānxīn 동 걱정하다　失望 shīwàng 동 실망하다　难过 nánguò 괴롭다　伤心 shāngxīn 동 슬퍼하다

UNIT 19강 듣기 | 第三部分

例如: 女:附近那家邮局几点下班，你知道吗?
　　　男:六点下班。
　　　女:那还来得及。我现在去寄包裹，如果公司里有什么事情就给我打电话吧。
　　　男:知道了。你赶紧去吧。
　　　问:女的去邮局干什么?

　　　A 换钱　　B 取钱　　C 寄文件　　**D 寄包裹**

1. A 妈妈和儿子
   B 经理和职员
   C 丈夫和妻子
   D 观众和演员

2. A 医院
   B 银行
   C 大使馆
   D 图书馆

3. A 同意
   B 满意
   C 反对
   D 伤心

4. A 没出发
   B 撞车了
   C 生病了
   D 来晚了

5. A 1000
   B 1500
   C 3000
   D 4000

6. A 看京剧
   B 加班
   C 买票
   D 退票

19강 정답 및 해설

1. 女: 亲爱的，吃完饭咱们出去散散步吧。
男: 不行，一会儿有中国队和韩国队的足球比赛！
女: 不是八点才开始吗? 还有时间。咱们就出去走走吧。
男: 那说好了，我就陪你三十分钟。
问: 他们可能是什么关系?

A 妈妈和儿子　　B 经理和职员　　**C 丈夫和妻子**　　D 观众和演员

여: 자기야, 우리 밥 먹고 산책하러 가자.
남: 안 돼, 이따가 중국 팀과 한국 팀의 축구 시합이 있어.
여: 8시에 시작하는 거 아니야? 아직 시간 있어. 나가서 좀 걷자.
남: 그럼 약속하는 거다. 30분만 같이 걸을 거야.
질문: 그들은 무슨 관계인가요?

A 엄마와 아들　　B 사장과 직원　　**C 남편과 부인**　　D 관중과 배우

2. 男: 你先去一楼交费，然后拿着交费单去二楼做检查。
女: 那检查结果什么时候出来呢?
男: 应该是两个小时以后。等结果出来了，你再来找我吧。
女: 好的，我现在就去，谢谢!
问: 女的现在在哪儿?

A 医院　　B 银行　　C 大使馆　　D 图书馆

남: 먼저 1층에 가서 비용을 내시고, 지불확인증을 들고 2층에 가서 검사를 받으세요.
여: 그럼 검사 결과는 언제 나오나요?
남: 아마 2시간 뒤에는 나올 겁니다. 결과가 나오면 다시 저를 찾아오세요.
여: 알겠습니다. 지금 바로 갈게요. 감사합니다!
질문: 여자는 지금 어디에 있나요?

A 병원　　B 은행　　C 대사관　　D 도서관

3. 男: 我觉得咱们家还得买一台电脑。
   女: 买电脑可是需要很大一笔钱的。咱们现在哪有钱啊?
   男: 这个月我们少花点儿，不就行了吗?
   女: 这个月还要买电视呢，怎么少花?
   问: 女的是什么态度?

   A 同意　　　　B 满意　　　　C 反对　　　　D 伤心

남: 나는 우리 집에 컴퓨터를 한 대 더 사야한다고 생각해.
여: 컴퓨터 사려면 돈이 많이 필요하잖아. 우리가 지금 돈이 어디 있어?
남: 이번 달에 우리가 좀 적게 쓰면 되지 않겠어?
여: 이번 달에 TV도 사야 하는데 어떻게 적게 써?
질문: 여자는 무슨 태도인가요?

A 동의한다　　B 만족한다　　C 반대한다　　D 속상하다

4. 女: 你不是吃完饭就出发了吗? 怎么现在才到?
   男: 别提了，来的路上前面两辆车撞了，所以堵了一个多小时。
   女: 撞得严重吗? 你没事吧?
   男: 挺严重的，我没什么事。不过，以后开车真得小心了。
   问: 关于男的，可以知道什么?

   A 没出发　　　B 撞车了　　　C 生病了　　　D 来晚了

여: 당신 식사 끝나고 바로 출발하지 않았어요? 왜 지금에서야 도착했어요?
남: 말도 마. 오는 길에 앞에 두 차가 서로 충돌해서 한 시간 넘게 막혔어.
여: 충돌이 심했어요? 당신은 별일 없죠?
남: 심했어. 나는 별일 없어. 하지만 앞으로 운전 정말 조심해야겠어.
질문: 남자에 대해 무엇을 알 수 있나요?

A 출발하지 않았다　　　　　　B 자동차가 충돌했다
C 병이 났다　　　　　　　　　D 늦게 왔다

5. 男: 我在招聘网上看到那家公司在招人，你要不要试试？
   女: 不知道一个月工资是多少。
   男: 前三个月是试用期，一个月3000，成为正式员工以后再加1000。
   女: 看起来还不错，我先把我的简历发给他们吧。
   问: 这份工作的工资是多少？

   A 1000　　　B 1500　　　C 3000　　　**D 4000**

   남: 채용 정보 사이트에서 그 회사가 사람 구하는 거 봤는데, 너 지원해 볼래?
   여: 월급이 얼마나 되는지 모르겠네.
   남: 처음 3개월은 수습 기간으로 한 달에 3000위안이고, 정식 직원이 된 후에는 1000위안을 더 준대.
   여: 보아하니 괜찮은데. 먼저 그들에게 내 이력서를 보내 볼게.
   질문: 이 직업의 월급은 얼마인가요?

   A 1000　　　B 1500　　　C 3000　　　**D 4000**

6. 女: 周六下午你有空吗？陪我去看京剧，怎么样？
   男: 恐怕不行，我最近太忙了，周六可能也要加班。
   女: 我都已经买完票了，既然你去不了，那只好退票了。
   男: 要不这样吧，我上午去一趟公司，下午我们直接在剧场见吧。
   女: 太好了！
   问: 周末他们做什么？

   A 看京剧　　　B 加班　　　C 买票　　　D 退票

   여: 토요일 오후에 시간 있니? 나랑 경극 보러 갈래?
   남: 안 될 것 같아. 내가 요즘 너무 바빠서 주말에도 아마 근무해야 할 거야.
   여: 이미 표를 샀는데, 네가 갈 수 없게 된 이상 환불할 수밖에 없네.
   남: 그럼 이렇게 하자. 오전에 회사에 들렀다가 오후에 바로 공연장에서 만나자.
   여: 좋아!
   질문: 주말에 그들은 무엇을 하나요?

   A 경극을 본다　　　　　　　B 추가 근무한다
   C 표를 산다　　　　　　　　　D 표를 환불한다

19강 복습하기

🎧 녹음을 듣고 다음 문장의 빈칸을 채워 보세요.

1. 女: 亲爱的, 吃完饭咱们出去(　　　　)吧。
   男: 不行, 一会儿有中国队和韩国队的足球(　　　)！

2. 男: 你先去一楼(　　　), 然后去二楼做检查。
   女: 那检查(　　　)什么时候出来呢？

3. 女: 你不是吃完饭就(　　　)了吗? 怎么现在才到？
   男: 来的路上前面两辆车(　　)了, 所以堵了一个多小时。

4. 男: 我在(　　　　)上看到那家公司在招人, 你要不要试试？
   女: 不知道一个月(　　　)是多少。

5. 女: 我都已经买完票了, (　　　)你去不了, 那只好退票了。
   男: 要不这样吧, 我上午去一趟公司, 下午我们(　　　)在剧场见吧。

19강 복습 정답
1. 散散步, 比赛
2. 交费, 结果
3. 出发, 撞
4. 招聘网, 工资
5. 既然, 直接

존현문

公司走了很多老员工，来了很多新员工。

정의 사람, 사물이 어디에 존재하거나 출현 또는 소실을 나타내는 문장이다.
예) 公园里有很多人。 店里来了两个人。

★ 기본 특징
1) 일반적으로 장소사+동사+목적어(사람/사물)의 형식을 취한다.
2) 목적어 앞에는 수량 또는 묘사를 나타내는 관형어가 주로 온다.

★ 존현문의 종류
1) 존재를 나타내는 존현문
   ① 장소+동사(是/有)+목적어(사람/사물)
   예) 我的对面是小李。 银行旁边有邮局。
2) 출현과 소실을 나타내는 존현문
   ② 장소+동사+了/보어+ 목적어
   ※ 이 종류의 동사는 대부분 물체의 이동, 출현, 소실과 연관된 동사다.
   예) 屋里跑出来两个人。 班里来了一个新同学。
       家里丢了一辆自行车。 这里死了很多人。

20강

듣기3-1 ②
정답 및 해설
복습하기
오늘의 중국어 어법 한마디

듣기 第三部分

7. A 女的
   B 男的
   C 小狗
   D 小猫

8. A 不带钥匙
   B 决定带钥匙
   C 不买毛巾
   D 不出门

9. A 很难
   B 羡慕
   C 容易
   D 轻松

10. A 全部看完
    B 只复习语法题
    C 不做练习题
    D 选择重点

11. A 男的把钥匙丢了
    B 女的总爱丢东西
    C 女的找到了钱包
    D 没找到车钥匙

12. A 这次不去了
    B 这次要发言
    C 男的不应该睡觉
    D 男的应该去

13. A 住不惯
    B 吃不惯
    C 需要时间去适应
    D 完全适应了

20강 정답 및 해설

7. 男：你带着花花去散步了？
女：没有，我看它这两天不怎么吃东西，所以带它去动物医院看病了。
男：没想到，小狗也要去医院。那医生怎么说？
女：说它胃有点儿不舒服，给开了一点儿药。
问：谁不舒服？

A 女的　　　B 男的　　　**C 小狗**　　　D 小猫

남: 당신 화화 데리고 산책 갔어요?
여: 아니요. 보니까 요 며칠 잘 먹지도 않고 해서 동물 병원에 데리고 가서 진찰 받았어요.
남: 생각도 못했네. 강아지도 병원에 가야하는군요. 의사는 뭐래요?
여: 위가 좀 불편하다고 하던대요, 약을 좀 처방해 줬어요.
질문: 누가 아픈가요?

A 여자　　　B 남자　　　**C 강아지**　　　D 고양이

8. 男：出门的时候你要记得带钥匙啊。
女：不用吧？我去买个毛巾，一会儿就回来了，家里应该有人吧。
男：不怕一万，就怕万一！还是带上比较好。
女：好吧，那就听你的。
问：女的是什么意思？

A 不带钥匙　　**B 决定带钥匙**　　C 不买毛巾　　D 不出门

남: 집을 나설 때 열쇠 가져가는 거 기억해요.
여: 필요 없지 않아요? 수건 하나 사러 가는 건데, 금방 돌아올 거예요.
　　집에 사람이 있겠죠.
남: 만약을 대비해야죠! 그래도 가져가는 것이 좋겠어요.
여: 알았어요. 그럼 당신 말대로 하죠.
질문: 여자는 무슨 뜻인가요?

A 열쇠를 가져가지 않는다　　　　**B 열쇠를 가져가기로 한다**
C 수건을 사지 않는다　　　　　　D 나가지 않는다

20강 정답 및 해설

9. 男：听说，你最近在找房子，找到了吗？
   女：哪有那么容易！我满意的呢，价格太贵；价格便宜的呢，我又不太满意。
   男：我有一套房子，阳光充足、冬暖夏凉，挺适合你的。感兴趣的话价格我们可以商量。
   女：好啊！那你先带我去看看房子吧。
   问：女的感觉找房子怎么样？

   A 很难　　　B 羡慕　　　C 容易　　　D 轻松

   남: 듣자하니 너 최근에 집을 구하고 있다던데, 구했어?
   여: 어디 그렇게 쉽겠어요! 만족스러운 데는 가격이 비싸고, 가격이 싸면 내가 또 싫고.
   남: 내가 집이 한 채 있는데, 해도 잘 들어오고 겨울엔 따뜻하고 여름엔 시원해서 너한테 잘 맞을 거야. 관심 있으면 가격은 서로 얘기해 보자.
   여: 좋아요! 그럼 제게 먼저 집을 보여 주세요.
   질문: 여자는 집을 구하는 것이 어떻다고 생각하나요?

   A 어렵다　　　B 부럽다　　　C 쉽다　　　D 부담이 없다

10. 男：快考试了,你复习得怎么样了？
    女：这本书内容太多,时间不够,恐怕是看不完了。
    男：老师不是给考试范围了吗？我们选一些重点内容复习的话,应该还来得及。
    女：只好这样了。对了,有一些语法题,我怎么看都看不明白,你能给我讲讲吗？
    问：男的认为应该怎么复习？

    A 全部看完　　B 只复习语法题　　C 不做练习题　　**D 选择重点**

    남: 곧 시험이네. 복습은 잘 했니?
    여: 이 책의 내용이 너무 많고, 시간도 부족해서 다 못 볼지도 몰라.
    남: 선생님께서 시험 범위 알려주지 않으셨어? 우리 중요한 내용을 골라서 복습하면 그래도 아직 늦지 않았을 거야.
    여: 그럴 수밖에 없지. 참, 어떤 어법 문제들은 아무리 봐도 이해가 안돼. 나한테 설명 좀 해 줄 수 있어?
    질문: 남자는 어떻게 복습해야 한다고 생각하나요?

A 전부 다 본다　　　　　　　　B 어법 문제만 복습한다
C 연습문제는 풀지 않는다　　　D 중요한 내용을 선택한다

11. 女：我的车钥匙不见了，差不多把整个房间都找遍了，也没找到。
　　男：你可真是个马大哈！前几天把钱包丢了，今天呢，又找不到车钥匙。
　　女：你快帮我找找吧，不开车我怎么出门呀?
　　男：肯定是随便一放转身就忘记了。你看看，这是不是你的钥匙?
　　问：根据这段话，可以知道什么?

　　A 男的把钥匙丢了　　　　　B 女的总爱丢东西
　　C 女的找到了钱包　　　　　D 没找到车钥匙

여: 내 자동차 열쇠가 안 보여. 온 방을 거의 다 뒤졌는데도 못 찾았어.
남: 너 정말 덜렁이구나. 며칠 전에는 지갑 잃어버리고, 오늘은 또 차 열쇠를 못 찾고.
여: 빨리 찾는 거 도와줘. 차 없이 어떻게 나가?
남: 틀림없이 아무 데나 놓고 돌아서자마자 잊어버렸을 거야. 봐봐. 이거 네 열쇠 아니야?
질문: 이 대화에서 무엇을 알 수 있나요?

A 남자가 열쇠를 잃어버렸다　　　B 여자는 늘 물건을 잘 잃어버린다
C 여자는 지갑을 찾았다　　　　　D 자동차 열쇠를 못 찾았다

12. 男：明天的语法讲座你去吗?
　　女：听说这次邀请了著名语言学家王教授，我想去听听。
　　男：我不想去了，一听讲座我就想睡觉。
　　女：明天你们班主任也发言，你还不去啊?
　　问：女的是什么意思?

　　A 这次不去了　　　　　　　B 这次要发言
　　C 男的不应该睡觉　　　　　D 男的应该去

20강 정답 및 해설

남: 내일 어법 강좌에 너 가니?
여: 이번에 유명한 언어학자 왕 교수님을 초청했다던데, 가서 들어 보고 싶어.
남: 나는 가기 싫어졌어. 강의 듣자마자 자고 싶을 거야.
여: 내일 너희 담임선생님도 발표하시는데, 안 간다고?
질문: 여자는 무슨 의미인가요?

A 이번에 안 가겠다   B 이번에 발표하려 한다
C 남자는 잠을 자서는 안 된다   **D 남자는 마땅히 가야 한다**

13. 女: 杰克, 我发现你的适应能力很强啊! 才来半年, 吃的、住的已经完全没有问题了。
男: 从小爸爸就带我去各地旅游, 可能是跟这个有关系吧。
女: 在我认识的外国留学生当中, 有的是吃不惯, 有的是住不惯, 像你这样的人真的很少。
男: 是吗? 可能还是需要点时间吧, 过了一段时间就好了。
问: 杰克怎么样?

A 住不惯   B 吃不惯   C 需要时间去适应   **D 完全适应了**

여: 잭, 네 적응력이 정말 뛰어나다는 걸 알게 됐어. 온 지 반년밖에 안 됐는데,
    먹는 것과 사는 것 모두 이미 완전히 문제가 없잖아.
남: 어릴 때부터 아버지께서 여기저기 여행을 데리고 다니셨어, 아마도 그것과 관련이 있겠지.
여: 내가 알고 있는 외국 유학생들 중에 어떤 애들은 음식에 적응을 잘 못하고,
    어떤 애들은 사는 곳에 적응을 잘 못해. 너 같은 사람은 정말 드물어.
남: 그래? 아마 시간이 좀 더 필요하겠지. 시간이 어느 정도 지나면 나아질 거야.
질문: 잭은 어떻습니까?

A 사는 곳에 적응을 못한다   B 먹는 것에 적응을 못한다
C 적응할 시간이 필요하다   **D 완전히 적응했다**

20강 복습하기

🎧 녹음을 듣고 다음 문장의 빈칸을 채워 보세요.

1. 男: 出门的时候你要(　　　)带钥匙啊。
   女: 不用吧? 我一会儿就回来了, 家里(　　　)有人吧。

2. 男: 听说,你最近在找房子,(　　　)了吗?
   女: (　　　)那么容易!

3. 男: 老师不是给范围了吗? 选一些重点内容复习, 应该还(　　　)。
   女: (　　　)这样了。

4. 女: 我的车钥匙不见了,(　　　)把整个房间都找遍了, 也没找到。
   男: 你可真是个(　　　)!

5. 女: 在我认识的外国留学生当中, 有的是(　　　), 有的是(　　　)。
   男: 是吗? 可能还是(　　　)点时间吧, 过了一段时间就好了。

20강 복습 정답

1. 记得, 应该
2. 找到, 哪有
3. 来得及, 只好
4. 差不多, 马大哈
5. 吃不惯, 住不惯, 需要

오늘의 중국어 어법 한마디

의문문, 반어문

这不是你的衣服吗?

의문문 물음을 제기하는 문장이다. 예) 明天星期几?　你吃饭了吗?

★ 의문문의 종류

의문문 종류	설명 및 예문
吗 의문문	평서문의 끝에 吗를 추가한다. 예) 你是中国人吗?　你喝茶吗?
의문대명사 의문문	의문대명사에는 사람 사물, 수량, 성질, 시간, 원인, 장소를 나타내는 대명사가 포함된다. 예) 你是谁?　那是什么?　你想吃几个?　天气怎么样? 예) 你几点来?　你为什么没来?　我们在哪儿见?
정반 의문문 (긍부정 의문문)	긍정 형식과 부정 형식을 병렬시켜 질문한다. 예) 你是不是韩国人?　你喝不喝咖啡?
선택 의문문	선택하고자 하는 항목 두 개 또는 몇 개를 나열하여 대답하는 사람이 그중의 한 가지를 고를 수 있게 한다. 예) 你吃苹果还是梨?　你是中国人还是韩国人?

반어문 실제로 대답을 필요로 하는 질문이 아니라 반문의 형식으로 일의 이치나 사실의 어조를 강조하는 문장이다. 긍정의 형식으로 부정을 강조하고 부정의 형식으로 긍정을 강조한다. 예) 我哪儿知道啊?　这不是你的吗?

★ 반어문의 형식

반어문 형식	예문
什么	有什么可怕的?
哪儿(哪里)	他哪儿有钱啊?
谁说	谁说我不来?
怎么	我怎么能不来呢?
不是……吗?	她不是你爱人吗?
难道……吗?	难道你忘了吗?

21강

듣기3-1 ③
정답 및 해설
복습하기
오늘의 중국어 어법 한마디

UNIT 21강 듣기 第三部分

14. A 女的没有说实话
    B 女的说不好喝
    C 这家店是他女朋友开的
    D 男的说要带朋友来

15. A 去看病
    B 去找女的
    C 打印文件
    D 在文件上签字

16. A 三点
    B 三点一刻
    C 三点半
    D 四点

17. A 真的不会打羽毛球
    B 其实会打羽毛球
    C 想骗女的，说的是假话
    D 不想见朋友

18. A 汉语国际教育
    B 计算机
    C 英语
    D 临床医学

19. A 女的头发很好看
    B 不知道女的染头发了
    C 他也想染这种颜色
    D 女的可能会被妈妈说

20. A 男的第一次坐飞机
    B 女的在免税店工作
    C 男的需要换登记牌
    D 男的行李需要托运

21강 정답 및 해설

14. 男：你不觉得那家店的葡萄汁很好喝吗？
女：说实话，一点儿都不好喝。感觉还有点儿苦。
男：哪有啊！我觉得酸酸的，甜甜的，特别好喝。
　　下回我还想带朋友过来喝呢。
女：谁不知道这是你女朋友开的店啊？你现在喝什么都感觉很甜吧？
问：男的为什么说葡萄汁好喝？

　A 女的没有说实话　　　　B 女的说不好喝
　C 这家店是他女朋友开的　　D 男的说要带朋友来

남: 당신은 그 가게의 포도 주스가 맛있다고 생각하지 않아요?
여: 솔직히 정말 맛없어요. 게다가 좀 쓰다고 생각해요.
남: 그럴 리가! 난 새콤달콤해서 정말 맛있다고 생각하는데요.
　　다음에 친구 데리고 와서 또 마시고 싶던데요.
여: 당신 여자 친구가 하는 가게인지 모를까봐요? 지금 뭘 마셔도 다 달콤하죠?
질문: 남자는 왜 포도 주스가 맛있다고 말하나요?

　A 여자가 사실을 말하지 않았다　　B 여자가 맛없다고 말한다
　C 이 가게는 그의 여자친구가 열었다　D 남자는 친구를 데리고 온다고 말한다

15. 男：莉莉，我上午去医院看病了，公司里没什么特别的事儿吧？
女：有一份重要的文件需要您签字，您大概什么时候到？
男：我在回去的路上，估计十分钟以后就到了。
女：好的，我已经打印好文件，放在您的桌子上了。
男：知道了，谢谢！
问：回公司以后男的可能先做什么？

　A 去看病　　B 去找女的　　C 打印文件　　**D 在文件上签字**

21강 정답 및 해설

남: 리리, 오전에 나 병원 가서 진찰 받았는데, 회사에 특별한 일은 없지?
여: 중요한 서류 하나 서명하셔야 해요. 대략 언제 도착하시나요?
남: 돌아가는 길이니 10분 있으면 도착할 거야.
여: 알겠습니다. 서류는 이미 출력하여 책상 위에 올려놓았습니다.
남: 알았어. 고마워!
질문: 회사에 돌아간 이후 남자는 먼저 무엇을 할까요?

A 진찰 받으러 간다　　　　B 여자를 찾으러 간다
C 서류를 출력한다　　　　**D 서류에 서명한다**

16. 女: 喂, 你好! 我买的空调什么时候送到呀?
男: 您好! 司机正在路上, 现在是差一刻三点, 估计半个小时以后就到了.
女: 我四点钟要出门, 那应该还来得及.
男: 一会儿快到的时候我让司机给您打个电话吧.
问: 空调什么时候送到?

A 三点　　**B 三点一刻**　　C 三点半　　D 四点

여: 여보세요, 안녕하세요! 제가 구입한 에어컨 언제 배송해 주시나요?
남: 안녕하세요! 기사가 지금 가는 중입니다. 지금 15분 전 3시니까 30분 후면 도착할 것 같습니다.
여: 제가 4시에 나가야 하는데, 그럼 시간은 여유 있네요.
남: 이따 도착할 때쯤 기사에게 전화 드리라고 하겠습니다.
질문: 에어컨은 언제 배송되나요?

A 3시　　**B 3시 15분**　　C 3시 30분　　D 4시

17. 女: 今天我约了几个朋友去打羽毛球, 你也一起去吧.
男: 不去了, 我不会打. 而且, 我有点累了, 想在家里休息.
女: 你连羽毛球都不会打? 真的假的?
男: 真的, 我骗你干什么啊?
问: 男的是什么意思?

A 真的不会打羽毛球　　　　　B 其实会打羽毛球
C 想骗女的，说的是假话　　　D 不想见朋友

여: 오늘 친구 몇 명과 배드민턴을 치기로 약속했는데, 당신도 같이 가요.
남: 안 갈래요, 칠 줄 몰라서요. 게다가 좀 피곤해서 집에서 쉬고 싶어요.
여: 배드민턴도 못 쳐요? 정말이에요?
남: 정말입니다. 당신을 속여서 뭐하겠어요?
질문: 남자는 무슨 의미인가요?

A 정말 배드민턴을 칠 줄 모른다　　　B 사실 배드민턴을 칠 줄 안다
C 여자를 속이고 싶어서 거짓말을 하였다　D 친구를 만나고 싶지 않다

18. 女: 师兄，你们学校有哪些比较热门的专业？
男: 计算机、英语、临床医学都不错啊。
　　不过，我觉得关键还得看你以后想做什么。
女: 我以后想当一名对外汉语老师，那我应该选什么专业啊？
男: 你可以选汉语国际教育专业，但是这个专业的录取分数线很高，
　　你要努力学习啊！
问: 女的想选什么专业？

A 汉语国际教育　　B 计算机　　C 英语　　D 临床医学

여: 선배님, 선배님 학교는 무슨 전공이 인기가 있나요?
남: 컴퓨터, 영어, 임상의학 모두 괜찮아. 하지만 네가 나중에 하고 싶은 게 무엇인지가
　　중요하다고 생각해.
여: 저는 나중에 대외 중국어 교사가 되고 싶어요. 그럼 어떤 전공을 선택해야 하나요?
남: 그럼 중국어 국제 교육 전공을 선택하면 되겠다. 하지만 그 전공은 입학 커트라인이
　　높아서 열심히 공부해야 해!
질문: 여자는 무슨 전공을 선택하고 싶은가요?

A 중국어 국제 교육　　B 컴퓨터　　C 영어　　D 임상의학

21강 정답 및 해설

19. 男：我说你今天怎么看起来怪怪的呢，原来你染头发了。
女：昨天刚染的，听说今年流行这种颜色，所以我也去凑了一下热闹。
男：你可真行，难道你就不怕你妈说你啊？
女：当时还真没想那么多，觉得好看就染了。
问：男的是什么意思？

A 女的头发很好看　　　　　　B 不知道女的染头发了
C 他也想染这种颜色　　　　　**D 女的可能会被妈妈说**

남: 너 오늘 어쩐지 이상하게 보인다 했더니 염색했구나.
여: 어제 막 염색했어. 올해 이런 색깔이 유행한다고 들어서 나도 한번 해 봤지.
남: 너 정말 대단하다. 엄마한테 혼나는 건 안 무섭니?
여: 그때는 그렇게 많이 생각 안 했어. 예쁘다고 생각해서 염색했지.
질문: 남자는 무슨 의미입니까?

A 여자의 머리가 예쁘다　　　　B 여자가 염색한지 몰랐다
C 그도 이런 색깔로 염색하고 싶다　**D 여자는 아마도 엄마에게 혼날 것이다**

20. 男：我第一次坐这个航班，请问，我应该怎么办理登机手续？
女：您先到3号柜台换登机牌，如果有行李需要托运，也可以在柜台办理。
男：我只有一个背包，不需要托运。机场的免税店在哪里？
女：过了安检之后您就会看到免税店。
问：下面哪句话是对的？

A 男的第一次坐飞机　　　　　B 女的在免税店工作
C 男的需要换登机牌　　　　D 男的行李需要托运

남: 제가 처음으로 이 운항편을 타는데, 탑승 수속을 어떻게 해야 하나요?
여: 먼저 3번 창구에서 탑승권을 받고 만약 짐을 부치실 거면 창구에서 하셔도 됩니다.
남: 저는 배낭 하나만 있으니, 부칠 필요 없습니다. 공항 면세점은 어디에 있나요?
여: 보안 검사를 받고 나면 면세점이 보이실 겁니다.
질문: 아래 어떤 말이 맞나요?

A 남자는 처음으로 비행기를 탄다　　B 여자는 면세점에서 일한다
C 남자는 탑승권을 바꿔야 한다　　D 남자는 짐을 부쳐야 한다

21강 복습하기

🎧 녹음을 듣고 다음 문장의 빈칸을 채워 보세요.

1. 男：你（　　　）那家店的葡萄汁很好喝吗？
   女：说实话，（　　　）都不好喝。感觉还有点儿苦。

2. 男：上午我去医院看病了，公司里没什么（　　）的事儿吧？
   女：有一份（　　）的文件需要您签字，您什么时候到？

3. 女：你（　）羽毛球都不会打？真的假的？
   男：真的，我（　）你干什么啊？

4. 男：我说你今天怎么（　　　）怪怪的呢，原来你染头发了。
   女：听说今年（　　）这种颜色，所以我也去凑了一下热闹。

5. 男：请问，我应该怎么办理（　　）手续？
   女：您先到柜台换登机牌，如果有（　　）也可以在柜台办理托运。

21강 복습 정답
1. 不觉得, 一点儿
2. 特别, 重要
3. 连, 骗
4. 看起来, 流行
5. 登机, 行李

연동문

> 我们去"咖啡陪你"喝咖啡吧！

연동문 하나의 주어에 두 개 이상의 동사(구)가 연속해서 술어1, 술어2로 사용되는 문장이다. 예) 我们<u>去</u><u>吃饭</u>吧。 你<u>来</u>学校<u>上课</u>吧！
　　　　　　　　　　　　　　　　　　　　술어1 술어2　　　술어1 술어2

연동문 종류

1) 연속해서 발생하는 동작을 나타내는 연동문　예) 我<u>去</u>百货商场<u>买</u>衣服。
　　　　　　　　　　　　　　　　　　　　　　　　술어1　　　술어2
2) 술어2가 술어1의 목적을 나타내는 연동문　예) 我<u>去</u>电影院<u>看</u>电影。
　　　　　　　　　　　　　　　　　　　　　　　술어1　　　술어2
3) 술어1이 술어2의 방식을 나타내는 연동문　예) 我<u>坐</u>飞机<u>去</u>美国。
　　　　　　　　　　　　　　　　　　　　　　　술어1　　술어2
4) 술어1이 有/没有인 연동문　예) 我<u>有</u>时间<u>去</u>书店。我<u>没有</u>理由跟你<u>见面</u>。
　　　　　　　　　　　　　　　　　술어1　　술어2　　술어1　　　　술어2

연동문 특징

★ 주어가 동일한 하나의 문장이어야 하며, 두 술어의 위치는 바꿀 수 없다.
　　예) 我<u>去</u>学校<u>见</u>朋友。(O) 我见朋友去学校。(×)

★ 부사어와 부정부사는 첫 번째 술어 앞에 온다.
　　예) 他<u>已经</u>去银行换钱了。他<u>没</u>去银行换钱。

★ 술어1로 쓰인 동사는 중첩할 수 없다　예) 我去去学校上课。(×)

★ 조사 了, 着, 过의 위치

1) 了 ① 술어2가 술어1의 목적 등을 나타낼 때 술어2 뒤 또는 문미에 위치
　　　　예) 我<u>去</u>商场<u>买了</u>很多水果。我<u>去</u>医院<u>看病</u>了。
　　　　　　술어1　　술어2　　　　　　술어1　　술어2
　　② 두 동작이 연속해서 발생할 때 술어1 뒤에 위치
　　　　예) 我<u>下了</u>课就<u>回家</u>。
　　　　　　술어1　　술어2
2) 着 술어1 뒤에 위치　예) 他<u>拿着</u>咖啡<u>进来</u>了。
　　　　　　　　　　　　　　술어1　　　술어2
3) 过 술어2 뒤에 위치　예) 我去他家<u>看过</u>小狗。
　　　　　　　　　　　　　　술어1　　술어2

22강

독해3-1 공략
독해3-1 ①
정답 및 해설
복습하기
오늘의 중국어 어법 한마디

독해3-1 공략

① 독해 3-1부분 시험 유형

- 총 14문항으로, 주어진 지문을 읽고 4개의 선택 항목에서 정답을 고르는 문제다.
- 지문을 읽고 한 개의 질문에 답하는 유형이다.
- 지문의 길이는 30~100자 사이다.

② 독해 3-1부분 시험 문제 맛보기

> 现代人普遍存在着五种由于不良生活习惯而引发的疾病。这五种分别是：高盐、高脂肪、高热量，经常熬夜，烟酒过量，缺乏运动，过度的精神紧张。
> ★ 根据这段话，哪项属于不良生活习惯？
>
> A 运动　　B 高糖　　**C 抽烟**　　D 精神轻松

③ 독해 3-1부분 시험 공략법

- 먼저 질문을 보고 핵심 내용을 확인한 다음 지문을 읽으면서 핵심 내용과 연관된 내용을 찾아낸다.
- 동의어 어휘 변별, 글의 주제 개괄, 전체 맥락 이해의 능력을 갖추어야 한다.
- 지문은 주로 인생의 도덕적 가치관, 인문 과학, 일상생활, 문화 상식, 사회 이슈 등과 관련된 내용이다.

④ 누들 수강 안내 및 학습법

- 진단평가에서 문제를 먼저 풀어본다.
- 본 강의를 듣는다.
- 본 강의에 나온 단어를 복습 정리한다.
- 복습 파트를 통해 동의어나 유사 표현을 익힘으로써 문장의 이해력과 답안 선택의 능력을 향상시킨다.
- 「오늘의 중국어 어법 한마디」를 통해 HSK4급에 필요한 중국어 어법 지식을 쌓는다.

5 유사 표현 1

01	配偶 pèi'ǒu ≈ 爱人 àiren ≈ 对象 duìxiàng	배우자
02	收入 shōurù ≈ 工资 gōngzī	수입
03	地步 dìbù ≈ 程度 chéngdù	정도
04	动机 dòngjī ≈ 目的 mùdì	동기, 목적
05	当初 dāngchū ≈ 过去 guòqù	당시, 과거
06	手段 shǒuduàn ≈ 方法 fāngfǎ	수단, 방법
07	体会 tǐhuì ≈ 感受 gǎnshòu	체득하다, 느끼다
08	抱负 bàofù ≈ 理想 lǐxiǎng	포부, 이상
09	过失 guòshī ≈ 错误 cuòwù	잘못
10	坐落于 zuòluòyú ≈ 位于 wèiyú	~에 위치하다
11	忽视 hūshì ≈ 不注意 bú zhùyì	소홀하다, 부주의하다
12	盼着 pànzhe ≈ 希望 xīwàng	바라다
13	出席 chūxí ≈ 参加 cānjiā	참가하다
14	无暇 wúxiá ≈ 没时间 méi shíjiān	여유가 없다
15	前往 qiánwǎng ≈ 去 qù	가다
16	动心 dòngxīn ≈ 改变主意 gǎibiàn zhǔyi	생각을 바꾸다
17	领略 lǐnglüè ≈ 欣赏 xīnshǎng	느끼다, 감상하다
18	不止 bùzhǐ ≈ 超过 chāoguò	멈추지 않다, 초과하다
19	咨询 zīxún ≈ 了解 liǎojiě	알아보다
20	徘徊 páihuái ≈ 走来走去 zǒu lái zǒu qù	배회하다
21	掌握 zhǎngwò ≈ 学会 xuéhuì	숙달하다, 습득하다
22	打量 dǎliang ≈ 看 kàn	살펴보다
23	目睹 mùdǔ ≈ 看见 kànjiàn	직접 보다

24	着手 zhuóshǒu ≈ 开始 kāishǐ	시작하다
25	感染 gǎnrǎn ≈ 影响 yǐngxiǎng	감염, 영향
26	采购 cǎigòu ≈ 买东西 mǎi dōngxi	구매하다
27	抽空 chōu kòng ≈ 找时间 zhǎo shíjiān	시간을 내다
28	说了算 shuō le suàn ≈ 决定 juédìng	한 말에 책임지다, 결정하다
29	手头紧 shǒutóu jǐn ≈ 没有钱 méiyǒu qián	돈이 없다
30	不及 bùjí ≈ 比不上 bǐ bushàng	비교할 수 없다
31	备受关注 bèishòu guānzhù ≈ 非常受重视 fēicháng shòu zhòngshì	큰 관심을 받다
32	不乏 bùfá ≈ 不缺少 bù quēshǎo ≈ 很多 hěn duō	많다

UNIT 22강 독해 第三部分

例如：她很活泼，说话很有趣，总能给我们带来快乐，我们都很喜欢和她在一起。
　★ 她是个什么样的人？

　A 幽默　　　B 马虎　　　C 骄傲　　　D 害羞

1. 很多中国人都有午睡的习惯。在帮助人减轻压力、放松心情等方面，午睡比喝咖啡更有效果。这种放松方式对现代人来说越来越重要。而且午睡以后工作速度也会大大提高。
　★ 关于午睡可以知道：

　A 使人紧张　　B 更加辛苦　　C 增加压力　　D 提高工作速度

2. 现在中国的交通规则是汽车靠右行驶，这跟美国、德国一样。但1946年1月1日以前，汽车是靠左行驶的。另外，世界上也有一些国家是靠左侧行驶的，比如印度和日本。
　★ 现在汽车靠左行驶的国家有：

　A 美国　　　B 中国　　　C 日本　　　D 德国

3. 随着生活水平的提高，减肥成了人们的热门话题。节食或吃减肥药都不是健康的减肥方法。专家认为，减肥要坚持以下四点：养成"早吃好，午吃饱，晚吃少"的饮食习惯；吃饭速度要慢；尽量不吃甜食；坚持晚饭后快步走半个小时以上。
　★ 怎样才能健康减肥？

　A 吃饭速度要慢　B 吃减肥药　　C 不吃饭　　D 多吃巧克力

4. 在中国，红色代表喜庆和吉祥。比如中国婚礼都是以红色作为主色，新娘一般都穿红色的礼服。家里到处都贴上红色的喜字，新人身上带着红花，新房里的物品大部分都是红色。

★ 中国人结婚时：

A 白色是主色　　　B 穿红色的衣服　　　C 贴上福字　　　D 挂红灯笼

5. 大熊猫身体肥胖，动作缓慢，但是擅长爬树。另外，大熊猫的食量很大，一头成年的大熊猫每天要吃约20千克的竹子。大熊猫的听觉特别好，一听到什么声音，就马上爬到树上，藏起来。

★ 关于熊猫：

A 喜欢爬树　　　B 视觉很好　　　C 又瘦又小　　　D 吃得很少

6. 自从和莉莉分手后，他一直心情不好，觉也睡不好，饭也不想吃，总是想着和莉莉在一起的点点滴滴。但是他没有把失恋的痛苦写在脸上，在别人面前，总是一副轻松的表情。

★ 这段话主要谈什么？

A 他睡不着　　　B 他失恋了　　　C 他吃不好　　　D 他很轻松

7. 每个孩子的个性不一样，当他们发脾气的时候，每个家长对待孩子的方法可能会不一样，但是最需要的应该是耐心。家长要耐心地观察孩子发脾气的原因，耐心地给予回应，耐心地给予正面的引导。

★ 孩子发脾气的时候家长应该怎么做？

A 等孩子不再生气　　　B 不会引导孩子　　　C 保护孩子的个性　　　D 耐心地找出原因

8. 刚才班主任给我打电话，他说李老师生病了，所以你们班今天下午的数学课临时改为英语课，时间和地点都不变。班主任让你转告其他同学。

★ 今天下午上什么课？

A 地理　　　B 数学　　　C 英语　　　D 历史

22강 정답 및 해설

1. 很多中国人都有午睡的习惯。在帮助人减轻压力、放松心情等方面，午睡比喝咖啡更有效果。这种放松方式对现代人来说越来越重要。而且，午睡以后工作速度也会大大提高。

   ★ 关于午睡可以知道：

A 使人紧张	B 更加辛苦	C 增加压力	D 提高工作速度

   해석 많은 중국인들은 낮잠을 자는 습관이 있다. 스트레스를 줄여 주고, 마음을 편하게 해 주는 데 있어 낮잠은 커피를 마시는 것보다 더 효과가 있다. 이런 휴식 방식은 현대인들에게 갈수록 중요하다. 게다가 낮잠을 잔 이후로 업무 속도도 크게 높아질 것이다.

   문제 낮잠에 관해 알 수 있는 것은?

   답 A 긴장하게 한다   B 더욱 피곤하다   C 스트레스가 커진다   D 업무 속도를 향상시킨다

   단어 午睡 wǔshuì 몡 낮잠 减轻 jiǎnqīng 동 줄이다 效果 xiàoguǒ 몡 효과 现代人 xiàndàirén 현대인 辛苦 xīnkǔ 혱 고생스럽다 增加 zēngjiā 동 증가하다 速度 sùdù 몡 속도

2. 现在中国的交通规则是汽车靠右行驶，这跟美国，德国一样。但1946年1月1日以前，汽车是靠左行驶的。另外，世界上也有一些国家是靠左侧行驶的，比如印度和日本。

   ★ 现在汽车靠左行驶的国家有：

A 美国	B 中国	C 日本	D 德国

   해석 현재 중국의 교통 규칙은 자동차가 우측통행하는 것으로, 이는 미국, 독일과 같다. 그러나 1946년 1월 1일 이전에 자동차는 좌측통행을 했었다. 이외에 세계의 일부 국가들은 좌측통행을 하고 있는데, 예를 들면 인도와 일본이 그렇다.

   문제 현재 자동차가 좌측통행하는 국가는?

   답 A 미국   B 중국   C 일본   D 독일

   단어 规则 guīzé 몡 규칙 行驶 xíngshǐ 동 통행하다

22강 정답 및 해설

3. 随着生活水平的提高，减肥成了人们的热门话题。节食或吃减肥药都不是健康的减肥方法。专家认为，减肥要坚持以下四点: 养成 "早吃好、午吃饱、晚吃少" 的饮食习惯; 吃饭速度要慢; 尽量不吃甜食; 坚持晚饭后快步走半个小时以上。

★ 怎样才能健康减肥?

| ★ A 吃饭速度要慢 | B 吃减肥药 | C 不吃饭 | D 多吃巧克力 |

해석 생활수준이 향상됨에 따라 다이어트는 사람들의 화제가 되었다. 식사량을 줄이고 다이어트 약을 먹는 것은 모두 건강한 다이어트 방법이 아니다. 전문가들은 다이어트에 다음과 같은 네 가지를 고수해야 한다고 생각한다. '아침을 잘 먹고, 점심은 배 불리 먹고, 저녁에는 적게 먹는' 음식 습관을 기르는 것이다. 식사 속도는 느려야 하며, 단 음식을 되도록 먹지 않는다. 저녁 식사 후에 빠른 걸음으로 30분 이상 꾸준히 걷는다.

문제 어떻게 해야 건강한 다이어트를 할 수 있는가?

답 A 식사 속도가 느려야 한다   B 다이어트 약을 먹는다   C 밥을 안 먹는다   D 초콜릿을 많이 먹는다

단어 节食 jiéshí 동 음식을 줄이다   专家 zhuānjiā 명 전문가   养 yǎng 동 키우다, 기르다
      尽量 jǐnliàng 부 되도록   甜食 tiánshí 명 단맛의 식품   快步 kuàibù 빠른 걸음(으로)

4. 在中国，红色代表喜庆和吉祥。比如中国婚礼都是以红色作为主色，新娘一般都穿红色的礼服。家里到处都贴上红色的喜字，新人身上带着红花，新房里的物品大部分都是红色。

★ 中国人结婚时:

| ★ A 白色是主色 | B 穿红色的衣服 | C 贴上福字 | D 挂红灯笼 |

해석 중국에서 붉은색은 경사와 행운을 나타낸다. 예를 들어 중국의 결혼식은 모두 붉은색을 고유색으로 하고, 신부는 보통 붉은색 예복을 입는다. 집 안 곳곳에 붉은색의 '희(喜)'자를 붙이고, 신랑과 신부는 몸에 붉은 꽃을 지니며, 신방의 물건은 대부분 붉은색이다.

문제 중국인은 결혼할 때 어떤가?

답 A 흰색이 고유색이다   B 붉은 옷을 입는다   C 복(福)자를 붙인다   D 붉은 등을 단다

단어 喜庆 xǐqìng 형 즐겁고 경사스럽다   吉祥 jíxiáng 형 상서롭다, 길하다   婚礼 hūnlǐ 명 결혼식
      主色 zhǔsè 고유색   一般 yìbān 형 일반적이다   礼服 lǐfú 명 예복   到处 dàochù 부 곳곳   贴 tiē 동 붙이다
      挂 guà 동 걸다   红灯笼 hóng dēnglong 홍등

5. 大熊猫身体肥胖，动作缓慢，但是擅长爬树。另外，大熊猫的食量很大，一头成年的大熊猫每天要吃约20千克的竹子。大熊猫的听觉特别好，一听到什么声音，就马上爬到树上，藏起来。

★ 关于熊猫：

A 喜欢爬树　　　B 视觉很好　　　C 又瘦又小　　　D 吃得很少

해석 판다는 뚱뚱하고 동작이 느리지만, 나무를 잘 탄다. 이외에 판다는 식사량이 많아 성년 판다는 하루에 대나무 20킬로그램을 먹어야 한다. 판다의 청각은 특별히 좋아 무슨 소리를 들으면 바로 나무에 올라 숨기 시작한다.

문제 판다에 관해 맞는 것은?

답 A 나무 오르기를 좋아한다　B 시각이 좋다　C 마르고 작다　D 적게 먹는다

단어 肥胖 féipàng ⑱ 비만하다　缓慢 huǎnmàn ⑱ (속도가) 느리다　擅长 shàncháng ⑧ 뛰어나다
爬树 pá shù 나무에 오르다　约 yuē ⑨ 대략　千克 qiānkè ⑱ 킬로그램　竹子 zhúzi ⑲ 대나무
听觉 tīngjué ⑲ 청각　藏 cáng ⑧ 숨다, 숨기다　视觉 shìjué ⑲ 시각

6. 自从和莉莉分手后，他一直心情不好，觉也睡不好，饭也不想吃，总是想着和莉莉在一起的点点滴滴。但是他没有把失恋的痛苦写在脸上，在别人面前，总是一副轻松的表情。

★ 这段话主要谈什么？

A 他睡不着　　　B 他失恋了　　　C 他吃不好　　　D 他很轻松

해석 리리와 헤어진 후, 그는 줄곧 마음이 안 좋고 잠도 잘 못 자고 밥도 먹기 싫으며, 늘 리리와 함께 있었던 소소한 일들을 생각하고 있다. 그러나 그는 실연의 고통을 얼굴에 드러내지 않고, 다른 사람 앞에서는 항상 홀가분한 표정으로 있다.

문제 이 글은 주로 무엇을 말하고 있는가?

답 A 그는 잠을 못 잔다　B 그는 실연했다　C 그는 잘 못 먹는다　D 그는 아주 홀가분하다

단어 点点滴滴 diǎndiān-dīdī 자질구레하다　失恋 shīliàn ⑧ 실연하다　痛苦 tòngkǔ ⑲ 고통
轻松 qīngsōng ⑱ 홀가분하다, 부담이 없다

22강 정답 및 해설

7. 每个孩子的个性不一样，当他们发脾气的时候，每个家长对待孩子的方法可能会不一样，但是最需要的应该是耐心。家长要耐心地观察孩子发脾气的原因，耐心地给予回应，耐心地给予正面的引导。

★ 孩子发脾气的时候家长应该怎么做？

★ A 等孩子不再生气　　B 不会引导孩子　　C 保护孩子的个性　　D 耐心地找出原因

해석 모든 아이들은 개성이 다르고, 그들이 화를 낼 때 부모들마다 아이들을 대하는 방법은 아마 다를 것이다. 그러나 가장 필요한 것은 인내심일 것이다. 부모는 인내심을 갖고 아이가 화내는 원인을 관찰 분석하고 대응해야 하며, 바르게 지도해야 한다.

문제 아이가 화낼 때 부모는 어떻게 해야 하나?

답 A 아이가 화를 다시 안 낼 때까지 기다린다　　B 아이를 지도하지 않을 것이다
C 아이의 개성을 보호한다　　D 인내심을 갖고 원인을 찾아 낸다

단어 个性 gèxìng 명 개성　发脾气 fāpíqi 성질부리다, 화내다　对待 duìdài 통 대하다
耐心 nàixīn 명·형 인내심, 인내심이 있다　给予 jǐyǔ 통 주다　回应 huíyìng 통 응답하다
正面 zhèngmiàn 명 긍정적인 면　引导 yǐndǎo 통 인도하다, 지도하다　保护 bǎohù 통 보호하다

---

8. 刚才班主任给我打电话，他说李老师生病了，所以你们班今天下午的数学课临时改为英语课，时间和地点都不变。班主任让你转告其他同学。

★ 今天下午上什么课？

★ A 地理　　B 数学　　C 英语　　D 历史

해석 방금 담임 선생님께서 나에게 전화하셨는데, 이 선생님이 아프셔서 너희 반 오늘 오후 수학 수업을 임시로 영어 수업으로 변경하고, 시간과 장소는 변함없다고 하셨어. 담임 선생님께서 너더러 다른 친구들에게 전달하래.

문제 오늘 오후 무슨 수업을 하나요?

답 A 지리　　B 수학　　C 영어　　D 역사

단어 临时 línshí 부 임시로, 그때가 되어　转告 zhuǎngào 통 전해 주다

22강 복습하기

비슷한 뜻끼리 연결해 보세요.

1. 节食　　　　　　a. 分手

2. 喜庆　　　　　　b. 不生气

3. 失恋　　　　　　c. 值得喜欢和祝贺

4. 消气　　　　　　d. 少吃东西

5. 点点滴滴　　　　e. 数量非常少

22강 복습 정답
1. 节食 – d. 少吃东西
2. 喜庆 – c. 值得喜欢和祝贺
3. 失恋 – a. 分手
4. 消气 – b. 不生气
5. 点点滴滴 – e. 数量非常少

겸어문

我请你吃饭。

겸어문 한 문장에 두 개의 동사가 있으며, 앞 동사의 목적어가 뒷 동사의 주어를 겸하는 문장

겸어문의 의미에 따른 동사 종류

★ 요청, 명령, 사역의 의미를 나타내는 겸어문의 첫 번째 술어로 자주 쓰이는 동사
  예) 请, 派, 令, 要求, 让, 叫, 使   예) 妈妈叫我打扫房间。

★ 호칭, 인정을 나타내는 겸어문의 첫 번째 술어로 자주 쓰이는 동사
  예) 称, 选, 认   예) 我们选他当我们班的班长。

★ 좋음, 나쁨, 칭찬, 애증을 나타내는 겸어문의 첫 번째 술어로 자주 쓰이는 동사
  예) 喜欢, 表扬, 批评, 讨厌, 原谅   예) 老师批评我没做作业。

겸어문 특징

★ 부사어, 부정부사는 첫 번째 술어 앞에 위치
  예) 爸爸不让我玩儿电脑。

★ 첫 번째 동사 뒤에 조사 '了', '着', '过' 사용 못함
  예) 老板表扬了我们认真工作。(X)

★ 첫 번째 동사는 중첩 불가
  예) 我讨厌讨厌他不听话。(X)

23강

독해3-1 ②
정답 및 해설
복습하기
오늘의 중국어 어법 한마디

UNIT 23강 독해 第三部分

9. 中国的家庭一般是严父慈母，即爸爸比较严肃，妈妈比较慈爱。我家里的情况却与此相反。从小到大，爸爸从来都没有骂过我，更不用说打我。对我的一切要求，爸爸总是没有任何条件地答应。

   ★ 根据这段话可以知道爸爸：

   A 经常骂我　　　B 经常打我　　　C 比较严肃　　　D 比较慈爱

10. 我不玩游戏，不打球，不钓鱼，我的业余爱好就是读书。我认为，读一本好书仿佛与一位智者倾心交谈。我的业余时间，多数是在这样的交谈中度过的。

    ★ "我"的业余时间是怎么度过的？

    A 跟智者交谈　　　B 读书　　　C 玩电脑　　　D 打篮球

11. 字典是一位不会说话，但知识丰富的"老师"。如果你遇到不认识的汉字，可以去找它，它会详细地告诉你。去找"老师"有两条路可以走：一条是跟着拼音走；另一条是跟着部首走。

    ★ 字典有什么特点？

    A 会说话　　　B 没有知识　　　C 有两种检字法　　　D 不详细

12. 成败往往决定于你做出的选择。不少人很难放弃眼前的利益，而忽视了更长远的目标。有的人就能把握好机会，在关键时刻，去听心灵的声音，做出正确的选择。

    ★ 如何做出正确的选择？

    A 忽视长远的目标　　　　　　　B 抓住眼前的利益
    C 去听别人的声音　　　　　　　D 把握好机会

13. 我认为，一个人大学毕业后不必急于找工作，应该去见见世面。比如说，可以去旅游，也可以找一个单位实习。总之，给自己一段时间，让自己好好思考未来的路要怎么走。

    ★ "我"认为大学毕业以后应该：

    A 着急找工作　　B 做井底之蛙　　C 想想自己的未来　　D 考研究生

14. 记忆是大脑的基本功能之一，每个人一生下来就具有记忆的功能。记忆力下降的原因是长期睡眠不足、缺少运动、整天对着电脑、烟酒过量等等。

    ★ 记忆力减退的原因是什么？

    A 经常看电脑　　B 睡眠充足　　C 失去记忆功能　　D 喝咖啡

15. 心理学上有个名词叫"沉锚效应"。意思就是人们在做决定时，思维往往会被得到的第一信息所左右，它就像沉入海底的锚一样，把思维固定在某处。

    ★ "沉锚效应"指什么？

    A 沉入海底的锚　　B 第一信息的重要性　　C 思维不固定　　D 做不了决定

16. 在这个世界上，发现就是成功之门。生活中，有许多细节里隐藏着改变你人生的机会。只要用心去发现，成功就在拐角处等着你。

    ★ 这段话主要讲的是：

    A 成功的大门欢迎你　　　　　　B 什么事都要用心
    C 习惯改变你的人生　　　　　　D 从细节中发现机会

23강 정답 및 해설

9. 中国的家庭一般是严父慈母，即爸爸比较严肃，妈妈比较慈爱。我家里的情况却与此相反。从小到大，爸爸从来都没有骂过我，更不用说打我。对我的一切要求，爸爸总是没有任何条件地答应。

★ 根据这段话可以知道爸爸：

A 经常骂我　　**B** 经常打我　　**C** 比较严肃　　**D** 比较慈爱

해석 중국의 가정은 보통 '엄부자모'인데, 즉 아버지는 비교적 엄하시고 어머니는 비교적 인자하시다. 우리 집의 상황은 오히려 이와 반대이다. 어릴 때부터 클 때까지 아버지는 나를 혼내신 적이 없으며, 체벌은 더 말할 필요도 없다. 나의 모든 요구사항에 대해 아버지는 늘 어떤 조건도 없이 들어주신다.

문제 이 글에 따르면 아버지는 어떤가요?

답 A 자주 나를 혼내신다　 B 자주 나를 때린다　 C 비교적 엄격하다　 **D** 비교적 인자하다

단어 家庭 jiātíng 몡 가정　严父慈母 yán fù cí mǔ 엄부자모　严肃 yánsù 혱 엄숙하다　慈爱 cí'ài 혱 자애롭다
相反 xiāngfǎn 통 반대되다　骂 mà 통 꾸짖다　任何 rènhé 대 어떠한, 무슨　条件 tiáojiàn 몡 조건

10. 我不玩游戏，不打球，不钓鱼，我的业余爱好就是读书。我认为，读一本好书仿佛与一位智者倾心交谈。我的业余时间，多数是在这样的交谈中度过的。

★ "我"的业余时间是怎么度过的？

A 跟智者交谈　　**B** 读书　　**C** 玩电脑　　**D** 打篮球

해석 나는 게임, 농구, 낚시는 하지 않는다. 나의 여가 시간 취미는 바로 독서다. 나는 책 한 권을 읽는 것은 마치 지혜로운 사람과 진심으로 대화하는 것과 같다고 생각한다. 나는 여가 시간을 대부분 이런 이야기를 나누며 보낸다.

문제 '나'는 여가 시간을 어떻게 보내나요?

답 A 지혜로운 자와 이야기한다　 **B** 책을 읽는다　 C 컴퓨터를 한다　 D 농구를 한다

단어 钓鱼 diàoyú 통 낚시하다　业余 yèyú 혱 여가의　仿佛 fǎngfú 튀 마치 ~인 것 같다
智者 zhìzhě 몡 지혜로운 사람　倾心 qīngxīn 통 마음을 다하다　交谈 jiāotán 통 이야기를 나누다
多数 duōshù 몡 다수　度过 dùguò 통 (시간을) 보내다

11. 字典是一位不会说话, 但知识丰富的 "老师"。如果你遇到不认识的汉字, 可以去找它, 它会详细地告诉你。去找 "老师" 有两条路可以走: 一条是跟着拼音走; 另一条是跟着部首走。

★ 字典有什么特点?

A 会说话　　B 没有知识　　C 有两种检字法　　D 不详细

해석　사전은 말은 못하지만 지식이 풍부한 '선생님'이다. 만약 모르는 한자를 보게 되면, 사전을 찾아볼 수 있고 사전은 상세히 당신에게 알려줄 것이다. '선생님'을 찾아가는 길은 두 가지이다. 하나는 병음을 따라가는 것이고, 다른 하나는 부수를 따라가는 것이다.

문제　사전은 무슨 특징이 있나요?

답　A 말할 줄 안다　B 지식이 없다　C 두 가지 검자법이 있다　D 상세하지 않다

단어　字典 zìdiǎn 명 자전　拼音 pīnyīn 명 병음　部首 bùshǒu 명 (한자의) 부수　检字法 jiǎnzìfǎ 명 검자법

12. 成败往往决定于你做出的选择。不少人很难放弃眼前的利益, 而忽视了更长远的目标。有的人就能把握好机会, 在关键时刻, 去听心灵的声音, 做出正确的选择。

★ 如何做出正确的选择?

A 忽视长远的目标　　B 抓住眼前的利益　　C 去听别人的声音　　D 把握好机会

해석　성공과 실패는 대체로 당신의 선택으로 결정된다. 많은 사람들이 눈앞의 이익을 포기하기 어려워 장기적인 목표를 등한시한다. 어떤 사람들은 기회를 잘 잡아 결정적인 때에 마음의 소리를 듣고 정확한 선택을 한다.

문제　어떻게 정확한 선택을 하는가?

답　A 장기적인 목표를 등한시한다　　B 눈앞의 이익을 잡는다
　　C 다른 사람의 말을 듣는다　　D 기회를 잘 잡는다

단어　成败 chéngbài 명 성패　选择 xuǎnzé 명 선택　放弃 fàngqì 동 포기하다　眼前 yǎnqián 명 눈앞
　　利益 lìyì 명 이익　忽视 hūshì 동 소홀히 하다, 경시하다　长远 chángyuǎn 형 길다, 원대하다, 장기적이다
　　把握 bǎwò 동 파악하다　时刻 shíkè 명 시각　心灵 xīnlíng 명 마음, 영혼　抓住 zhuāzhu 붙잡다, 잡다, 틀어쥐다

23강 정답 및 해설

13. 我认为，一个人大学毕业后不必急于找工作，应该去见见世面。比如说，可以去旅游，也可以找一个单位实习。总之，给自己一段时间，让自己好好思考未来的路要怎么走。

★ "我"认为大学毕业以后应该：

★ A 着急找工作　B 做井底之蛙　**C 想想自己的未来**　D 考研究生

해석　나는 대학 졸업 후에 급하게 일을 찾지 말고 견문을 넓혀야 한다고 생각한다. 예를 들어 여행을 가거나, 어느 기관에 가서 실습을 해 볼 수도 있다. 아무튼 자신에게 시간을 주어 미래의 길을 어떻게 가야할지 잘 생각해 봐야 한다.

문제　나는 대학 졸업 이후에 어떻게 해야 한다고 생각하는가?

답　A 서둘러 일을 찾아야 한다　　B 우물 안 개구리가 되어야 한다
　　C 자신의 미래를 생각해 본다　D 대학원 시험을 본다

단어　急于 jíyú 통 서둘러 ~하려 하다　世面 shìmiàn 명 견문, 세상 물정　单位 dānwèi 명 회사　实习 shíxí 통 실습하다
　　思考 sīkǎo 통 사고하다　井底之蛙 jǐngdǐzhīwā 성 우물 안 개구리, 견문이 좁고 세상 물정에 어두운 사람

14. 记忆是大脑的基本功能之一，每个人一生下来就具有记忆的功能。记忆力下降的原因是长期睡眠不足、缺少运动，整天对着电脑，烟酒过量等等。

★ 记忆力减退的原因是什么?

★ **A 经常看电脑**　B 睡眠充足　C 失去记忆功能　D 喝咖啡

해석　기억은 대뇌의 기본 기능의 하나로 모든 사람들은 태어나자마자 기억의 기능을 갖게 된다. 기억력 감퇴의 원인은 장기간 수면 부족, 운동 부족, 종일 컴퓨터를 마주하거나 과도한 술, 담배 등이다.

문제　기억력 감퇴의 원인은 무엇인가?

답　**A 자주 컴퓨터를 본다**　　　　B 수면이 충족하다
　　C 기억 기능을 잃어버리다　　　D 커피를 마신다

단어　记忆 jìyì 명 기억　功能 gōngnéng 명 기능　具有 jùyǒu 통 가지다　下降 xiàjiàng 통 떨어지다
　　睡眠 shuìmián 명 수면　整天 zhěngtiān 명 하루 종일

15.
心理学上有个名词叫"沉锚效应"。意思就是人们在做决定时,思维往往会被得到的第一信息所左右,它就像沉入海底的锚一样,把思维固定在某处。

★ "沉锚效应"指什么?

A 沉入海底的锚　　B 第一信息的重要性　　C 思维不固定　　D 做不了决定

해석　심리학에 '앵커링(닻내림) 효과'란 명사가 있다. 그 뜻은 바로 사람들은 어떤 일을 결정할 때 첫 번째로 얻은 정보에 의해 생각이 좌우된다는 것으로, 해저에 깊이 들어가는 닻처럼 생각을 어딘가에 고정시킨다는 것이다.

문제　'앵커링(닻내림) 효과'는 무엇을 말하는가?

답　A 해저에 들어가는 닻　　　　B 첫 번째 정보의 중요성
　　C 생각이 정해져 있지 않다　　D 결정을 내릴 수 없다

단어　心理学 xīnlǐxué 명 심리학　沉 chén 동 빠지다, 잠기다　锚 máo 명 닻　效应 xiàoyìng 명 효과
　　思维 sīwéi 명 사유　左右 zuǒyòu 동 좌지우지하다　海底 hǎidǐ 명 해저　固定 gùdìng 동 고정하다

16.
在这个世界上,发现就是成功之门。生活中,有许多细节里隐藏着改变你人生的机会。只要用心去发现,成功就在拐角处等着你。

★ 这段话主要讲的是:

A 成功的大门欢迎你　　　　B 什么事都要用心
C 习惯改变你的人生　　　　D 从细节中发现机会

해석　이 세상에서 발견이란 곧 성공의 문이다. 생활 속의 많은 사소한 부분에 당신의 인생을 변화시킬 기회가 숨어 있다. 주의를 기울여 발견하기만 하면 성공은 바로 모퉁이에서 당신을 기다리고 있다.

문제　이 글이 주로 이야기하는 것은 무엇인가?

답　A 성공의 큰 문이 당신을 환영한다　　B 무슨 일이든 주의를 기울여야 한다
　　C 습관이 당신의 인생을 바꾼다　　　D 사소한 것에서 기회를 발견한다

단어　细节 xìjié 명 사소한 부분　隐藏 yǐncáng 동 숨기다　改变 gǎibiàn 동 바꾸다　机会 jīhuì 명 기회
　　拐角处 guǎijiǎochù 모퉁이

23강 복습하기

비슷한 뜻끼리 연결해 보세요.

1. 隐藏　　　　　　　　a. 严格的爸爸

2. 倾听　　　　　　　　b. 好像

3. 严父　　　　　　　　c. 注意听

4. 仿佛　　　　　　　　d. 不让别人看

5. 细节　　　　　　　　e. 起关键作用的小事

23강 복습 정답
1. 隐藏 – d. 不让别人看
2. 倾听 – c. 注意听
3. 严父 – a. 严格的爸爸
4. 仿佛 – b. 好像
5. 细节 – e. 起关键作用的小事

오늘의 중국어 어법 한마디

비교문

我比他高多了。

비교문 사람이나 사물을 서로 비교하는 문장이다.

比자 비교문

★ 긍정형 : A+比+B+술어 A는 B보다 ~하다

- 예) 我比他高。   나는 그보다 크다.
- 예) 我比他高一点儿(一些)。 나는 그보다 약간 크다.
- 예) 我比他更高。   나는 그보다 더 크다.
- 예) 我比他高3公分。   나는 그보다 3㎝ 크다.
- 예) 我比他高多了(得多)。 나는 그보다 훨씬 크다.

★ 부정형 : A+不+比+B+술어 A는 B만큼 ~하지 않다
- 예) 我不比他高。 나는 그만큼 크지 않다(그와 비슷하거나 작다는 의미).

★ 주의 사항 : 술어 앞에 '很, 非常, 十分, 特别, 比较' 등의 정도부사를 사용할 수 없음
- 예) 我比他非常高。(X)

有자 비교문

★ 긍정형 : A+有+B+(这么/那么)+술어 A는 B만큼 ~하다

예) 我有他那么高。 나는 그만큼 크다.

★ 부정형 : A+没有+B+(这么/那么)+술어 A는 B만큼 ~하지 않다

예) 我没有他那么高。 나는 그만큼 크지 않다(그보다 작다).

기타 비교문

★ A+跟+B+一样/不一样+술어 A는 B와 똑같이 ~하다/~하지 않다

예) 我跟他一样高。 나는 그와 똑같이 크다.
  我的个子跟他不一样高。 나의 키는 그와 똑같이 크지 않다.

★ A+不如+B+(这么/那么+술어) A는 B만 못하다

예) 这件衣服不如那件衣服(那么好看)。 이 옷은 저 옷만(저렇게 예쁘지) 못하다.

24강

독해3-1 ③
정답 및 해설
복습하기
오늘의 중국어 어법 한마디

UNIT 24강 독해 第三部分

17. 爸爸心情好的时候，喜欢讲故事。听众不用多，只要认真听，并且随着故事的情节做出一些反应，他就会越讲越卖力，甚至还会表演起来。

    ★ 爸爸讲故事的时候：

    A 听众不用多　　B 心情不太好　　C 不需要认真听　　D 故事内容复杂

18. 从前，有个农场主人，常常叫他的儿子到农场工作。朋友对他说："你为什么让孩子这么辛苦呢？即使他不来，农作物也会长得很好的。"农场主人回答说："我不是在培养农作物，而是在培养我的儿子。"

    ★ 农场主人为什么让儿子到农场工作？

    A 农场的工作很多　　　　　　B 主人一个人很辛苦
    C 农作物长得不好　　　　　　D 为了培养儿子

19. 对于幸福每个人的感受都不一样。对于父母来说，孩子健康可爱就是幸福；对于老人来说，拥有年轻的心态就是幸福；对于教师来说，桃李满天下就是幸福。

    ★ 对于教师来说，什么是幸福？

    A 满院子都是桃子　　B 学生很多　　C 拥有年轻的心态　　D 健康可爱

20. 科学家研究发现：智商(IQ)的高低除了能决定人的学习和接受能力以外，还可以决定人的寿命。当然，这里有一个限制条件，就是非自然死亡者除外。

    ★ 研究智商(IQ)与寿命的关系时，不包括什么条件？

    A 学习能力　　B 接受能力　　C 判断能力　　D 非自然死亡

21. 人工智能的发展将会为人类带来巨大的变化。也许在未来，所有简单重复的脑力劳动，都会被人工智能代替。

　　★ 人工智能将会代替：

　　A 简单的脑力劳动　　B 机器人　　C 人的大脑　　D 电脑

22. 睡眠不足是指没有达到正常的睡觉时间。长期睡眠不足会给身心带来很多伤害：思考能力，判断力和免疫力都会下降。

　　★ 根据这段话可知，长期睡眠不足：

　　A 不能正常睡觉　　B 不能正常判断　　C 提高免疫力　　D 提高思考能力

23. 近日，科学家在一项最新研究中发现，植物之间其实和人类一样，也能相互"交谈"，当遇到危险时，它们之间甚至还能发出警告。

　　★ 植物之间：

　　A 可以打电话　　B 可以发出信息　　C 可以见面聊天　　D 没有交流

24. 研究发现：人在饮酒后开车的应急反应时间是未饮酒时的2-3倍。反应时间是指司机从看到意外情况到踩刹车需要的这段时间。

　　★ 根据这段话可知：

　　A 酒后开车反应时间短　　　　B 酒后开车反应时间长
　　C 人不可以喝酒　　　　　　　D 不会发生意外情况

24강 정답 및 해설

17. 爸爸心情好的时候，喜欢讲故事。听众不用多，只要认真听，并且随着故事的情节做出一些反应，他就会越讲越卖力，甚至还会表演起来。

★ 爸爸讲故事的时候：

| ★ A 听众不用多 | B 心情不太好 | C 不需要认真听 | D 故事内容复杂 |

해석 아버지는 기분이 좋을 때 이야기하시는 걸 좋아한다. 청중은 많을 필요가 없으며, 열심히 잘 듣고 이야기의 흐름에 따라 반응만 하면, 갈수록 더 온 힘을 다해 이야기하시고 심지어 연기까지 하신다.

문제 아버지는 이야기하실 때 어떤가?

답 A 청중이 많을 필요가 없다   B 기분이 별로 안 좋다
C 열심히 들을 필요가 없다   D 이야기 내용이 복잡하다

단어 讲故事 jiǎnggùshi 이야기하다   听众 tīngzhòng 몡 청중   不用 búyòng 튀 ~할 필요가 없다
情节 qíngjié 몡 줄거리   反应 fǎnyìng 몡 반응   卖力 màilì 전심전력하다   复杂 fùzá 혱 복잡하다

18. 从前，有个农场主人，常常叫他的儿子到农场工作。朋友对他说："你为什么让孩子这么辛苦呢？即使他不来，农作物也会长得很好的。"农场主人回答说："我不是在培养农作物，而是在培养我的儿子。"

★ 农场主人为什么让儿子到农场工作？

| ★ A 农场的工作很多 | B 主人一个人很辛苦 | C 农作物长得不好 | D 为了培养儿子 |

해석 예전에 한 농장 주인이 그의 아들을 자주 농장에 가서 일하게 했다. 친구가 그에게 "너는 왜 아이를 이렇게 힘들게 하니? 걔가 오지 않아도 농작물은 잘 자랄 거야."라고 말하자, 그는 "나는 농작물을 기르는 것이 아니라 내 아들을 기르는 거야."라고 대답했다.

문제 농장 주인은 왜 아들을 농장에 가서 일하게 하는가?

답 A 농장의 일이 많아서   B 주인 혼자서는 힘들어서
C 농작물이 잘 자라지 않아서   D 아들을 기르기 위해

단어 农场 nóngchǎng 몡 농장   辛苦 xīnkǔ 혱 고생스럽다   培养 péiyǎng 동 양성하다, 기르다
农作物 nóngzuòwù 몡 농작물

19. 对于幸福每个人的感受都不一样。对于父母来说，孩子健康可爱就是幸福；对于老人来说，拥有年轻的心态就是幸福；对于教师来说，桃李满天下就是幸福。

★ 对于教师来说，什么是幸福？

A 满院子都是桃子   B 学生很多   C 拥有年轻的心态   D 健康可爱

해석 행복에 대해 사람들마다 느끼는 바가 다르다. 부모에게는 아이가 건강하고 귀여우면 그것이 바로 행복이다. 노인에게 있어서는 젊은 마음가짐을 가진 것이 행복이며, 교사에게 있어 제자가 많은 것이 바로 행복이다.
문제 교사에게는 무엇이 행복인가?
답 A 뜰에 복숭아가 가득하다   B 학생이 많다   C 젊은 마음가짐을 가진다   D 건강하고 귀엽다
단어 对于 duìyú 〈개〉 ~에 대해 幸福 xìngfú 〈명〉 행복 感受 gǎnshòu 〈명〉 느낌 拥有 yōngyǒu 〈동〉 가지다
年轻 niánqīng 〈형〉 젊다 心态 xīntài 〈명〉 심리 상태 教室 jiàoshì 〈명〉 교실
桃李满天下 táo lǐ mǎn tiānxià 〈성〉 제자들이 천하에 가득하다

20. 科学家研究发现：智商(IQ)的高低除了能决定人的学习和接受能力以外，还可以决定人的寿命。当然，这里有一个限制条件，就是非自然死亡者除外。

★ 研究智商(IQ)与寿命的关系时，不包括什么条件？

A 学习能力   B 接受能力   C 判断能力   D 非自然死亡

해석 과학자들이 연구한 결과 'IQ의 높고 낮음은 사람의 학습과 흡수 능력을 결정하는 것 외에 사람의 수명까지 결정할 수 있다'는 것을 발견하였다. 물론 여기에는 제약 조건이 있는데, 바로 비자연 사망자는 제외라는 것이다.
문제 IQ와 수명의 관계를 연구할 때, 무슨 조건이 포함되지 않는가?
답 A 학습력   B 흡수력   C 판단력   D 비자연 사망
단어 研究 yánjiū 〈동〉 연구하다 智商 zhìshāng 〈명〉 지능 지수 以外 yǐwài 〈명〉 이외 寿命 shòumìng 〈명〉 수명
当然 dāngrán 〈부〉 물론 限制 xiànzhì 〈동〉 제한하다 非自然 fēi zìrán 비자연 死亡 sǐwáng 〈동〉 사망하다

24강 정답 및 해설

21. 人工智能的发展将会为人类带来巨大的变化。也许在未来，所有简单重复的脑力劳动，都会被人工智能代替。

★ 人工智能将会代替：

| A 简单的脑力劳动 | B 机器人 | C 人的大脑 | D 电脑 |

해석 인공지능의 발전은 인류에게 큰 변화를 가져다줄 것이다. 아마도 미래에는 단순하고 반복적인 정신노동이 모두 인공지능에 의해 대체될 것이다.

문제 인공지능은 장차 무엇을 대체할 것인가?

답 A 단순한 정신노동　B 로봇　C 사람의 대뇌　D 컴퓨터

단어 人工智能 réngōng zhìnéng 몡 인공지능　巨大 jùdà 혱 거대하다　重复 chóngfù 동 반복하다
脑力劳动 nǎolì láodòng 정신노동　代替 dàitì 동 대체하다, 대신하다　机器人 jīqìrén 몡 로봇

22. 睡眠不足是指没有达到正常的睡觉时间。长期睡眠不足会给身心带来很多伤害: 思考能力、判断力和免疫力都会下降。

★ 根据这段话可知，长期睡眠不足：

| A 不能正常睡觉　B 不能正常判断　C 提高免疫力　D 提高思考能力 |

해석 수면 부족은 정상적인 수면 시간에 이르지 못함을 말한다. 장기간의 수면 부족은 심신을 상하게 하고, 사고력, 판단력과 면역력을 모두 저하시킨다.

문제 이 글에서 알 수 있듯이 장기간 수면이 부족하게 된다면?

답　A 정상적으로 수면을 취할 수 없다　　B 정상적으로 판단할 수 없다
　　　C 면역력을 높인다　　　　　　　　　D 사고능력을 높인다

단어 达到 dádào 동 이르다　正常 zhèngcháng 혱 정상적이다　长期 chángqī 혱 장기적이다
身心 shēnxīn 몡 몸과 마음　判断力 pànduànlì 몡 판단력　免疫力 miǎnyìlì 몡 면역력

23. 近日,科学家在一项最新研究中发现,植物之间其实和人类一样,也能相互"交谈",当遇到危险时,它们之间甚至还能发出警告。

★ 植物之间:

A 可以打电话　　B 可以发出信息　　C 可以见面聊天　　D 没有交流

해석　근래 과학자들은 최신 한 연구에서 '식물 간에 사실은 인류와 마찬가지로 서로 대화를 나눌 수 있으며, 위기에 맞닥뜨렸을 때 심지어 서로 경고까지 할 수 있다'는 것을 발견했다.
문제　식물 간에?
답　　A 전화할 수 있다　B 정보를 보낼 수 있다　C 만나서 이야기할 수 있다　D 교류가 없다
단어　危险 wēixiǎn 형 위험하다　警告 jǐnggào 명 경고　互相 hùxiāng 부 서로　聊天 liáotiān 동 잡담하다

24. 研究发现:人在饮酒后开车的应急反应时间是未饮酒时的2-3倍。反应时间是指司机从看到意外情况到踩刹车需要的这段时间。

★ 根据这段话可知:

A 酒后开车反应时间短　　　　　B 酒后开车反应时间长
C 人不可以喝酒　　　　　　　　D 不会发生意外情况

해석　연구 결과 사람이 음주 후 운전 시 응급 상황의 반응 시간은 음주 전의 두세 배임을 발견했다. 반응 시간은 운전자가 돌발 상황을 보고 브레이크를 밟을 때까지 걸리는 시간을 말한다.
문제　이 글에서 알 수 있는 것은?
답　　A 음주 후 운전 시 반응 시간이 짧다　　B 음주 후 운전 시 반응 시간이 길다
　　　C 사람은 음주하면 안 된다　　　　　　　D 돌발 상황이 발생하지 않을 것이다
단어　应急 yìngjí 동 긴급 상황에 대처하다　意外 yìwài 형 의외의, 뜻밖의　踩刹车 cǎi shāchē 브레이크를 밟다
　　　发生 fāshēng 동 일어나다

24강 복습하기

비슷한 뜻끼리 연결해 보세요.

1. 拥有

2. 桃李满天下

3. 取代

4. 睡眠不足

5. 意外

a. 学生很多

b. 代替

c. 想不到

d. 得到某种东西

e. 没有达到正常的睡觉时间

24강 복습 정답

1. 拥有 – d. 得到某种东西
2. 桃李满天下 – a. 学生很多
3. 取代 – b. 代替
4. 睡眠不足 – e. 没有达到正常的睡觉时间
5. 意外 – c. 想不到

오늘의 중국어 어법 한마디

把자문

我把这本书看完了。

把자문 목적어를 술어 앞으로 도치시켜 목적어의 변화, 영향 등 처리 결과를 강조하는 문장이다.

把자문 특징

★ 把자문의 목적어는 특정적이어야 함
- 예) 我把<u>一本书</u>看完了。(X)
- 예) 我把<u>这本书</u>看完了。(O)

★ 把자문의 동사 뒤에는 처리 결과를 나타내는 기타 성분이 와야 함
- 예) 我把这本书借<u>给他</u>了。
- 예) 我把这本书看<u>完</u>了。
- 예) 我把这本书看<u>了一遍</u>。

★ 조동사, 부정부사, 시간명사는 '把'자 앞에 위치함
- 예) <u>今天我没能</u>把这本书看完。

★ 지각, 심리 활동 동사는 쓸 수 없음
 이런 유형의 동사로 '知道/认识/看见/听见' 등이 있음
- 예) 我把这个<u>知道</u>了。(X)

MEMO

子曰: "知之者不如好之者, 好之者不如乐之者。" -《论语·雍也篇》
공자께서 말씀하셨다. "아는 자는 좋아하는 자를 이기지 못하고, 좋아하는 자는 즐기는 자를 이기지 못한다." -『논어·옹야편』

25강

듣기3-2 공략
듣기3-2 ①
정답 및 해설
복습하기
오늘의 중국어 어법 한마디

듣기 3-2 공략

1 듣기 3-2부분 시험 유형

- 총 10문항으로, 긴 지문을 듣고 질문에 알맞은 답을 고르는 문제다.
- 총 5개의 지문으로, 매 지문마다 두 개의 질문이 제시된다.
- 지문의 길이는 약 60~110자, 시간은 약 25~35초 정도 된다.
- 매 지문의 녹음은 한 번만 들려준다.
- 문제지에는 4개의 선택 항목만 제시된다.

2 듣기 3-2부분 시험 문제 맛보기

第1到2题是根据下面一段话:

老李在天坛公园演出已经三年了，观众都愿意上这儿来，有人喜欢听他唱，有人喜欢看他跳，他幽默的性格也给大家带来了无限的快乐，大家都尊敬地叫他"李老师"。因为演出，老李还交了很多外国朋友。

1. 大家叫老李什么?
2. 老李来天坛公园干什么?

1. A 李先生　　B 李老师　　C 演员　　D 歌手
2. A 演出　　　B 锻炼身体　C 打太极拳　D 交

3 듣기 3-2부분 시험 공략법

- 먼저 제시된 두 질문의 8개 선택 항목을 빠르게 읽고 지문의 유형, 주제 및 관련 질문을 미리 추측한다.
- 지문의 주제는 크게 이야기, 설명문, 논설문 그리고 각종 연설, 공고, 방송, 인터뷰 등으로 분류할 수 있다.
- 시간, 장소, 주제, 행동, 관계, 원인, 평가, 태도, 의미 파악 등에 관련된 다양한 질문이 출제된다.
- 녹음을 들으면서 중요한 내용은 메모해야 한다. 선택 항목이 녹음 지문에 그대로 들리는 경우가 자주 있으므로 메모를 하면서 듣는 것이 좋다.

4 누들 수강 안내 및 학습법

- 진단평가에서 문제를 먼저 풀어 본다.
- 본 강의를 듣는다.
- 본 강의에 나온 단어를 복습 정리한다.
- 복습 파트를 통해 강의의 핵심 문장을 다시 한 번 들어보고, 관련된 중요 어휘를 받아쓰기한다.
- 「오늘의 중국어 어법 한마디」를 통해 HSK4급에 필요한 중국어 어법 지식을 쌓는다.

5 연설, 공고, 방송·인터뷰 관련 상용어휘

유형	어휘	
연설	成绩 chéngjì 몡 성적 激动 jīdòng 휑 감격하다, 흥분하다 辛苦 xīnkǔ 휑 고생스럽다 获得 huòdé 툉 획득하다 表示 biǎoshì 툉 나타내다 努力 nǔlì 툉 노력하다 值得 zhídé 툉 ~할 가치가 있다 表扬 biǎoyáng 툉 칭찬하다	代表 dàibiǎo 툉 대표하다 感谢 gǎnxiè 툉 고맙다, 감사하다 祝贺 zhùhè 툉 축하하다 鼓励 gǔlì 툉 격려하다 积累 jīlěi 툉 누적되다 坚持 jiānchí 툉 견지하다 完成 wánchéng 툉 완성하다 肯定 kěndìng 툉 인정하다
공고	通知 tōngzhī 툉 통지하다 使用 shǐyòng 툉 사용하다 禁止 jìnzhǐ 툉 금지하다 停止 tíngzhǐ 툉 멈추다 考虑 kǎolǜ 툉 고려하다, 생각하다 乘坐 chéngzuò 툉 타다 负责 fùzé 툉 책임지다 提醒 tíxǐng 툉 주의를 환기시키다	集合 jíhé 툉 집합하다 提前 tíqián 툉 앞당기다 及时 jíshí 튀 즉시, 곧바로 至少 zhìshǎo 튀 적어도, 최소한 必须 bìxū 튀 반드시 ~해야 한다 否则 fǒuzé 젭 만약 그렇지 않으면 关于 guānyú 꺠 ~에 관하여 按照 ànzhào 꺠 ~에 따라
방송 인터뷰	观众 guānzhòng 몡 관중 节目 jiémù 몡 프로그램 自然 zìrán 몡 자연 动物 dòngwù 몡 동물 看法 kànfǎ 몡 견해 知识 zhīshi 몡 지식	广播 guǎngbō 툉 방송하다 受到欢迎 shòudào huānyíng 환영을 받다 介绍 jièshào 툉 소개하다 邀请 yāoqǐng 툉 초대하다 精彩 jīngcǎi 휑 뛰어나다, 훌륭하다 准时 zhǔnshí 튀 제때에

UNIT 25강 듣기 第三部分 (二)

1. A 吃快餐
   B 吃糖
   C 吃火锅
   D 喝可乐

2. A 火锅很流行
   B 快餐店很流行
   C 肥胖与火锅
   D 甜食与健康

3. A 1960-1969年间出生的人
   B 1970-1979年间出生的人
   C 1980-1989年间出生的人
   D 1990-1999年间出生的人

4. A 平时乱花钱
   B 买房子借了很多钱
   C 结婚花了很多钱
   D 租房子很贵

5. A 春节当天晚上
   B 春节前一天晚上
   C 大年初一晚上
   D 正月十五

6. A "夕"是一种怪兽
   B "夕"害怕红色
   C "夕"喜欢鞭炮声
   D 贴红春联是为了赶走"夕"

25강 정답 및 해설

1-2. 第1到2题是根据下面一段话：

麻辣火锅前两年在国内十分流行，经常能看到人们在火锅店的门口排起长队。有专家说，让中国人变胖的罪魁祸首并不是快餐食品，也不是甜食，而很有可能是火锅。

★ 1. 让中国人变胖的最重要的原因是什么？
　　A 吃快餐　　B 吃糖　　C 吃火锅　　D 喝可乐
★ 2. 这段话主要谈什么？
　　A 火锅很流行　　B 快餐店很流行　　C 肥胖与火锅　　D 甜食与健康

해석　마라훠궈가 최근 몇 년 사이 국내에서 매우 유행하여 사람들이 훠궈 가게 입구에 길게 줄을 선 모습을 자주 볼 수 있다. 전문가는 중국인이 뚱뚱해지는 가장 큰 주범은 패스트푸드도 아니고 단음식도 아니며, 훠궈일 가능성이 크다고 말한다.

문제　1. 중국인을 뚱뚱하게 만드는 가장 중요한 원인은 무엇인가?
　　　　 2. 이 글은 주로 무엇을 말하는가?

답　1. A 패스트푸드를 먹는다　　B 사탕을 먹는다　　C 훠궈를 먹는다　　D 콜라를 마신다
　　　2. A 훠궈가 유행한다　　B 패스트푸드점이 유행한다　　C 비만과 훠궈　　D 단 음식과 건강

3-4. 第3到4题是根据下面一段话：

"80后"一般指的是1980年至1989年间出生的人。如今大部分"80后"都到了该结婚的年纪，很多人因为买房花了太多的钱，而且每个月工资的一半都拿来还钱，所以他们看上去不像是房子的主人，更像是房子的"奴隶"。

★ 3. "80后"是指什么？
　　A 1960–1969年间出生的人　　B 1970–1979年间出生的人
　　C 1980–1989年间出生的人　　D 1990–1999年间出生的人
★ 4. 为什么说"80后"不像房子的主人？
　　A 平时乱花钱　　B 买房子借了很多钱　　C 结婚花了很多钱　　D 租房子很贵

해석　'80후'는 보통 1980년에서 1989년 사이에 출생한 사람을 가리킨다. 최근 대부분의 '80후'들은 결혼할 나이가 되어 집을 사려고 많은 돈을 썼으며, 게다가 매달 월급의 절반을 모두 돈을 갚는 데 쓴다. 그래서 그들은 보기에 집 주인 같이 보이지 않고 집의 '노예'처럼 보인다.

문제　1. '80후'가 가리키는 것은？
　　　　 2. 왜 '80후'를 집주인 같아 보이지 않는다고 말하는가？

답　1. A 1960-1969년 사이에 출생한 사람　　B 1970-1979년 사이에 출생한 사람
　　　　 C 1980-1989년 사이에 출생한 사람　　D 1990-1999년 사이에 출생한 사람
　　　2. A 평소에 돈을 막 쓴다　　B 집 사는 데 돈을 많이 빌렸다
　　　　 C 결혼에 돈을 많이 썼다　　D 집을 임대 하는 것이 아주 비싸다

25강 정답 및 해설

5-6. 第5到6题是根据下面一段话:

除夕是春节的前夜, 又叫"年三十"。相传, 古时候有个凶恶的怪兽叫"夕", 每到岁末就出来害人, 后来人们知道"夕"最怕红色和声响, 于是年三十晚上, 家家户户贴上红春联, 放鞭炮来驱除"夕"兽, 以求新的一年安宁。这种习俗从此流传下来, 年三十晚上便称为"除夕"了。

★ 5. 除夕是什么时候?
　　A 春节当天晚上　　B 春节前一天晚上　　C 大年初一晚上　　D 正月十五
★ 6. 关于除夕下列哪项不正确?
　　A "夕"是一种怪兽　　B "夕"害怕红色　　C "夕"喜欢鞭炮声　　D 贴红春联是为了赶走"夕"

해석 섣달그믐은 설날의 전날 밤으로 '연삼십(年三十)'이라고도 한다. 예전에 흉악한 괴물을 '석'이라고 불렀는데 매년 연말마다 나타나 사람을 해쳐서, 이후 사람들은 '석'이 제일 무서워하는 것이 붉은 색과 소리라는 것을 알고 섣달그믐 저녁이 되면 집집마다 붉은 춘련을 붙이고 폭죽을 터뜨려 '석' 괴물을 물리쳐 새해의 안녕을 기원했다고 전해진다. 이 풍속은 그때부터 전해져 내려왔으며, 연삼십 저녁을 '제석'이라고 부르게 되었다.

문제 5. 섣달그믐은 언제인가?
　　　6. 섣달그믐에 대해 올바르지 않은 것은?

답 1. A 설날 당일 저녁　　B 설날 전날 밤　　C 새해 초하루 저녁　　D 정월 보름
　　2. A '석'은 일종의 괴물이다　　B '석'은 붉은 색을 두려워한다
　　　 C '석'은 폭죽 소리를 좋아한다　　D 붉은 춘련을 붙이는 것은 '석'을 쫓기 위해서다

25강 복습하기

🎧 녹음을 듣고 다음 문장의 빈칸을 채워 보세요.

1. 麻辣火锅前两年在国内(　　　)流行,(　　　)看到人们在火锅店排起长队。

2. (　　　)买房花了太多的钱,而且每个月工资的(　　　)都拿来还钱。

3. 他们(　　　)不像是房子的主人,(　　　)是房子的"奴隶"。

4. (　　　)是春节的前夜,又叫(　　　)。

5. 家家户户(　　　)红春联,(　　　)来驱除"夕"兽。

25강 복습 정답
1. 十分, 经常
2. 因为, 一半
3. 看上去, 更像
4. 除夕, "年三十"
5. 贴上, 放鞭炮

被자문

> 我被妈妈骂了一顿。

被자문 주어가 '被'뒤의 행위자에 의해 어떤 일을 당한다는 피동의 의미를 나타낸다.

被자문 특징

★ 被자문의 주어와 목적어(행위자)는 청자와 화자가 모두 아는 확정적인 것
- 예) 我的自行车被他骑走了。(O)   一个东西被他拿走了。(X)
- 예) 弟弟被他打了。(O)   我被一个人打了。(X)

★ 被자문의 술어 동사 뒤에는 결과를 나타내는 기타 성분이 오거나 '被'자 앞에 부사어가 와야 함
- 예) 我的杯子被他打<u>碎</u>了。
- 예) 我的同事<u>可能会</u>被老板炒鱿鱼。

＊ 기타 성분 중 가능보어, 동태조사 '着', 동사중첩형식은 被자문의 술어로 쓸 수 없음
- 예) 我被他打着。(X)   我被他打一打。(X)

★ 조동사, 부정부사, 시간명사는 '被'자 앞에 위치함
- 예) 我们<u>不能</u>被敌人打败。
- 예) <u>今天</u>我<u>没</u>被老师批评。

★ 지각, 심리 활동 동사를 쓸 수 있는데, 그 예로 '知道/看见/听见' 등이 있음
- 예) 这个秘密被他<u>听见</u>了。

★ 술어 동사 앞에 '给'자가 와서 강조의 역할을 하기도 함
- 예) 我被领导<u>给</u>批评了。

26강

듣기3-2 ②
정답 및 해설
복습하기
오늘의 중국어 어법 한마디

UNIT 26강 듣기 第三部分 (二)

7. A 可爱
   B 聪明
   C 善良
   D 懒

8. A 很多方面比狗聪明
   B 受训时间比狗长
   C 可以开车
   D 可以说话

9. A 自己
   B 朋友
   C 同事
   D 恋人

10. A 说实话
    B 狡猾
    C 快乐
    D 难受

11. A 需要安静
    B 需要保密
    C 需要自己的空间
    D 需要别人的理解

12. A 心里放心
    B 想不起来
    C 密码位数太长
    D 不怕丢

13. A 公司
    B 家里
    C 快餐店
    D 早市

14. A 不做早餐
    B 送女儿上学
    C 6点起床
    D 每天去买早餐

26강 정답 및 해설

7-8. 第7到8题是根据下面一段话：

猪是一种温顺、聪明的动物。在很多方面，狗还不如猪聪明。猪经过训练后，不但能像狗一样掌握各种技巧动作，而且猪的受训时间比狗要短。经过专门训练的猪，有的会跳舞、游泳；有的会直立推小车。

★ 7. 根据这段话，可以知道猪有哪些特点？
　　A 可爱　　B 聪明　　C 善良　　D 懒
★ 8. 根据这段话，可以知道经过训练的猪怎么样？
　　A 很多方面比狗聪明　　B 受训时间比狗长　　C 可以开车　　D 可以说话

해석　돼지는 온순하고 똑똑한 동물이다. 많은 부분에서 개는 돼지만 똑똑하지 못하다. 돼지는 훈련을 거친 후 개처럼 각종 기교나 동작도 할 줄 알뿐만 아니라 돼지의 훈련 시간은 개보다 짧다. 전문적인 훈련을 거친 돼지 중 어떤 돼지는 춤을 추고 헤엄칠 줄 알며, 어떤 돼지는 곧게 서서 작은 수레를 밀 줄 안다.

문제　7. 이 글에 따르면 돼지는 어떤 특징이 있음을 알 수 있나요？
　　　8. 이 글에 따르면 훈련을 거친 돼지는 어떠하다는 것을 알 수 있나요？

답　7. A 귀엽다　B 똑똑하다　C 선량하다　D 게으르다
　　8. A 많은 부분에서 개보다 똑똑하다　B 훈련 시간이 개보다 길다
　　　 C 운전할 수 있다　　　　　　　　D 말할 수 있다

9-10. 第9到10题是根据下面一段话：

了解自己的人就是朋友，所以汉语中"知己"的意思也就是朋友。我们都希望跟诚实的人交朋友，跟这样的人在一起我们觉得快乐，觉得安心；跟那些狡猾的人在一起我们会觉得难受，觉得不放心。

★ 9. "知己"是什么？
　　A 自己　　B 朋友　　C 同事　　D 恋人
★ 10. 人们希望跟什么样的人交朋友？
　　A 说实话　　B 狡猾　　C 快乐　　D 难受

해석　자신을 알아주는 사람이 바로 친구이다. 그래서 중국어에서 '지기'의 뜻은 바로 친구이다. 우리는 모두 성실한 사람과 친구 맺기를 바라며 이런 사람과 함께 있으면 우리는 즐겁고 안심된다고 느낀다. 교활한 사람과 함께 있으면 우리는 괴롭고 불안하다고 느낀다.

문제　9. '지기'는 무엇인가？
　　　10. 사람들은 어떤 사람과 친구하기를 바라는가？

답　9. A 자기　B 친구　C 동료　D 연인
　　10. A 솔직하게 말한다　B 교활하다　C 즐겁다　D 괴롭다

26강 정답 및 해설

11-12. 第11到12题是根据下面一段话:

在现代生活里，人们需要一些个人空间，或想留住一些东西。于是密码就大受人们的追捧。比如存折、电子邮件、银行卡、电话卡等都需要密码。有了这些密码后心里很放心，不过缺点就是密码太多，有时自己也记不过来。

★ 11. 人们为什么需要密码?
 A 需要安静　　B 需要保密　　C 需要自己的空间　　D 需要别人的理解
★ 12. 有了密码后的缺点是什么?
 A 心里放心　　B 想不起来　　C 密码位数太长　　D 不怕丢

해석 현대 생활에서 사람들은 개인적인 공간들이 필요하거나 혹은 물건들을 남기고 싶어 한다. 그래서 비밀번호는 사람들의 사랑을 받고 있다. 예를 들어, 통장, 이메일, 은행카드, 전화카드 등 모두 비밀번호가 필요하다. 이런 비밀번호가 생긴 후에는 마음이 놓이게 된다. 그러나 단점은 바로 비밀번호가 너무 많아 때로는 자신도 기억이 나지 않는다는 것이다.

문제 11. 사람들은 왜 비밀번호가 필요한가요?
 12. 비밀번호가 생긴 후 단점은 무엇인가?

답 11. A 조용해야 해서　　　　　　　　B 비밀을 지키려고
 C 자신의 공간이 필요해서　　　D 다른 사람의 이해가 필요해서
 12. A 마음이 놓인다　　　　　　　　　B 기억나지 않는다
 C 비밀번호 자릿수가 너무 길다　D 잃어버릴 것을 걱정하지 않는다

13-14. 第13到14题是根据下面一段话:

我早上6点起床，给女儿吃面包，喝牛奶，然后送女儿上学。把女儿送到学校后，离上班还有一段时间，我就去快餐店吃早餐，而这个时候我的妻子正在睡觉。不过，我认为不能从是否做早餐来判断妻子的贤惠程度。

★ 13. 说话人在哪儿吃早餐?
 A 公司　　B 家里　　C 快餐店　　D 早市
★ 14. 关于说话人的妻子，下列哪项正确?
 A 不做早餐　　B 送女儿上学　　C 6点起床　　D 每天去买早餐

해석 나는 아침 6시에 기상하여 딸에게 빵과 우유를 먹이고 난 후 학교에 등교시킨다. 딸을 학교에 배웅해 주고 나서 출근 시간까지는 아직 시간이 있어 바로 패스트푸드점에 가서 아침을 먹는데, 이때 내 아내는 아직 잠을 자고 있다. 그러나 나는 아침밥을 해주는지 여부에 따라 아내의 현명함을 판단할 수는 없다고 생각한다.

문제 13. 화자는 어디에서 아침을 먹나요?
 14. 화자의 아내에 관해 아래 어느 것이 정확한가요?

답 1. A 회사　　B 집　　C 패스트푸드점　　D 아침 시장
 2. A 아침식사를 준비하지 않는다　　B 딸을 등교시킨다
 C 6시에 기상한다　　　　　　　　D 매일 가서 아침을 산다

26강 복습하기

🎧 녹음을 듣고 다음 문장의 빈칸을 채워 보세요.

1. 在很多(　　　), 狗还(　　　)猪聪明。

2. 经过(　　　)训练的猪, 有的会跳舞、(　　　)。

3. 我们都希望跟(　　　)的人(　　)朋友。

4. (　　　)就是密码太多, 有时自己也(　　　　)。

5. 我(　　　)不能从是否做早餐来(　　　)妻子的贤惠程度。

26강 복습 정답
1. 方面, 不如
2. 专门, 游泳
3. 诚实, 交
4. 缺点, 记不过来
5. 认为, 判断

让자문

妈妈每天让我打扫房间。

让자문 사역동사 '让', '叫', '使' 등이 겸어문 형식으로 사역, 명령의 의미를 나타내는 문장이다.
- 예) 妈妈每天让我做作业。
- 예) 他叫我回来。
- 예) 这件事使我很感动。

사역동사 특징

★ 부사, 부정부사, 조동사는 사역동사 앞에 위치
- 예) 我已经叫他去买了。
- 예) 老师不让我玩儿手机。
- 예) 爸爸会让我去吗?

★ 사역동사 뒤에 '了', '着', '过'는 올 수 없음
- 예) 这件事使了他烦恼很长时间。(X)   这件事使他烦恼了很长时间。(O)

★ 사역동사는 중첩할 수 없음
- 예) 我哥哥叫叫我去银行。(X)   我哥哥叫我去银行。(O)

27강

듣기3-2 ②
정답 및 해설
복습하기
오늘의 중국어 어법 한마디

UNIT 27강 듣기 | 第三部分 (二)

15. A 飞机
    B 电脑
    C 蓄电池
    D 电梯

16. A 坚持
    B 发明
    C 失败
    D 成功

17. A 以为30块钱可以买到
    B 以为可以刷卡
    C 东西很便宜
    D 带了很多现金

18. A 葡萄
    B 牛肉
    C 西红柿
    D 咖啡

19. A 鼓励大家
    B 奖励大家
    C 表示同情
    D 表示感谢

20. A 获奖是一种肯定
    B 获奖是一种鼓励
    C 父母的养育
    D 老师的培养

21. A 通知
    B 道歉
    C 要求
    D 邀请

22. A 明天下午1点
    B 今天下午1点
    C 明天下午2点到4点
    D 今天下午2点到4点

27강 정답 및 해설

15-16. 第15到16题是根据下面一段话：

爱迪生曾经花了整整十年的时间去研制蓄电池，其间不断遭受失败的他一直咬牙坚持，经过五万次左右的试验以后，终于取得成功，发明了蓄电池，被人们授与"发明大王"的美称。

★ 15. 根据这段话，可以知道爱迪生发明了什么？
　　A 飞机　　B 电脑　　C 蓄电池　　D 电梯
★ 16. 这段话告诉我们什么重要？
　　A 坚持　　B 发明　　C 失败　　D 成功

해석　에디슨은 일찍이 10년이라는 시간을 들여 건전지를 연구 개발했다. 그간 끊임없이 실패를 했던 그는 줄곧 이를 악물고 5만 차례 정도의 실험을 거쳐 결국 성공하여 건전지를 발명했으며, 사람들에게 '발명 대왕'이라는 찬사를 받았다.

문제　15. 이 글에 따르면 에디슨이 무엇을 발명했다는 것을 알 수 있나요?
　　　 16. 이 글은 우리에게 무엇이 중요하다고 알려 주나요?

답　15. A 비행기　　B 컴퓨터　　C 건전지　　D 엘리베이터
　　 16. A 꾸준함　　B 발명　　C 실패　　D 성공

17-18. 第17到18题是根据下面一段话：

上个周末我去楼下超市买菜，当时身上只有30块钱，我以为可以刷卡，所以买了蔬菜、水果、海鲜、咖啡等好多东西。结果，结账的时候才发现这家超市竟然没有刷卡机。于是我只好把东西放回原处，最后就买了点儿西红柿带回家。

★ 17. 刚开始说话人为什么买了很多东西？
　　A 以为30块钱可以买到　　B 以为可以刷卡　　C 东西很便宜　　D 带了很多现金
★ 18. 说话人最后买了什么？
　　A 葡萄　　B 牛肉　　C 西红柿　　D 咖啡

해석　지난 주말 나는 아래층에 있는 슈퍼마켓에 가서 장을 보는데, 당시 내게는 30위안밖에 없었다. 나는 신용카드를 사용해도 될 거라 생각해서 야채, 과일, 해산물, 커피 등 많은 물건을 샀다. 결국 계산할 때야 이 슈퍼마켓에 놀랍게도 신용카드 기기가 없음을 발견했다. 그리하여 나는 물건을 다시 제 자리에 갖다 놓을 수밖에 없었고, 결국에는 토마토만 조금 사서 집에 갔다.

문제　17. 처음에 화자는 왜 물건을 많이 샀나요?
　　　 18. 화자는 결국 무엇을 샀나요?

답　17. A 30위안으로 살 수 있다고 생각해서　　B 신용카드를 쓸 수 있다고 생각해서
　　　　 C 물건이 싸서　　D 현금을 많이 가져와서
　　 18. A 포도　　B 소고기　　C 토마토　　D 커피

27강 정답 및 해설

19-20. 第19到20题是根据下面一段话：

今天很荣幸我能获得这个奖。在此，我要感谢学校。这是对我学习的一种肯定，更是对我学习的一种鼓励。另外，我还要感谢我的老师们，因为有了你们对我的精心培养，才有了我今天的成绩。

★ 19. 说话人在做什么？
　　A 鼓励大家　　B 奖励大家　　C 表示同情　　D 表示感谢
★ 20. 说话人没有提到哪一点？
　　A 获奖是一种肯定　　B 获奖是一种鼓励　　C 父母的养育　　D 老师的培养

해석 오늘 이 상을 받게 되어 영광입니다. 여기에서 저는 학교에 감사드리고 싶습니다. 이 상은 저의 학습 능력에 대한 인정임과 동시에 격려이기도 합니다. 이외에도 저는 저의 선생님들께도 감사드리고 싶습니다. 왜냐하면 선생님들의 정성스런 가르침 덕분에 오늘의 성적을 거둘 수 있었기 때문입니다.

문제 19. 화자는 무엇을 하고 있나요?
　　　 20. 화자가 언급하지 않은 내용은?

답 19. A 모두를 격려한다　　　　　B 모두에게 표창한다
　　　　 C 동정을 표한다　　　　　　D 감사를 표한다
　　 20. A 상을 받는 것은 인정을 받는 것이다　　B 상을 받는 것은 격려다
　　　　 C 부모의 양육　　　　　　　D 선생님의 가르침

21-22. 第21到22题是根据下面一段话：

明天学生宿舍楼要检查电梯情况，从下午2点到4点电梯停止使用，希望大家事前做好准备，由此带来的不便请大家谅解。有特殊需要的同学，请到一楼办公室找王老师。谢谢您的合作！

★ 21. 说话人正在做什么？
　　A 通知　　B 道歉　　C 要求　　D 邀请
★ 22. 电梯什么时候停止使用？
　　A 明天下午1点　　B 今天下午1点　　C 明天下午2点到4点　　D 今天下午2点到4点

해석 내일은 학생 기숙사 엘리베이터를 점검하여 오후 2시부터 4시까지 사용이 정지됩니다. 모두들 사전에 잘 준비하고 이로 인해 생기는 불편함에 대해 양해 부탁드립니다. 특별한 요청이 있는 학생은 1층 사무실의 왕선생님을 찾아 주세요. 여러분의 협조에 감사드립니다.

문제 21. 화자는 무엇을 하고 있나요?
　　　 22. 엘리베이터는 언제 사용을 중지하나요?

답 21. A 공지　　B 사과　　C 요구　　D 초청
　　 22. A 내일 오후 1시　　B 오늘 오후 1시　　C 내일 오후 2시~4시　　D 오늘 오후 2시~4시

27강 복습하기

🎧 녹음을 듣고 다음 문장의 빈칸을 채워 보세요.

1. 其间不断遭受(　　　)的他一直咬牙(　　　)。

2. 结账的时候(　　　)这家超市(　　　)没有刷卡机。

3. 这是对我学习的一种(　　　)，更是对我学习的一种(　　　)。

4. 从下午2点到4点电梯(　　　)使用，希望大家事前做好(　　　)。

5. 有特殊(　　　)的同学，请到一楼(　　　)找王老师。

27강 복습 정답
1. 失败, 坚持
2. 发现, 竟然
3. 肯定, 鼓励
4. 停止, 准备
5. 需要, 办公室

오늘의 중국어 어법 한마디

병렬·점층·선후 관계 복문

> 我和朋友先去看电影，然后去吃饭了。

병렬 관계 복문 두 개 이상의 단어나 문장이 동일 사물의 다양한 면을 설명하거나 묘사하는 문장이다.

1) A和/跟/与/同 B : A와 B　예 我<u>和</u>他不是夫妻关系。나와 그는 부부 관계가 아니다.
2) 又A又B / 既A又B : A하면서 B하다
    예 这顶帽子<u>既</u>好看<u>又</u>便宜。이 모자는 예쁘고 싸다.
3) 一边A一边B / 一面A一面B : 한편으로 A하고 한편으로 B하다
    예 他<u>一边</u>听音乐<u>一边</u>学习。그는 음악을 들으면서 공부한다.

점층 관계 복문 앞뒤 절의 의미가 점진적으로 발전 심화됨을 나타내는 문장이다.

1) 不但/不仅 A, 而且/并且/也/还B : A할 뿐만 아니라 B하다
    예 她<u>不仅</u>长得很漂亮，<u>而且</u>性格也很好。그녀는 예쁘게 생겼을 뿐만 아니라 성격도 좋다.
2) 连A都/也B, 何况C呢？ : A조차도 B한데 하물며 C는?
    예 这个道理<u>连</u>妈妈<u>都</u>不明白，<u>何况</u>我呢？ 이 이치는 엄마도 모르는데 하물며 내가 (알겠니)?
3) 除了A外/以外/之外, 都B : A를 제외하고, 모두 B하다
    除了A外/以外/之外, 还/也B : A외에 B도 하다
    예 <u>除了</u>我以外，别人<u>都</u>不会骑车。나를 제외하고 다른 사람들은 모두 자전거를 탈 줄 모른다.
    <u>除了</u>我以外，他<u>也</u>会骑车。나 외에 그도 자전거를 탈 줄 안다.

선후 관계 복문 연속적으로 발생한 일을 차례대로 설명하는 문장이다.

1) 先A, 然后/再/接着/最后B : 먼저 A하고 난 후 B하다
    예 我<u>先</u>睡午觉，<u>然后</u>去上课。나는 먼저 낮잠을 자고 나서 수업에 간다.
2) 一A就B : A하자마자 B하다
    예 他<u>一</u>大学毕业<u>就</u>找到工作了。그는 대학을 졸업하자마자 직업을 찾았다.

28강

독해3-2 공략
독해3-2 ①
정답 및 해설
복습하기
오늘의 중국어 어법 한마디

독해3-2 공략

1 독해 3-2부분 시험 유형

- 총 6문항으로, 주어진 지문을 읽고 4개의 선택 항목에서 정답을 고르는 문제다.
- 지문을 읽고 두 개의 질문에 답하는 유형이다.
- 지문의 길이는 90~150자 사이다.

2 독해 3-2부분 시험 문제 맛보기

> 假如一个人一出生就开始接受教育，将来就可以具有100分的能力；如果从5岁开始教育，即使是非常理想的教育，将来也只能具有80分的能力；如果从10岁开始教育，就只能具有60分的能力了。总而言之，儿童受教育越早，潜能就发挥得越多。

★ 如果想具有100分的能力应该：
　　A 5岁开始教育　　B 8岁开始教育　　C 10岁开始教育　　**D 一生下来就开始教育**

★ 这段话主要谈什么?
　　A 教育质量的高低　　**B 教育开始的时间**　　C 教育内容的多少　　D 教育方式的好坏

3 독해 3-2부분 시험 공략법

- 먼저 질문을 보고 핵심 내용을 확인한 다음 지문을 읽으면서 핵심 내용과 연관된 내용을 찾아낸다.
- 동의어 어휘 변별, 글의 주제 개괄, 전체 맥락 이해의 능력을 갖추어야 한다.
- 지문은 주로 인생의 도덕적 가치관, 인문 과학, 일상생활, 문화 상식, 사회 이슈 등과 관련된 내용이다.

4 누들 수강 안내 및 학습법

- 진단평가에서 문제를 먼저 풀어 본다.
- 본 강의를 듣는다.
- 본 강의에 나온 단어를 복습 정리한다.
- 복습 파트를 통해 동의어나 유사 표현을 익힘으로써 문장의 이해력과 답안 선택의 능력을 향상시킨다.
- 「오늘의 중국어 어법 한마디」를 통해 HSK4급에 필요한 중국어 어법 지식을 쌓는다.

5 유사 표현 2

01	次要 cìyào ≈ 不重要 bú zhòngyào	부차적이다
02	周到 zhōudào ≈ 全面 quánmiàn	세심하다, 전면적이다
03	可口 kěkǒu ≈ 好吃 hǎochī	맛있다
04	未必 wèibì ≈ 不一定 bù yídìng	반드시 ~한 것은 아니다
05	不见得 bújiàndé ≈ 不一定 bù yídìng	반드시 ~한 것은 아니다
06	再三 zàisān ≈ 多次 duō cì	여러 차례
07	逐渐 zhújiàn ≈ 慢慢 mànmàn	점점, 천천히
08	如期 rúqī ≈ 准时 zhǔnshí	예정대로, 제때에
09	皆 jiē ≈ 都 dōu	모두
10	意外 yìwài ≈ 想不到 xiǎng budào	의외로
11	格外 géwài ≈ 特别 tèbié	특별히
12	不慎 bú shèn ≈ 不小心 bù xiǎoxīn	부주의하여
13	不言而喻 bùyán'éryù ≈ 不说也明白 bù shuō yě míngbai	말하지 않아도 안다
14	利大于弊 lì dàyú bì ≈ 好处大于坏处 hǎochù dàyú huàichù	장점이 단점보다 많다
15	夜不能寐 yèbùnéngmèi ≈ 睡不着 shuì buzháo	잠 못 자다
16	争吵不休 zhēngchǎo-bùxiū ≈ 一直吵架，不停止 yìzhí chǎojià, bù tíngzhǐ	계속 싸우다
17	激动不已 jīdòng bùyǐ ≈ 非常激动 fēicháng jīdòng	매우 격하다
18	一窍不通 yíqiào-bùtōng ≈ 一点儿也不会 yìdiǎnr yě bú huì	아무것도 모른다

UNIT 28강 독해 第三部分 (二)

第1-6题：请选出正确答案。

1-2

长寿一直是人们的美好愿望。中国人过生日的时候，一般要吃"寿面"，就是长长的面条，表示长久，长寿。老年人过生日叫"做寿"，过生日的人叫"寿星"。人们会送给寿星"寿桃"，就是用面做成的"桃子"。有的寿桃还会做成各种形状，非常精美。不过，现在中国人过生日也是中西结合，既吃蛋糕，又吃寿面，有的还要吃寿桃。

★ 下列选项中，哪项不是中国人过生日时喜欢吃的？

　A 寿桃　　B 寿面　　C 饺子　　D 蛋糕

★ 寿桃是什么？

　A 一种面条　　　　　　B 桃子的一个品种
　C 精美的塑料桃　　　　D 祝寿用的"桃子"

3-4

中国的父母大部分都愿意别人夸奖自己的孩子聪明可爱。即使别人说的不是真心话，也会礼貌地表示感谢。以前在中国"不打不成才"是教育孩子的名言，但随着时代的发展，人们的观念改变了，提倡赏识教育。加上现在大多数家庭都是独生子女，所以家长们又开始夸奖过度。不夸不行，夸多了也不行，夸奖的学问还是很大的。

★ 中国父母喜欢：

　A 得到夸奖　　　　　　B 听真心话
　C 别人夸自己的孩子　　D 有礼貌的孩子

★ 这段话主要介绍的是：

　A 适当的夸奖　　B 独生子女　　C 教育孩子　　D 表示感谢

5-6

汉语中常常用动物来比喻不同特点的人。比如，一个聪明的人，会说他像"猴子"一样机灵；而一个很懒的人，习惯将他称为"懒猪"。一个人身体非常棒，人们会夸他比"牛"还要壮；而一个人很瘦，会被人说成"瘦猴"。人们觉得非常狡猾的人像"老狐狸"一样，而见识短浅的人像"井底蛙"一样。

★ 如果一个人整天什么都不做，就知道睡觉，那么可以说他：
　　A 像牛一样　　B 像猴子一样　　C 像老狐狸一样　　D 像懒猪一样

★ 井底蛙比喻：
　　A 眼光狭小，见识不广的人　　　B 废井里住着的青蛙
　　C 很聪明的人　　　　　　　　　D 很懒的人

28강 정답 및 해설

1-2

长寿一直是人们的美好愿望。中国人过生日的时候，一般要吃"寿面"，就是长长的面条，表示长久、长寿。老年人过生日叫"做寿"，过生日的人叫"寿星"。人们会送给寿星"寿桃"，就是用面做成的"桃子"。有的寿桃还会做成各种形状，非常精美。不过，现在中国人过生日也是中西结合，既吃蛋糕，又吃寿面，有的还要吃寿桃。

★ 1. 下列选项中，哪项不是中国人过生日时吃的？
　　A 寿桃　　B 寿面　　C 饺子　　D 蛋糕
★ 2. 寿桃是什么？
　　A 一种面条　B 桃子的一个品种　C 精美的塑料桃　D 祝寿用的"桃子"

해석 장수는 줄곧 사람들의 아름다운 바람이다. 중국인들은 생일 때 보통 '장수 면'을 먹는데, 이는 기다란 국수로 '오래오래', '장수'를 나타낸다. 노인들이 생일을 보내는 것은 '장수 잔치'라 하고, 생일을 맞이한 사람을 '노인성(장수 노인)'이라고 부른다. 사람들은 노인성에게 '장수 복숭아'를 드리는데 이는 면으로 만든 복숭아다. 어떤 장수 복숭아는 여러 모양으로 만들어지기도 하는데, 매우 정교하고 아름답다. 그러나 현재 중국인들은 생일 때도 중국과 서양의 것이 결합되어 케이크도 먹고 장수 면도 먹으며, 어떤 사람들은 장수 복숭아를 먹기도 한다.

문제 1. 아래 선택 항목에서 어느 항목이 중국인이 생일 때 먹지 않는 것인가?
　　 2. 장수 복숭아는 무엇인가?

답 1. A 장수 복숭아　B 장수 면　C 만두　D 케이크
　　 2. A 일종의 국수　B 복숭아의 한 품종　C 정교한 플라스틱 복숭아　D 장수를 기원하는 복숭아

단어 长寿 chángshòu 휑 장수하다, 오래 살다　美好 měihǎo 휑 좋다, 아름답다　愿望 yuànwàng 뎽 희망, 소망
　　 寿面 shòumiàn 뎽 생신 축하 국수　长长的 chángcháng de 매우 길다　长久 chángjiǔ 휑 매우 길고 오래다
　　 做寿 zuòshòu 됭 생신을 축하하다　寿星 shòuxīng 뎽 생신을 맞은 주인공　形状 xíngzhuàng 뎽 형태, 겉모습
　　 寿桃 shòutáo 뎽 생일 축하 때 쓰는 복숭아 또는 복숭아 모양의 찐빵　精美 jīngměi 휑 정교하다
　　 中西结合 zhōngxī jiéhé 중국과 서양의 것을 결합하다　既……又 jì……yòu ~하고 (또) ~하다
　　 饺子 jiǎozi 뎽 교자　品种 pǐnzhǒng 뎽 품종　塑料 sùliào 뎽 플라스틱, 비닐
　　 祝寿 zhùshòu 됭 생신을 축하하다

3-4

中国的父母大部分都愿意别人夸奖自己的孩子聪明可爱。即使别人说的不是真心话，也会礼貌地表示感谢。以前在中国"不打不成才"是教育孩子的名言，但随着时代的发展，人们的观念改变了，提倡赏识教育。加上现在大多数家庭都是独生子女，所以家长们又开始夸奖过度。不夸不行，夸多了也不行，夸奖的学问还是很大的。

★ 3. 中国父母喜欢：
   A 得到夸奖   B 听真心话   C 别人夸自己的孩子   D 有礼貌的孩子

★ 4. 这段话主要介绍的是：
   A 适当的夸奖   B 独生子女   C 教育孩子   D 表示感谢

해석 중국의 부모는 대부분 다른 사람이 자신의 아이를 똑똑하고 귀엽다고 칭찬해 주기를 바란다. 다른 사람이 진심으로 하는 말이 아니라고 해도 예의를 갖춰 고마움을 표현한다. 예전에 중국에서는 '때리지 않으면 인재가 되지 않는다'는 것이 자녀 교육의 명언이었지만, 시대의 발전에 따라 사람들의 관념도 변화하여 칭찬 교육을 장려하게 되었다. 게다가 현재 대다수의 가정이 모두 외동이라 부모들의 칭찬이 과해지기 시작했다. 칭찬하지 않으면 안 되지만, 너무 칭찬만 해도 안 된다. 칭찬의 기술과 방법도 다양하다.

문제 3. 중국의 부모들은 무엇을 좋아하는가?
4. 이 글에서 주로 소개하는 것은 무엇인가?

답 3. A 칭찬을 받는 것   B 진심 어린 말을 듣는 것
   C 다른 사람이 자신의 아이를 칭찬하는 것   D 예의 바른 아이
4. A 적당한 칭찬   B 외동 자녀   C 자녀 교육   D 감사 표현

단어 愿意 yuànyì 동 바라다, 희망하다 夸奖 kuājiǎng 동 칭찬하다 真心话 zhēnxīn huà 진실된 말
礼貌 lǐmào 형 예의 바르다 成才 chéngcái 동 인재가 되다 名言 míngyán 명 명언 时代 shídài 명 시대
观念 guānniàn 명 관념 提倡 tíchàng 동 제창하다 赏识 shǎngshí 동 높이 평가하다
独生子女 dúshēng zǐnǚ 외동 学问 xuéwen 명 학문 适当 shìdàng 형 적절하다, 적합하다

28강 정답 및 해설

5-6

汉语中常常用动物来比喻不同特点的人。比如，一个聪明的人，会说他像"猴子"一样机灵；而一个很懒的人，习惯将他称为"懒猪"。一个人身体非常棒，人们会夸他比"牛"还要壮；而一个人很瘦，会被人说成"瘦猴"。人们觉得非常狡猾的人像"老狐狸"一样，而见识短浅的人像"井底蛙"一样。

★ 5. 如果一个人整天什么都不做，就知道睡觉，那么可以说他：
　　A 像牛一样　　B 像猴子一样　　C 像老狐狸一样　　D 像懒猪一样

★ 6. 井底蛙比喻：
　　A 眼光狭小, 见识不广的人　　B 废井里住着的青蛙
　　C 很聪明的人　　D 很懒的人

해석 중국어에서는 다양한 특징의 사람들을 동물에 비유하는 경우가 자주 있다. 예를 들면, 똑똑한 사람은 '원숭이'처럼 영리하다고 말하며, 게으른 사람은 습관적으로 '게으른 돼지'라고 부른다. 신체가 튼실한 사람은 '소보다 더 건장하다고 칭찬하고, 마른 사람은 '늘보원숭이'라고 불린다. 사람들은 아주 교활한 사람을 '여우' 같다고 생각하며, 식견이 얕은 사람은 '우물 안 개구리' 같다고 한다.

문제 5. 만약 어떤 사람이 종일 아무것도 하지 않고 잠만 잔다면 그를 뭐라고 말할 수 있을까요?
　　　6. 우물 안 개구리가 비유하는 것은?

답　5. A 소 같다　B 원숭이 같다　C 여우 같다　D 게으른 돼지 같다
　　　6. A 안목이 좁고 식견이 넓지 않은 사람　B 폐우물 안에 사는 개구리
　　　　 C 똑똑한 사람　　D 게으른 사람

단어　比喻 bǐyù 동 비유하다　特点 tèdiǎn 명 특징, 특색　比如 bǐrú 동 예를 들다　机灵 jīling 형 영리하고 총명하다　棒 bàng 형 (체력이나 능력이) 강하다　壮 zhuàng 형 건장하다　瘦猴 shòuhóu 명 늘보원숭이　狐狸 húli 명 여우　见识 jiànshi 명 견문　短浅 duǎnqiǎn 형 짧고 얕다　废井 fèi jǐng 폐우물

28강 복습하기

비슷한 뜻끼리 연결해 보세요.

1. 赏识　　　　　　a. 聪明

2. 过度　　　　　　b. 见识不广

3. 机灵　　　　　　c. 夸奖

4. 身体很壮　　　　d. 超过限度

5. 短浅　　　　　　e. 身体非常棒

28강 복습 정답

1. 赏识 – c. 夸奖
2. 过度 – d. 超过限度
3. 机灵 – a. 聪明
4. 身体很壮 – e. 身体非常棒
5. 短浅 – b. 见识不广

선택·가정 관계 복문

他不是老师, 而是学生。

선택 관계 복문 두 개 이상의 단어 또는 단문이 몇 가지 사실을 나열하여 그중 선택 관계를 나타내는 문장이다.

1) 不是A而是B : A가 아니라 B이다 / 不是A, 就是B : A가 아니면 B이다
   - 예) 他<u>不是</u>老师, <u>而是</u>学生。 그는 선생님이 아니라 학생이다.
     他每天<u>不是</u>睡觉<u>就是</u>玩游戏。 그는 매일 잠을 자지 않으면 게임을 한다.

2) 或者/要么 A, 或者/要么 B : A이거나 B이다
   - 예) <u>或者</u>你去, <u>或者</u>他去都可以。 네가 가든지 그가 가든지 다 괜찮다.

3) 是A, 还是B : A입니까 아니면 B입니까?
   - 예) 这<u>是</u>你的铅笔<u>还是</u>朋友的铅笔? : 이것은 너의 연필이니 아니면 친구의 연필이니?

4) 宁可/宁肯/宁愿A, 也要B : A할지언정 B하겠다
   - 예) 我<u>宁可</u>累一点儿, <u>也要</u>做完这件事。 : 나는 좀 피곤할지언정 이 일을 다 마치겠다.

5) 宁可/宁肯/宁愿A, 也不B : A할지언정 B하지 않겠다
   - 예) <u>宁愿</u>不及格, <u>也不</u>作弊。 : 불합격할지언정 부정행위를 하지 않겠다.

6) 与其A, 不如B : A하는 것은 B하는 것만 못하다
   - 예) <u>与其</u>和他见面, <u>不如</u>在家睡觉。 : 그와 만나는 건 집에서 자는 것만 못하다.

가정 관계 복문 앞 절에 어떤 상황을 가정하고 뒷 절에 그 결과를 나타내는 문장이다.

1) 如果/要是 A, 就/便/那(么)B : 만약에 A하면 B하다
   - 예) <u>如果</u>他不来, 我们<u>就</u>回去吧。 만약 그가 오지 않으면, 우리 돌아가자.

2) 就是/即使/哪怕A, 也B : 설령 A라 하더라도 B하다
   - 예) <u>即使</u>这份工作很辛苦, <u>也</u>要坚持下去。 이 일이 힘들다 하더라도 견뎌 내야 한다.

29강

독해3-2 ②
정답 및 해설
복습하기
오늘의 중국어 어법 한마디

UNIT 29강 독해 第三部分 (二)

第7-12题：请选出正确答案。

7-8

有一天，一个孩子在山里放羊的时候不小心被毒蛇咬伤了脚。孩子疼得满头大汗，而医院又离得很远。这时，孩子果断地用刀割断了受伤的脚趾，然后忍着疼痛一步一步地走到医院。尽管少了一个脚趾，但短暂的疼痛却保住了他的生命。

★ 孩子为什么割断了脚趾？
　A 流血了　　B 出汗了　　C 中毒了　　D 没有医院

★ 这个故事想说明什么？
　A 重视眼前的利益　　　　B 学会正确判断与选择
　C 以后应该小心　　　　　D 做事要有耐心

9-10

桂林风景秀丽，桂林山水"山青、水秀、洞奇、石美"。桂林还有壮、瑶、侗、苗等十多个少数民族独特的民俗风情文化。桂林一年四季都适合旅游，最佳季节是每年的4月-10月。桂林的年平均气温为19.3℃，有"三冬少雪，四季常花"之说。最冷的1月平均气温7.9℃，最热的7月平均气温28.3℃。

★ 去桂林旅游的最佳时间是：
　A 1月　　B 3月　　C 4月到10月　　D 一年四季

★ 桂林天气怎么样？
　A 四季无雪　　　　　B 平均气温28.3℃
　C 1月最冷　　　　　 D 8月最热

11-12

一位画家举办个人画展。一位贵妇来到展室，站在一幅画前面看了很久，她说："我要是能认识这幅画的作者，该有多好！"站在旁边的画家走过来跟她说："夫人，我就是这幅画的作者。"贵妇说："这幅画太美了！你能不能告诉我，给画里面的这位小姐做裙子的人是谁？"

★ 根据这段话，可以知道谁穿了裙子？
　　A 贵妇　　B 画家　　C 画中的人物　　D 作者

★ 根据这段话，可以知道送花时要注意什么？
　　A 画家裙子很漂亮　　　　B 画中的小姐裙子很漂亮
　　C 为购买这幅画　　　　　D 想知道裙子是谁做的

29강 정답 및 해설

7-8

有一天，一个孩子在山里放羊的时候不小心被毒蛇咬伤了脚。孩子疼得满头大汗，而医院又离得很远。这时，孩子果断地用刀割断了受伤的脚趾，然后忍着疼痛一步一步地走到医院。尽管少了一个脚趾，但短暂的疼痛却保住了他的生命。

★ 7. 孩子为什么割断了脚趾？
　　A 流血了　　B 出汗了　　C 中毒了　　D 没有医院
★ 8. 这个故事想说明什么？
　　A 重视眼前的利益　　　　B 学会正确判断与选择
　　C 以后应该小心　　　　　D 做事要有耐心

해석 어느 날 한 아이가 산에서 양치기를 하는데 실수로 독사에게 발을 물렸다. 아이는 아파서 온 얼굴이 땀투성이가 되었는데 병원은 또 거리가 멀었다. 이때 아이는 과감하게 칼로 다친 발가락을 잘라낸 후, 고통을 참으며 한걸음 한걸음 걸어서 병원에 갔다. 비록 발가락이 하나 없어졌지만, 잠깐의 고통으로 그는 목숨을 지켜냈다.

문제 7. 아이는 왜 발가락을 절단했는가?
　　　　8. 이 이야기는 무엇을 설명하고자 하나요?

답 7. A 피를 흘려서　　B 땀이 나서　　C 독이 퍼져서　　D 병원이 없어서
　　　8. A 눈앞의 이익을 중시해야 한다　　B 정확한 판단과 선택을 할 줄 알아야 한다
　　　　　C 이후엔 조심해야 한다　　D 일하는 데 인내심이 있어야 한다

단어 放羊 fàngyáng 동 양을 방목하다　不小心 bù xiǎoxīn 실수로, 조심하지 않아　毒蛇 dúshé 명 독사
　　　　咬伤 yǎoshāng 물리다　满头大汗 mǎntóu dàhàn 온 얼굴이 땀투성이다　果断 guǒduàn 형 결단력이 있다
　　　　割断 gēduàn 동 자르다, 절단하다　脚趾 jiǎozhǐ 명 발가락　忍 rěn 동 참다　疼痛 téngtòng 형 아프다
　　　　短暂 duǎnzàn 형 (시간이) 짧다　保住 bǎozhù 유지하다　生命 shēngmìng 명 생명　流血 liúxuè 동 피가 나다
　　　　出汗 chū hàn 땀이 나다　中毒 zhòngdú 동 중독되다　重视 zhòngshì 동 중시하다　正确 zhèngquè 형 정확하다

9-10

桂林风景秀丽，桂林山水"山青、水秀、洞奇、石美"。桂林还有壮、瑶、侗、苗等十多个少数民族独特的民俗风情文化。桂林一年四季都适合旅游，最佳季节是每年的4月–10月。桂林的年平均气温为19.3℃，有"三冬少雪，四季常花"之说。最冷的1月平均气温7.9℃，最热的7月平均气温28.3℃。

★ 9. 去桂林旅游的最佳时间是：
　　A 1月　　B 3月　　C 4月到10月　　D 一年四季
★ 10. 林天气怎么样？
　　A 四季无雪　　B 平均气温28.3℃　　C 1月最冷　　D 8月最热

해석 구이린의 풍경은 수려하고, 산수는 '푸른 산, 수려한 물, 기이한 동굴, 아름다운 돌'로 되어 있다. 구이린은 장족, 요족, 동족, 묘족 등 십여 개의 소수민족의 독특한 민속 문화가 있다. 구이린은 사시사철 여행하기에 적합하고 가장 좋은 계절은 매년 4월에서 10월사이. 연평균 기온은 19.3도이며, '겨울 세 달에 눈이 적게 내리고, 사계절 항상 꽃이 핀다'는 말이 있다. 가장 추운 1월은 평균 기온이 7.9도이며, 가장 더운 7월의 평균 기온은 28.3도이다.

문제 9. 구이린에 여행 가기 가장 좋은 시간은 언제인가?
　　　10. 구이린의 날씨는 어떠한가?

답 9. A 1월　　B 3월　　C 4월에서 10월 사이　　D 사시사철
　　　10. A 사계절 눈이 안 내린다　B 평균 기온이 28.3℃다　C 1월이 가장 춥다　D 8월이 가장 덥다

단어 桂林 Guìlín 명 구이린　风景 fēngjǐng 명 풍경　秀丽 xiùlì 형 수려하다　洞奇 dòng qí 동굴이 기이하다
　　　壮族 Zhuàngzú 명 장족　瑶族 Yáozú 명 요족　侗族 Dòngzú 명 동족　苗族 Miáozú 명 묘족
　　　少数民族 shǎoshù mínzú 소수 민족　民俗 mínsú 명 민속　风情 fēngqíng 명 풍토, 풍속, 지역적 특색
　　　文化 wénhuà 명 문화　四季 sìjì 명 사계절　适合 shìhé 동 적합하다　最佳 zuìjiā 가장 적당하다
　　　平均 píngjūn 동 평균하다, 평균을 내다　气温 qìwēn 명 기온

29강 정답 및 해설

11-12

一位画家举办个人画展。一位贵妇来到展室,站在一幅画前面看了很久,她说:"我要是能认识这幅画的作者,该有多好!"站在旁边的画家走过来跟她说:"夫人,我就是这幅画的作者。"贵妇说:"这幅画太美了! 你能不能告诉我,给画里面的这位小姐做裙子的人是谁?"

★ 11. 根据这段话,可以知道谁穿了裙子?
　　A 贵妇　　B 画家　　C 画中的人物　　D 作者
★ 12. 贵妇为什么想认识这位画家?
　　A 画家裙子很漂亮　　　　B 画中的小姐裙子很漂亮
　　C 为购买这幅画　　　　　D 想知道裙子是谁做的

해석 한 화가가 개인 전시회를 열었다. 어느 귀부인이 전시실에 와서 한 그림 앞에 서서 오랫동안 바라보더니 "내가 만약 이 그림의 작가를 안다면 얼마나 좋을까!"라고 말했다. 옆에 서 있던 화가가 걸어와서 그녀에게 "부인, 제가 바로 이 그림의 작가입니다."라고 말했다. 귀부인은 "이 그림은 정말 아름다워요! 그림 안에 있는 아가씨에게 치마를 만들어 준 사람이 누구인지 알려 줄 수 있나요?"라고 말했다.

문제 11. 이 글에 따르면 누가 치마를 입었는지 알 수 있나요?
　　　 12. 귀부인은 왜 이 화가를 알고 싶어 했나요?

답 11. A 귀부인　　B 화가　　C 그림 속의 인물　　D 작가
　　 12. A 화가의 치마가 예뻐서　　B 그림 속 아가씨의 치마가 예뻐서
　　　　　C 이 그림을 사려고　　　　D 누가 치마를 만들었는지 알고 싶어서

단어 画家 huàjiā 명 화가　画展 huàzhǎn 명 그림 전시회　贵妇 guìfù 귀부인　展室 zhǎnshì 전람실
　　　 旁边 pángbiān 명 옆, 근처　夫人 fūrén 명 부인　小姐 xiǎojiě 명 아가씨　裙子 qúnzi 명 치마
　　　 穿 chuān 동 입다　人物 rénwù 명 인물　购买 gòumǎi 동 구매하다

29강 복습하기

비슷한 뜻끼리 연결해 보세요.

1. 满头大汗   a. 最好

2. 短暂   b. 出汗很多

3. 最佳   c. 冬天三个月很少下雪

4. 三冬少雪   d. 暂时

5. 保住   e. 守住

29강 복습 정답
1. 满头大汗 – b. 出汗很多
2. 短暂 – d. 暂时
3. 最佳 – a. 最好
4. 三冬少雪 – c. 冬天三个月很少下雪
5. 保住 – e. 守住

오늘의 중국어 어법 한마디

조건·목적 관계 복문

为了吃到地道的烤鸭,
无论多远, 我都要去。

조건 관계 복문 앞 절에는 조건을 제시하고 뒷 절에 그 결과를 나타내는 문장이다.

1) 只有A, 才B : A해야만 B할 수 있다
   예) <u>只有</u>坚持锻炼, <u>才</u>会有好的身体。 꾸준히 신체 단련을 해야만 건강한 몸을 가질 수 있다.

2) 只要 A, 就 B : A하기만 하면 B할 수 있다
   예) <u>只要</u>你参加会议, 那家公司<u>就</u>会考虑跟我们公司合作。
   네가 회의에 참여하기만 하면 그 회사는 우리 회사와의 협력을 고려할 것이다.

3) 无论/不论/不管A, 都/也B : A하더라도/에도 불구하고 B하다
   예) <u>无论</u>你怎么说, 我<u>都</u>没关系。 네가 어떻게 말해도 나는 상관없다.

목적 관계 복문 목적을 제시하며 그 목적을 달성하기 위한 행동이나 방법을 나타내는 문장이다.

1) 为了A : A를 위하여
   예) <u>为了</u>去英国看球赛, 他打了几个月的工。
   영국에 축구 경기를 보러 가기 위해 그는 몇 개월간 아르바이트를 했다.

2) A, 为的是B : A한 것은 B하기 위해서다
   예) 父母努力工作, <u>为的是</u>让孩子能够快乐地生活。
   부모가 열심히 일을 하는 것은 자식이 즐겁게 생활할 수 있도록 하기 위해서다.

30강

독해3-2 ③
정답 및 해설
복습하기
오늘의 중국어 어법 한마디

UNIT 30강 독해 第三部分 (二)

第13-18题：请选出正确答案。

13-14.
英国坎布里亚郡每年都会举行"全球最大骗子"说谎比赛，世界各地的参赛者要在几分钟内自由讲述他们最大和最具说服力的谎言。这项比赛的举行目的在于纪念19世纪当地一名以说谎而闻名的酒吧老板。主办方将对参赛者身份作出限定，只限于"业余"说谎者。而此前一名参赛者只说了一句"我的一生中从未说过谎"就胜出。

★ 说谎比赛的举行目的是什么？
　　A 选出全球最大骗子　　　B 选出专业说谎者
　　C 纪念一位酒吧老板　　　D 纪念一位名人

★ 文中的"参赛者"为什么胜出？
　　A 只说了一句话　　　　　B 说了一个最大的谎
　　C 因为他是业余说谎者　　D 没有说服力

15-16.
最新研究发现，不同的季节以及一周内不同的日子，心脏病发作几率都不同。从一年不同月份来看，12月心脏病发作病例最多，7月心脏病发作病例最少。从一周中不同的日子来看，心脏病发作病例星期一最多，星期六最少。研究人员表示，心脏病发作几率与压力有关，因此降低压力水平对心脏健康很有帮助，比如运动、深呼吸、看电影等。

★ 关于心脏病发作病例：
　　A 12月最少　　B 7月最多　　C 星期天最少　　D 星期一最多

★ 根据短文，心脏病发作几率跟什么有关？
　　A 心情　　B 压力　　C 呼吸　　D 运动

17-18.
> 送束鲜花可以表达心意，送什么花，是很有讲究的。许多鲜花有各自不同的含义，一定要根据具体情况来选择。送给母亲，最合适的是康乃馨，祝福母亲健康平安。送给恋人，一般都用玫瑰花表达爱意。送给经商的朋友，可以送杜鹃花、常青藤，因为这些花象征着事业发达。送花还要注意花的数量，一束花的支数最好是成双成对。

★ 母亲节，可以送什么花？
　　A 月季花　　B 杜鹃花　　C 玫瑰　　D 康乃馨

★ 根据这段话，可以知道送花时要注意什么？
　　A 花的数量　　B 花的颜色　　C 花的香味　　D 花的形状

30강 정답 및 해설

13-14

英国坎布里亚郡每年都会举行"全球最大骗子"说谎比赛，世界各地的参赛者要在几分钟内自由讲述他们最大和最具说服力的谎言。这项比赛的举行目的在于纪念19世纪当地一名以说谎而闻名的酒吧老板。主办方将对参赛者身份作出限定，只限于"业余"说谎者。而此前一名参赛者只说了一句"我的一生中从未说过谎"就胜出。

★ 13. 说谎比赛的举行目的是什么？
　A 选出全球最大骗子　　　　B 选出专业说谎者
　C 纪念一位酒吧老板　　　　D 纪念一位名人

★ 14. 文中的"参赛者"为什么胜出？
　A 只说了一句话　　　　　　B 说了一个最大的谎
　C 因为他是业余说谎者　　　D 没有说服力

해석 영국의 컴브리아주에서는 매년 '세계 거짓말 대회'를 열어 거짓말하기 시합을 한다. 세계 각지의 참가자들은 몇 분 이내에 자유롭게 강력하고 설득력 있는 거짓말을 해야 한다. 이 시합을 여는 목적은 19세기 현지의 거짓말로 유명했던 술집 사장을 기념하는 것이다. 주최 측은 참가자들의 신분을 거짓말 '아마추어'로 제한한다. 이전에 한 참가자는 "나는 살면서 단 한 번도 거짓말을 한 적이 없다."라는 한마디로 우승했다.

문제 13. 거짓말 대회의 개최 목적은 무엇인가?
　　14. 글 속의 '참가자'는 왜 이겼는가?

답 13. A 세계에서 가장 대단한 거짓말꾼을 뽑기 위해　　B 전문적으로 거짓말하는 사람을 뽑기 위해
　　　　C 한 술집 사장을 기념하려고　　　　　　　　　　D 한 유명인을 기념하려고
　　14. A 한마디만 해서　　　　　　　　　　　　　　　　B 가장 큰 거짓말을 해서
　　　　C 그가 아마추어 거짓말쟁이여서　　　　　　　　D 설득력이 없어서

단어 坎布里亚郡 Kǎnbùlǐyàjùn 컴브리아주　全球 quánqiú 명 전 세계　骗子 piànzi 명 사기꾼
　　　　说谎 shuōhuǎng 동 거짓말하다　世界各地 shìjiè gèdì 세계 각지　参赛者 cānsàizhě 참가 선수
　　　　自由 zìyóu 형 자유롭다　讲述 jiǎngshù 동 진술하다　说服力 shuōfúlì 설득력　纪念 jìniàn 동 기념하다
　　　　当地 dāngdì 명 현지　闻名 wénmíng 형 유명하다　酒吧 jiǔbā 명 술집, 바(bar)　主办方 zhǔbànfāng 주최자
　　　　参赛 cānsài 동 시합에 참가하다　身份 shēnfen 명 신분　限定 xiàndìng 동 한정하다, 제한하다
　　　　业余 yèyú 형 비전문의, 아마추어의　此前 cǐqián 명 이전　从未 cóngwèi 지금까지 ~한 적이 없다
　　　　胜出 shèngchū 동 승리하다　选出 xuǎnchū 뽑아내다　专业 zhuānyè 형 전문적이다

15-16

最新研究发现，不同的季节以及一周内不同的日子，心脏病发作几率都不同。从一年不同月份来看，12月心脏病发作病例最多，7月心脏病发作病例最少。从一周中不同的日子来看，心脏病发作病例星期一最多，星期六最少。研究人员表示，心脏病发作几率与压力有关，因此降低压力水平对心脏健康很有帮助，比如运动、深呼吸、看电影等。

15. 关于心脏病发作病例：
　　A 12月最少　　B 7月最多　　C 星期天最少　　D 星期一最多
16. 根据短文，心脏病发作几率跟什么有关？
　　A 心情　　B 压力　　C 呼吸　　D 运动

해석 최신 연구에서 계절과 요일에 따라 심장병 발작 비율이 모두 다르다는 것이 발견됐다. 일 년의 여러 달 중 12월에 심장병 발작 병례가 가장 많고, 7월이 가장 적다. 한 주일의 요일 중에서는 월요일이 가장 많고, 토요일이 가장 적다. 연구자들은 심장병 발작 비율과 스트레스가 관련이 있으며, 이 때문에 운동, 심호흡, 영화 관람 등으로 스트레스 정도를 낮추는 것이 심장 건강에 큰 도움이 된다고 하였다.

문제 15. 심장병 발작 병례에 관하여 맞는 것은?
　　　16. 이 글에 따르면 심장병 발작 비율은 무엇과 관련이 있는가?

답　15. A 12월에 가장 적다　　　　B 7월에 가장 많다
　　　　C 일요일에 가장 적다　　　D 월요일에 가장 많다
　　16. A 기분　　B 스트레스　　C 호흡　　D 운동

단어 季节 jìjié 몡 계절　心脏病 xīnzàng bìng 심장병　发作 fāzuò 동 발작하다　几率 jǐlǜ 몡 확률
　　　月份 yuèfèn 몡 월　病例 bìnglì 몡 병례　日子 rìzi 몡 날　研究人员 yánjiū rényuán 연구자
　　　降低 jiàngdī 동 낮추다, 줄이다　深呼吸 shēnhūxī 동 심호흡하다

30강 정답 및 해설

17-18

送束鲜花可以表达心意，送什么花，是很有讲究的。许多鲜花有各自不同的含义，一定要根据具体情况来选择。送给母亲，最合适的是康乃馨，祝福母亲健康平安。送给恋人，一般都用玫瑰花表达爱意。送给经商的朋友，可以送杜鹃花，常青藤，因为这些花象征着事业发达。送花还要注意花的数量，一束花的支数最好是成双成对。

★ 17. 母亲节，可以送什么花？
　　A 月季花　　B 杜鹃花　　C 玫瑰　　D 康乃馨
★ 18. 根据这段话，可以知道送花时要注意什么？
　　A 花的数量　B 花的颜色　C 花的香味　D 花的形状

해석 꽃으로 마음을 표현할 수 있는데, 무슨 꽃을 주는 것이 좋을지 신경을 써야 한다. 많은 꽃들이 각기 다른 의미를 가지고 있어, 반드시 구체적인 상황에 따라 선택해야 한다. 어머니께는 카네이션이 가장 적합한데, 어머니의 건강과 평안함을 기원하는 것이다. 연인에게는 대개 장미꽃으로 사랑을 표현한다. 비즈니스를 하는 친구에게는 진달래, 담쟁이를 보낼 수 있다. 왜냐하면 이 꽃들은 사업의 발전을 의미하기 때문이다. 꽃을 보낼 때는 꽃의 수량에도 주의해야 하는데, 꽃 한 다발의 수량은 짝수로 하는 것이 가장 좋다.

문제 17. 어버이날에는 무슨 꽃을 드릴 수 있나요?
　　　18. 이 글에 따르면 꽃을 보낼 때 무엇을 주의해야 하나요?

답 17. A 월계화　B 진달래　C 장미　D 카네이션
　　18. A 꽃의 수량　B 꽃의 색깔　C 꽃의 향기　D 꽃의 모양

단어 束 shù 양 다발　鲜花 xiānhuā 명 생화　表达 biǎodá 동 표현하다　心意 xīnyì 명 마음
　　讲究 jiǎngjiu 명 유의할 만한 내용　各自 gèzì 대 각자　含义 hányì 명 함의　具体 jùtǐ 형 구체적이다
　　康乃馨 kāngnǎixīn 명 카네이션　恋人 liànrén 명 연인　玫瑰花 méiguīhuā 명 장미
　　爱意 ài yì 애정 어린 마음　经商 jīngshāng 동 장사하다　杜鹃花 dùjuānhuā 명 진달래
　　常青藤 chángqīngténg 명 담쟁이　象征 xiàngzhēng 동 상징하다, 나타내다　事业 shìyè 명 사업
　　发达 fādá 형 발달하다, 흥성하다　数量 shùliàng 명 수량　支 zhī 양 가늘고 긴 걸 셀 때 쓰는 양사
　　成双成对 chéngshuāng-chéngduì 성 둘씩 짝을 이루다　香味 xiāngwèi 명 향기

30강 복습하기

비슷한 뜻끼리 연결해 보세요.

1. 谎言　　　　　　a. 一对

2. 闻名　　　　　　b. 假话

3. 各自不同　　　　c. 做生意

4. 成双成对　　　　d. 不一样

5. 经商　　　　　　e. 有名

30강 복습 정답

1. 谎言 – b. 假话
2. 闻名 – e. 有名
3. 各自不同 – d. 不一样
4. 成双成对 – a. 一对
5. 经商 – c. 做生意

전환·인과 관계 복문

因为过两天就有游泳比赛, 所以尽管天气很冷, 但他们还是出去游泳了。

전환 관계 복문 앞 절과 뒷 절의 내용이 일치하지 않거나 상반되는 관계를 나타내는 문장이다.

1) 虽然/尽管A, 但(是)/可(是)/不过/然而B : 비록 A하지만 B하다
   예) <u>虽然</u>他家里很有钱, <u>但是</u>他非常节约。
   비록 그의 집에는 돈이 아주 많지만 그는 아주 절약한다.

인과 관계 복문 앞 절은 원인을, 뒷 절은 결과를 나타내는 문장이다.

1) 因为A, 所以B : A하기 때문에 그래서 B하다
   예) <u>因为</u>她最近很忙, <u>所以</u>今天不能来。
   그녀는 최근 바빠서 오늘 올 수 없다.
2) 由于A, 所以/因此B : A하기 때문에 그래서 B이다
   예) <u>由于</u>他从小就出国留学, <u>因此</u>在国外适应能力很强。
   그는 어릴 때부터 외국에서 유학했기 때문에, 외국에서 적응력이 강하다.
3) 既然A, 就B : 기왕 A하게 되었으니 B해라
   예) <u>既然</u>决定考HSK考试, <u>就</u>一定要及格。
   기왕 HSK 시험을 보기로 결정했으니 반드시 합격해야 한다.

31-32강

미니 모의고사
정답 및 해설

一、听力

第一部分

第1-5题：判断对错。

1. ★ 有些国家不只一个首都。　　　（　　）

2. ★ 会议取消了。　　　　　　　　（　　）

3. ★ 上次活动很成功。　　　　　　（　　）

4. ★ 他已经来了。　　　　　　　　（　　）

5. ★ 他们恋爱三年后分手了。　　　（　　）

第二部分

第6-13题：请选出正确答案。

6. A 发邮件　　　B 修改资料　　　C 整理资料　　　D 提建议

7. A 男的　　　　B 丈夫　　　　　C 小王　　　　　D 同学

8. A 男的的护照　B 妻子的身份证　C 妻子的护照　　D 男的的身份证

9. A 三个月　　　B 六个月　　　　C 一年　　　　　D 一年半

10. A 害羞　　　　B 热情　　　　　C 骄傲　　　　　D 幽默

11. A 累了　　　　　B 没睡好　　　　C 腿很疼　　　　D 感冒了

12. A 恋人　　　　　B 师生　　　　　C 朋友　　　　　D 同事

13. A 着急　　　　　B 激动　　　　　C 高兴　　　　　D 紧张

第三部分

第14-24题：请选出正确答案。

14. A 学外语时读写很重要　　　　　B 学外语时听和说很重要
　　C 学汉语一定要在中国学　　　　D 在中国说外语的机会很少

15. A 大学　　　　　B 中学　　　　　C 小学　　　　　D 幼儿园

16. A 发工资了　　　B 已经借过一次　C 父母也没钱　　D 女的有钱

17. A 200元　　　　B 150元　　　　C 120元　　　　D 180元

18. A 有耐心　　　　B 有口才　　　　C 有热情　　　　D 有信心

19. A 上午八点　　　B 上午九点　　　C 下午两点　　　D 下午三点

20. A 投简历　　　　B 应聘成功　　　C 找工作　　　　D 感受气氛

21. A 味道很甜　　　B 药食两用　　　C 提高食欲　　　D 对身体有好处

22. A 人们对苦瓜的态度　B 苦瓜的颜色　C 苦瓜的药效　　D 苦瓜的种类

23. A 星期一　　　　B 星期四　　　　C 星期五　　　　D 星期六

24. A 网络翻译　　　B 网络歌手　　　C 网络作家　　　D 网络记者

二、阅读

第一部分

第25-29题：选词填空。

A 迷路　B 正常　C 进行　D 随便　E 应聘　F 标准

例如：早上起得很晚，就（D 随便）穿了一件衣服，下午可能要回去换一下。

25．我一紧张就无法（　　　）呼吸。

26．小明（　　　）了，是一位不认识的青年把他送回家的。

27．她大学毕业后，（　　　）到一家银行工作。

28．A：你的英语听起来有点儿奇怪。

　　B：难道你认为我的发音不够（　　　）吗？

29．A：他实在是太没有礼貌了，我看他从小就被父母宠坏了。

　　B：所以我觉得对孩子的错误一定要好好（　　　）教育。

第二部分

第30-34题：排列顺序。

30. A 一个人在读硕士，一个人在读本科
    B 小红和她男朋友都是经济管理学院的学生
    C 他们打算等两个人都毕业了就结婚　　_____

31. A 不但速度很快
    B 我建议你坐高铁去杭州
    C 而且也很方便　　_____

32. A 所以不得不推迟到下个星期天
    B 不过由于天气预报说下雨
    C 我们原来计划这个星期天去长城　　_____

33. A 从而有意增加他人的愤怒或助长事态的发展
    B 燃烧的火头上再加上油
    C "火上加油"指的是　　_____

34. A 因此大家对他都很冷淡
    B 他虽然很有能力
    C 但是他的脾气有点儿奇怪　　_____

第三部分

第35-45题：请选出正确答案。

35. 四合院至少有3000多年的历史，它虽然是居住建筑，但是却有着很深的中国传统文化，所以很有名。目前，典型的四合院越来越少。

   ★ 四合院为什么有名？

   A 居住建筑很漂亮　　　B 历史很悠久

   C 越来越少　　　　　　D 有着很深的中国传统文化

36. 龙井茶是著名的绿茶，产于中国杭州西湖一带，它具有"色绿、香浓、味甜、形美"的特点。经常喝龙井茶可以提神解渴、防止高血压。

   ★ 龙井茶有哪些特点？

   A 叶色白　　　B 又香又浓　　　C 味道很苦　　　D 形状奇怪

37. 三里屯是酒吧街、音乐街，到了晚上很多歌手为人们歌唱。它还是一条美食街、服装街。现在三里屯是各种人、各种文化汇集的地方。

   ★ "它"指的是：

   A 酒吧街　　　B 美食街　　　C 三里屯　　　D 服装街

38. 李女士决定到一家骑马俱乐部去减肥。一个月后，有个朋友问她减肥效果怎么样。她说："很不错，我骑的马瘦了五公斤！"

   ★ 李女士的减肥效果怎么样？

   A 很不错　　　B 瘦了十斤　　　C 没有效果　　　D 马太累了

39. 我特别喜欢足球，世界杯比赛的时候我总是白天睡觉，晚上看球赛。不过，今年就不用在家看了，韩日世界杯的时候我要去韩国看比赛，为中国队加油。

   ★ 韩日世界杯的时候"我"要做什么？

   A 去日本看比赛　　B 去韩国看比赛　　C 在家看比赛　　D 白天睡觉，晚上看比赛

40. 业余时间我喜欢上网,因为我喜欢看新闻,在网上我可以用最快的时间了解到世界上正在发生的事情。有了网络,这个世界真的变小了。

★ "我"上网做什么?

A 了解国际新闻　　B 买东西　　C 让世界变小　　D 看电视剧

41. 本站一共有8个出口,要去邮局的乘客请从1、3号出口出站,去百货商场和电影院的乘客请从7号出口出站,去大使馆的乘客请从1、4号出口出站。

★ 从1号出口出去可以到哪儿?

A 电影院　　　B 百货商场　　　C 银行　　　　D 大使馆

42-43.

研究证明,跟每晚睡眠超过7小时的人相比,每晚睡眠不足6小时的人患感冒的可能性会高出4.2倍,每晚睡眠不足5小时的人患感冒的可能性会高出4.5倍。研究人员认为,在预测一个人感冒的可能性时,睡眠不足是一个比年龄、压力、收入水平以及是否吸烟更重要的因素。这一发现也进一步说明睡眠应与饮食和运动一样,被视为公共健康的重要部分。

★ 在预测一个人感冒的可能性时,重要的是什么?

A 睡眠不足　　B 收入　　　C 年龄　　　D 吸烟

★ 这段话主要谈睡眠的:

A 质量与感冒　　B 时间与感冒　　C 阶段与健康　　D 好坏与健康

44-45.

很多人结婚时,对婚姻有许多期望,期望从中得到富贵、爱情、快乐、健康。其实婚姻开始的时候,它只是一个空盒子。走到一起的两个人,一定要养成一个习惯,互相珍惜对方、互相关心、互相信赖。这样,那只空盒子里的东西才会更加丰富起来,夫妻之间的感情才会更加牢固。

★ 很多人希望从婚姻中得到什么?

A 尊重　　　　B 友谊　　　　C 快乐　　　　D 同情

★ 结婚的人要养成什么样的习惯?

A 互相关心　　B 互相怀疑　　C 意见要一样　　D 往盒子里放东西

三、书写

第一部分

第46-50题：完成句子。

46. 苹果树　医院的　一棵　院子后面　有

47. 按照　重新　汉语拼音　请把　排列　学生名字

48. 被　他　玩游戏时　看见了　在办公室里　领导

49. 我家　一个小时　需要　大概　到你们学校　从

50. 是因为　路上　迟到的　堵车　他　才

第二部分

第51-55题：看图，用词造句。

51.  密码

52.  来不及

53.  导游

54.  醒

55.  香

정답 및 해설

듣기 1부분

一共5个题，每题听一次。
现在开始第1题：

1. 首都是一个国家的代表和象征，是政治和经济活动的中心城市。一个国家一般都有一个首都，但并非都是如此，比如南非共和国就有三个首都。
   수도는 한 나라의 대표이자 상징이고 정치와 경제 활동의 중심 도시다. 한 나라에는 보통 한 개의 수도가 있지만, 모두 그런 것은 아니다. 예를 들면 남아프리카공화국은 수도가 3개 있다.
   ★ 有些国家不只一个首都。（✓）
   ★ 일부 국가는 수도가 한 개만 있는 것이 아니다.（✓）

2. 小王今天突然身体不舒服，所以没来上班。原来由他准备的会议就请小刘继续负责吧。
   会议时间和地点都不变。
   샤오왕이 오늘 갑자기 몸이 안 좋아 출근하지 않았습니다. 원래 그가 준비했던 회의는 샤오류가 계속 맡게 하세요.
   회의 시간과 장소는 모두 변함없습니다.
   ★ 会议取消了。（X）
   ★ 회의는 취소되었다.（X）

3. 上次的活动受到了许多家长和小朋友的欢迎，很多报名但是没有参加的家庭强烈希望再举办一次，因此才有了第二场。
   지난번 행사를 많은 학부모와 어린 친구들이 좋아했고, 신청은 했지만 참가하지 않은 많은 가정에서 한 번 더 진행할 것을 강력히 요구하여 제2회를 열게 되었다.
   ★ 上次活动很成功。（✓）
   ★ 지난번 행사는 아주 성공적이었다.（✓）

4. 他这个人一直都很准时，上课从来不迟到。可今天上课时间都过了15分钟了，他还没来，可能是家里有什么事情。
   그는 언제나 시간을 잘 지켜 지금까지 수업에 한 번도 지각한 적이 없었다. 그러나 오늘은 수업 시간이 15분이 지났는데도 그는 오지 않았다. 아마도 집에 무슨 일이 생긴 것 같다.
   ★ 他已经来了。(X)
   ★ 그는 이미 왔다. (X)

5. 经过三年的恋爱，今天王先生和李小姐终于结婚了。
   让我们再一次用热烈的掌声祝福两位新人新婚幸福，百年好合。
   3년의 연애 끝에 오늘 왕 군과 이 양이 드디어 결혼하게 되었습니다. 우리 한 번 더 뜨거운 박수로 이 두 사람의 결혼이 행복하고 백년해로하기를 기원해 줍시다.
   ★ 他们恋爱三年后分手了。(X)
   ★ 그들은 3년간 연애한 뒤 헤어졌다. (X)

듣기 2부분

一共8个题，每题听一次。
现在开始第6题：

6. 男：明天的会议资料已经做好了，你能给我提点儿意见吗？
   女：没问题。一会儿你把会议资料发邮件给我吧。
   问：男的希望女的做什么？
   A 发邮件　　　B 修改资料　　　C 整理资料　　　D 提建议

   남: 내일 회의 자료는 이미 다 만들었는데, 의견 좀 줄 수 있어?
   여: 물론이지. 이따가 나한테 회의 자료를 메일로 보내줘.
   질문: 남자는 여자가 무엇을 하기를 바라나요?
   A 이메일을 보낸다　　B 자료를 수정한다　　C 자료를 정리한다　　D 건의한다

7. 女：我们乘坐的航班，周一晚上7点到上海，谁来接我们？
   男：我那天有事儿，去不了。我让小王去接吧。
   问：谁去接女的？
   A 男的　　　B 丈夫　　　C 小王　　　D 同学

   여: 우리가 탑승할 항공편은 월요일 저녁 7시에 상하이에 도착하는데, 누가 우리 데리러 와?
   남: 나는 그날 일이 있어서 못가. 샤오왕더러 마중 가라고 할게.
   질문: 누가 여자를 마중하나요?
   A 남자　　　B 남편　　　C 샤오왕　　　D 학우

8. 男：我不小心把妻子的护照弄丢了，怎么办？
   女：你可以让妻子去出入境管理处补办。
   问：什么东西不见了？
   A 男的的护照　　B 妻子的身份证　　C 妻子的护照　　D 男的的身份证

   남: 내가 실수로 아내의 여권을 잃어버렸는데, 어쩌지?
   여: 아내더러 출입국관리사무소에 가서 재발급 받으라고 해.
   질문: 무엇이 없어졌나요?
   A 남자의 여권　　B 아내의 신분증　　C 아내의 여권　　D 남자의 신분증

9. 女：明天就去广州分公司了吧？这次去呆多久？
   男：呆半年，过完春节就回总部。
   问：男的去分公司工作多长时间？
   A 三个月　　B 六个月　　C 一年　　D 一年半

   여: 내일 광저우 지사에 가지? 이번에 가면 얼마 동안 있어?
   남: 반년 있어. 설 지나고 바로 본사로 돌아가.
   질문: 남자는 지사에서 얼마 동안 근무하나요?
   A 3개월　　B 6개월　　C 1년　　D 1년 반

10. 男：你对新来的同事印象怎么样？
    女：不错，人很聪明，教他什么东西一学就会。不过，就是比较害羞。
    问：女的觉得新来的同事怎么样？
    A 害羞   B 热情   C 骄傲   D 幽默

    남: 새로운 동료에 대한 인상은 어때?
    여: 괜찮아. 사람이 똑똑해서 가르치는 대로 잘 해내. 다만, 부끄러움이 좀 많아.
    질문: 여자는 새로운 동료가 어떻다고 생각하나요?
    A 부끄러워한다   B 열정적이다   C 오만하다   D 유머러스하다

11. 女：昨天打了两个小时的羽毛球。晚上胳膊疼得一晚上都没睡好觉。
    男：可能是因为你平时缺少锻炼，以后多出去锻炼锻炼。
    问：根据对话可以知道女的怎么了？
    A 累了   B 没睡好   C 腿很疼   D 感冒了

    여: 어제 두 시간 동안 배드민턴을 쳤더니 저녁에 팔이 아파서 밤새 잠을 잘 못 잤어.
    남: 아마도 네가 평소에 운동이 부족해서 그럴 거야. 앞으로 많이 나가서 운동 좀 해.
    질문: 대화에 근거하여 여자가 어떻게 되었다는 것을 알 수 있을까요?
    A 지쳤다   B 잠을 잘 못 잤다   C 다리가 아주 아프다   D 감기에 걸렸다

12. 男：已经六点半了，你怎么还不下班？
    女：今晚可能得加班了，我还有一个报告没写完。
    问：他们是什么关系？
    A 恋人   B 师生   C 朋友   D 同事

    남: 이미 여섯 시 반인데, 너는 왜 아직 퇴근 안하니?
    여: 오늘 밤은 야근해야 할 것 같은데, 아직 보고서를 다 쓰지 못했어.
    질문: 그들은 무슨 관계인가요?
    A 연인   B 사제   C 친구   D 동료

13. 女：我家的狗昨晚跑出去到今天还没回来。怎么办？
    男：它平时有没有爱去的地方？要不去那儿找一找？
    问：女的心情怎么样？
    A 着急   B 激动   C 高兴   D 紧张

    여: 우리 집 개가 어제 저녁에 뛰쳐나갔는데 오늘까지도 안 돌아왔어. 어쩌지?
    남: 그 개가 평소에 즐겨 가는 장소가 있니? 아니면 거기 가서 한번 찾아볼까?
    질문: 여자의 심정은 어떤가요?
    A 조급하다   B 감격하다   C 즐겁다   D 긴장하다

듣기 3부분

一共11个题，每题听一次。
现在开始第14题：

14. 男：你听说了吗？我们学校的留学生参加"汉语桥"比赛，得了一等奖。
    女：是吗？这些留学生的汉语水平肯定很不错。
    男：可不是嘛。跟他们相比，我们说外语的机会就太少了。
    女：他们在中国学汉语，听和说的机会当然就多了。多听、多说对学语言来说，太重要了。
    问：女的是什么意思？
    A 学外语时读和写很重要　　B 学外语时听和说很重要
    C 学汉语一定要在中国学　　D 在中国说外语的机会很少

    남: 들었어? 우리 학교 유학생들이 '한어교'경연 대회에 나가서 1등 했대.
    여: 그래? 그 유학생들 중국어 수준은 틀림없이 높을 거야.
    남: 그러게 말이야. 그들과 비교하면 우리는 외국어를 말할 기회가 너무 적어.
    여: 그들은 중국에서 중국어를 배우니, 듣고 말할 기회가 당연히 많지. 많이 듣고 많이
        말하는 것은 언어를 배울 때 매우 중요해.
    질문: 여자는 무슨 뜻일까요?
    A 외국어를 배울 때 읽기와 쓰기가 중요하다　　B 외국어를 배울 때 듣기와 말하기가 중요하다
    C 중국어를 배울 때 꼭 중국에서 배워야 한다　　D 중국에서는 외국어를 말할 기회가 적다

15. 女：在您的一生中，您认为最重要的东西是在哪儿学的？
    男：我想应该是在幼儿园学的。
    女：为什么是在幼儿园呢？
    男：在那里，我学到了很多。比如，不是自己的东西不要拿，做错了事要道歉。
    问：男的最重要的东西是在哪儿学的？
    A 大学　　　B 中学　　　C 小学　　　D 幼儿园

    여: 당신의 일생에서 제일 중요한 것은 어디에서 배웠다고 생각하나요?
    남: 저는 유치원에서 배웠다고 생각해요.
    여: 왜 유치원이라고 생각하나요?
    남: 거기서 저는 많은 것을 배웠어요. 예를 들면 자신의 물건이 아니면 갖지 말고, 잘못했으면
        사과해야 하는 것 등이요.
    질문: 남자는 제일 중요한 것을 어디에서 배웠나요?
    A 대학교　　　B 중학교　　　C 초등학교　　　D 유치원

16. 男：亲爱的，今天是25号，下班以后别忘了交房租啊。
    女：这个月的工资还没发呢，怎么办？
    男：要不，先向爸妈借点儿钱，怎么样？
    女：上个月已经借过一次了，我可不好意思再借了。
    问：女的为什么不想向父母借钱？
    A 发工资了　　B 已经借过一次　　C 父母也没钱　　D 女的有钱

남: 자기야, 오늘 25일이야. 퇴근 후에 집세 내는 거 잊지 마.
여: 이번 달 월급을 아직 안 나왔어. 어쩌지?
남: 그러면 먼저 부모님께 돈을 좀 빌리는 건 어때?
여: 지난달에 이미 한 번 빌렸어. 다시 빌리기가 미안해.
질문: 여자는 왜 부모한테 돈을 빌리고 싶지 않나요?
A 급여가 들어왔다   B 한 번 빌렸었다   C 부모도 돈이 없다   D 여자는 돈이 있다

17. 女：请问，这条裙子怎么卖？
    男：原价300块，现在打6折。现在不买您可能会后悔的。
    女：价格还不错。还有别的颜色吗？
    男：没有。现在只有红色，而且红色也只有一条。
    问：这条裙子现在多少钱？
    A 200元   B 150元   C 120元   D 180元

    여: 저기요, 이 치마는 어떻게 파나요?
    남: 원가는 300위안인데 지금 40%할인해요. 지금 사지 않으면 후회하실 거예요.
    여: 가격은 괜찮네요. 다른 색은 없나요?
    남: 없어요. 지금은 빨강만 있어요. 게다가 빨강도 한 개만 있어요.
    질문: 이 치마는 현재 얼마인가요?
    A 200위안   B 150위안   C 120위안   D 180위안

18. 男：你认为什么样的人适合当老师？
    女：我认为有学问、有爱心的人适合当老师。
    男：你说得没错。不过当老师还得有耐心和积极向上的心态。
    女：当老师真难啊！
    问：当老师应该怎么样？
    A 有耐心   B 有口才   C 有热情   D 有信心

    남: 너는 어떤 사람이 선생님이 되기에 적합하다고 생각해?
    여: 나는 학식이 있고 애정이 있는 사람이 선생님을 하기에 적합하다고 생각해.
    남: 맞는 말이야. 하지만 선생님을 하려면 인내심과 긍정적인 마음가짐도 있어야 해.
    여: 선생님이 된다는 건 참 어렵구나!
    질문: 선생님이 되려면 어떻게 해야 하나요?
    A 인내심이 있다   B 말재주가 있다   C 열정이 있다   D 자신감이 있다

第19到20题是根据下面一段话：
今天上午九点，学校在体育馆举办了一场校园招聘会。作为一名大三的学生，我去招聘会的原因仅是因为想去感受一下招聘会现场的气氛。但是我发现，即使我没有抱着要应聘成功的心态，现场的那种紧张气氛仍然深刻地影响了我。

19. 招聘会几点开始？
    A 上午八点   B 上午九点   C 下午两点   D 下午三点
20. 说话人为什么去招聘会？
    A 投简历   B 应聘成功   C 找工作   D 感受气氛

오늘 오전 9시에 학교 체육관에서 캠퍼스 채용박람회를 열었다. 대학교 3학년생인 내가 채용박람회에 간 이유는 오직 현장의 분위기를 느끼기 위해서다. 설령 꼭 채용되겠다는 마음가짐이 아니더라도 현장의 긴장된 분위기는 여전히 나에게 많은 영향을 주고 있음을 느꼈다.

19. 채용박람회는 몇 시에 시작하나요?
    A 오전 8시   B 오전 9시   C 오후 2시   D 오후 3시

20. 화자는 왜 채용박람회에 갔나요?
    A 이력서를 내기 위해   B 채용에 성공해서   C 직업을 구하기 위해   D 분위기를 느껴 보려고

第21到22题是根据下面一段话：
苦瓜，是一种药食两用的蔬菜。作为食品，人们对苦瓜的态度可以分为两种。喜欢吃苦瓜的人认为它味苦清香，特别能提高食欲。而不爱吃苦瓜的人也正是因为它的苦味，而不敢去尝试。

21．为什么有些人喜欢吃苦瓜？
    A 味道很甜   B 药食两用   C 提高食欲   D 对身体有好处

22．这段话主要谈什么？
    A 人们对苦瓜的态度   B 苦瓜的颜色   C 苦瓜的药效   D 苦瓜的种类

여주는 약용, 식용으로 이용되는 채소다. 식품으로서 여주에 대한 사람들의 태도는 두 가지로 나뉜다. 여주를 즐겨 먹는 사람은 이를 식탁 위의 맛있는 음식으로 보는데, 맛이 쓰고 향긋하여 특히 식욕을 돋군다고 생각한다. 그러나 여주를 즐겨 먹지 않는 사람은 바로 여주의 쓴맛 때문에 감히 시도하지 못한다.

21. 어떤 사람들은 왜 여주를 즐겨 먹나요?
    A 맛이 달다   B 약용과 식용으로 이용된다   C 식욕을 돋운다   D 몸에 좋다

22. 이 말은 주로 무엇을 말하고 있나요?
    A 사람들의 여주에 대한 태도   B 여주의 색깔   C 여주의 약효   D 여주의 종류

第23到24题是根据下面一段话：
现场的观众朋友和电视机前的观众朋友们，大家晚上好！欢迎大家在星期五晚上，准时收看我们的节目。最近网络上有一首歌非常流行，相信大家都听过这首歌。今天，我们幸运地请到了这首歌的原唱歌手来参加我们的节目。

23．这个节目星期几播出？
    A 星期一   B 星期四   C 星期五   D 星期六

24．邀请谁来参加节目？
    A 网络翻译   B 网络歌手   C 网络作家   D 网络记者

현장의 시청자 여러분과 텔레비전 앞의 시청자 여러분, 안녕하세요! 금요일 저녁 저희 프로그램을 시간 맞춰 시청해 주시는 여러분을 환영합니다. 요즘 인터넷에 매우 유행하고 있는 노래가 한 곡 있는데, 아마 여러분들도 모두 들어 보셨을 겁니다. 오늘 저희는 운 좋게 이 노래의 가수를 초청하여 저희 프로그램에 모셨습니다.

23. 이 프로그램은 무슨 요일에 방송되나요?
    A 월요일   B 목요일   C 금요일   D 토요일

24. 누구를 초청하여 프로그램에 참가하게 했나요?
    A 인터넷 번역   B 인터넷 가수   C 인터넷 작가   D 인터넷 기자

听力考试现在结束。

독해 1부분

第25-29题：选词填空。

　　A 迷路　　B 正常　　C 进行　　D 随便　　E 应聘　　F 标准

例如：　早上起得很晚，就（D 随便）穿了一件衣服，下午可能要回去换一下。

25．我一紧张就无法（ B 正常 ）呼吸。
26．小明（ A 迷路 ）了，是一位不认识的青年把他送回家的。
27．她大学毕业后，（ E 应聘 ）到一家银行工作。
28．A：你的英语听起来有点儿奇怪。
　　B：难道你认为我的发音不够（ F 标准 ）吗？
29．A：他实在是太没有礼貌了，我看他从小就被父母宠坏了。
　　B：所以我觉得对孩子的错误一定要好好（ C 进行 ）教育。

> A 迷路 mílù 동 길을 잃다
> 　예) 他对这座城市很熟悉，跟着他走不会迷路。
> B 正常 zhèngcháng 형 정상적이다
> 　예) 朋友之间有些小矛盾是正常的。
> C 进行 jìnxíng 동 진행하다
> 　예) 关于"什么是勇敢"，同学们进行了激烈的讨论。
> D 随便 suíbiàn 부 마음대로
> 　예) 个人日记可以根据自己的日常生活经历随便写。
> E 应聘 yìngpìn 동 (채용에) 지원하다
> 　예) 你为什么想应聘销售部门？
> F 标准 biāozhǔn 명 표준, 기준
> 　예) 小金能说一口标准的普通话。

25. 나는 긴장만 하면 정상적으로 호흡할 수가 없다.
26. 샤오밍은 길을 잃어서, 어느 한 모르는 청년이 그를 집에 데려다 주었다.
27. 그녀는 대학 졸업 후 한 은행에서 일하고 있다.
28. A: 당신의 영어는 듣기에 좀 이상하네요.
　　B: 설마 제 발음이 표준이 아니라는 말씀인가요?
29. A: 걔는 정말 너무 예의가 없어. 내가 보기엔 어릴 때부터 부모가 너무 예뻐만 해서 잘못 큰 것 같아.
　　B: 그래서 아이들의 잘못에 대해서는 반드시 잘 교육해야 한다고 생각해.

독해2부분

第30-34题：排列顺序。

30. A 一个人在读硕士，一个人在读本科
    B 小红和她男朋友都是经济管理学院的学生
    C 他们打算等两个人都毕业了就结婚
    정답: BAC

    小红和她男朋友都是经济管理学院的学生，一个人在读硕士，一个人在读本科，他们打算等两个人都毕业了就结婚。
    해석: 샤오홍과 그녀의 남자 친구는 모두 경영대학의 학생인데, 한 사람은 석사 과정에 있고, 한 사람은 학부에서 공부하고 있다. 그들은 두 사람이 모두 졸업하면 결혼할 계획이다.

31. A 不但速度很快
    B 我建议你坐高铁去杭州
    C 而且也很方便
    정답: BAC

    我建议你坐高铁去杭州，不但速度很快，而且也很方便。
    해석: 나는 네가 고속철도로 항주에 가는 걸 권하고 싶어. 속도가 매우 빠를 뿐만 아니라 아주 편리하니까.

32. A 所以不得不推迟到下个星期天
    B 不过由于天气预报说下雨
    C 我们原来计划这个星期天去长城
    정답: CBA

    我们原来计划这个星期天去长城，不过由于天气预报说下雨，所以不得不推迟到下个星期天。
    해석: 우리는 원래 이번 주 일요일에 만리장성에 가려고 계획했지만, 일기 예보에서 비가 온다고 하여 부득이하게 다음 주 일요일로 미루게 되었다.

33. A 从而有意增加他人的愤怒或助长事态的发展
    B 燃烧的火头上再加上油
    C "火上加油"指的是
    정답: CBA

    "火上加油"指的是燃烧的火头上再加上油，从而有意增加他人的愤怒或助长事态的发展。
    해석: '불에 기름을 끼얹다'는 타오르는 불에 기름을 더 부어, 이로써 타인의 분노를 더하거나 또는 사태를 더 심각하게 만드는 것을 가리킨다.

34. A 因此大家对他都很冷淡
    B 他虽然很有能力
    C 但是他的脾气有点儿奇怪
    정답: BCA

    他虽然很有能力, 但是他的脾气有点儿奇怪, 因此大家对他都很冷淡。
    해석: 그는 비록 능력이 있지만, 성격이 좀 이상해서 사람들은 그를 아주 냉담하게 대한다.

독해3부분

第35-45题: 请选出正确答案。

35. 四合院至少有3000多年的历史, 它虽然是居住建筑, 但是却有着很深的中国传统文化, 所以很有名。目前, 典型的四合院越来越少。
    사합원은 적어도 3000여 년의 역사가 있다. 비록 거주용 건축물이지만 깊은 중국 전통문화를 가지고 있어 매우 유명하다. 현재 전형적인 형태의 사합원은 점점 줄어들고 있다.

    ★ 四合院为什么有名?
    A 居住建筑很漂亮   B 历史很悠久   C 越来越少   D 有着很深的中国传统文化
    ★ 사합원은 왜 유명한가?
    A 거주용 건축물이 아주 예쁘다   B 역사가 아주 유구하다   C 점점 줄어든다   D 매우 깊은 중국 전통문화가 있다

36. 龙井茶是著名的绿茶, 产于中国杭州西湖一带, 它具有"色绿、香浓、味甜、形美"的特点。经常喝龙井可以提神解渴、防止高血压。
    용정차는 유명한 녹차로, 중국 항저우 시후 일대에서 생산되며, '초록 빛깔, 짙은 향, 달콤한 맛, 아름다운 형태'가 특징이다. 용정차를 자주 마시면 원기 회복과 갈증 해소에 좋고, 고혈압을 방지할 수 있다.

    ★ 龙井茶有哪些特点?
    A 叶色白   B 又香又浓   C 味道很苦   D 形状奇怪
    ★ 용정차는 어떤 특징들이 있는가?
    A 잎이 흰색이다   B 향기롭고 진하다   C 맛이 쓰다   D 모양이 이상하다

37. 三里屯是酒吧街、音乐街, 到了晚上很多歌手为人们歌唱。它还是一条美食街、服装街。现在三里屯是各种人、各种文化汇集的的地方。
    싼리툰은 술집과 음악의 거리로 밤이 되면 많은 가수들이 사람들에게 노래를 들려 준다. 또한 그곳은 미식, 옷집 거리이기도 하다. 현재 싼리툰은 여러 사람과 문화가 모인 지역이다.

    ★ "它"指的是:
    A 酒吧街   B 美食街   C 三里屯   D 服装街
    ★ '그것'이 가리키는 것은?
    A 술집 거리   B 미식 거리   C 싼리툰   D 옷집 거리

38. 李女士决定到一家骑马俱乐部去减肥。一个月后，有个朋友问她减肥效果怎么样。她说：
"很不错，我骑的马瘦了五公斤！"

이여사는 한 승마 클럽에 가서 다이어트를 하기로 결심했다. 한 달 후, 한 친구가 그녀에게 다이어트 효과가 어떤지 물었다. 그녀는 "아주 괜찮아. 내가 탄 말이 5킬로그램 빠졌어."라고 말했다.

★ 李女士的减肥效果怎么样？
A 很不错　　　　B 瘦了十斤　　　C 没有效果　　　D 马太累了
★ 이 여사의 다이어트 효과는 어떤가요？
A 아주 좋다　　　B 5킬로그램 빠졌다　C 효과가 없다　　D 말이 너무 피곤하다

39. 我特别喜欢足球，世界杯比赛的时候我总是白天睡觉，晚上看球赛。不过，今年就不用在家看了，韩日世界杯的时候我要去韩国看比赛，为中国队加油。

나는 축구를 매우 좋아해서 월드컵 경기 때는 늘 낮에 자고 밤에는 축구 경기를 본다. 그러나 올해는 집에서 볼 필요가 없다. 한일 월드컵 때 나는 한국에 가서 경기를 관람하고 중국팀을 응원할 것이다.

★ 韩日世界杯的时候"我"要做什么？
A 去日本看比赛　B 去韩国看比赛　C 在家看比赛　　D 白天睡觉，晚上看比赛
★ 한일월드컵 때 나는 무엇을 할 것인가？
A 일본에 가서 경기를 관람한다　B 한국에 가서 경기를 관람한다　C 집에서 경기를 본다　D 낮에 자고 밤에 경기를 본다

40. 业余时间我喜欢上网，因为我喜欢看新闻，在网上我可以用最快的时间了解到世界上正在发生的事情。有了网络，这个世界真的变小了。

여가 시간에 나는 인터넷을 하는 걸 좋아한다. 왜냐하면 뉴스 보는 것을 좋아해서 인터넷에서 가장 빠른 시간에 세계에서 벌어지고 있는 일들을 알 수 있기 때문이다. 인터넷이 생기고 나서 이 세계는 정말 작아졌다.

★ "我"上网做什么？
A 了解国际新闻　　B 买东西　　　C 让世界变小　　D 看电视剧
★ 나는 인터넷에서 무엇을 하는가？
A 국제 뉴스를 파악한다　B 물건을 산다　　C 세계를 작게 한다　D 드라마를 본다

41. 本站一共有8个出口，要去邮局的乘客请从1、3号出口出站，去百货商场和电影院的乘客请从7号出口出站，去大使馆的乘客请从1、4号出口出站。

이 역에는 모두 8개의 출구가 있습니다. 우체국에 가시는 승객께서는 1, 3번 출구로 나가시고, 백화점과 영화관에 가시는 승객께서는 7번 출구로, 대사관에 가시는 승객께서는 1, 4번 출구로 나가시기 바랍니다.

★ 从1号出口出去可以到哪儿？
A 电影院　　　　B 百货商场　　　C 银行　　　　　D 大使馆
★ 1번 출구로 나가면 어디에 갈 수 있나요？
A 영화관　　　　B 백화점　　　　C 은행　　　　　D 대사관

42-43.
研究证明，跟每晚睡眠超过7小时的人相比，每晚睡眠不足6小时的人患感冒的可能性会高出4.2倍，每晚睡眠不足5小时的人患感冒的可能性会高出4.5倍。研究人员认为，在预测一个人感冒的可能性时，睡眠不足是一个比年龄、压力、收入水平以及是否吸烟更重要的因素。这一发现也进一步说明睡眠应与饮食和运动一样，被视为公共健康的重要部分。

매일 밤 수면 시간이 7시간 이상인 사람과 비교했을 때, 수면 시간이 6시간 미만인 사람은 감기에 걸릴 가능성이 4.2배 높으며, 5시간 미만인 사람이 감기에 걸릴 가능성은 4.5배를 넘는다는 사실이 연구에서 증명되었다. 연구원들은 사람이 감기에 걸릴 가능성을 예측할 때 수면 부족이 나이, 스트레스, 수입 수준 및 흡연 여부보다 더 중요한 요소라고 생각한다. 이 발견은 수면이 음식, 운동과 마찬가지로 건강의 중요 부분으로 여겨져야 함을 더욱 설명하고 있다.

★ 在预测一个人感冒的可能性时, 重要的是什么?
A 睡眠不足　　　B 收入　　　C 年龄　　　D 吸烟

★ 사람이 감기에 걸릴 가능성을 예측할 때, 중요한 것은 무엇인가?
A 수면 부족　　　B 수입　　　C 연령　　　D 흡연

★ 这段话主要谈睡眠的:
A 质量与感冒　　B 时间与感冒　　C 阶段与健康　　D 好坏与健康

★ 이 글은 주로 수면의 어떤 점을 말하는가?
A 질과 감기　　B 시간과 감기　　C 단계와 건강　　D 좋고 나쁨과 건강

44-45.
　　很多人结婚时, 对婚姻有许多期望, 期望从中得到富贵、爱情、快乐、健康。其实婚姻开始的时候, 它只是一个空盒子。走到一起的两个人, 一定要养成一个习惯, 互相珍惜对方、互相关心、互相信赖。这样, 那只空盒子里的东西才会更加丰富起来, 夫妻之间的感情才会更加牢固。

　　많은 사람들은 결혼할 때 혼인에 대해 기대가 많으며, 혼인에서 부귀, 애정, 즐거움, 건강을 얻기 바란다. 사실 혼인이 시작될 때 이는 빈 상자에 불과하다. 함께 걷는 두 사람은 반드시 서로 아끼고, 관심을 갖고, 신뢰하는 좋은 습관을 길러야 한다. 그래야 그 빈 상자 안의 물건이 더욱 풍부해지고 부부의 감정도 더 끈끈해진다.

★ 很多人希望从婚姻中得到什么?
A 尊重　　　B 友谊　　　C 快乐　　　D 同情

★ 많은 사람들이 결혼에서 무엇을 얻기 바라는가?
A 존중　　　B 우정　　　C 즐거움　　　D 동정

★ 结婚的人要养成什么样的习惯?
A 互相关心　　B 互相怀疑　　C 意见要一样　　D 往盒子里放东西

★ 결혼하는 사람은 어떤 습관을 길러야 하는가?
A 서로 관심을 갖는다　B 서로 의심한다　C 의견이 같아야 한다　D 상자에 물건을 넣는다

쓰기1부분

第46-50题: 完成句子。

46. 医院的院子后面有一棵苹果树。
    병원의 정원 뒤에는 사과나무가 한 그루 있다.

47. 请把学生名字按照汉语拼音重新排列。
    학생 이름을 한어 병음에 따라 다시 배열하세요.

48. 他在办公室里玩游戏时被领导看见了。
    그는 사무실에서 게임을 하다가 상사에게 들켰다.

49. 从我家到你们学校大概需要一个小时。
　　우리 집에서 너희 학교까지 대략 한 시간 걸린다.

50. 他是因为路上堵车才迟到的。
　　그는 길에 차가 많이 막혀 지각한 것이다.

쓰기2부분

第51-55题：看图，用词造句。

51.  密码

密码 mìmǎ 몡 비밀번호
기본 문장: 妈妈忘记密码
참고 답안:
妈妈常常忘记手机密码。 엄마는 핸드폰 비밀번호를 자주 잊어버린다.
我忘了我家大门的密码。 나는 우리 집 대문의 비밀번호를 잊어버렸다.
我不知道这台电脑的密码。 나는 이 컴퓨터의 비밀번호를 모른다.

52.  来不及

来不及 láibují 동 시간이 부족해~할 수 없다
기본 문장: 我来不及吃饭
참고 답안:
我起晚了，来不及吃饭。 나는 늦게 일어나서 밥 먹을 시간이 없다.
火车已经出发了，你现在去也来不及了。 기차가 이미 출발해 네가 지금 가도 시간이 안 된다.
早上妈妈叫我带伞，我却不听，现在后悔也来不及了。
아침에 엄마가 나한테 우산을 들고 가라고 했는데 나는 듣지 않았다. 지금 와서 후회해도 이미 늦었다.

53.  导游

导游 dǎoyóu ⑲ 관광 안내원, 가이드
기본 문장: 她是导游
참고 답안:
她是我们旅游团的导游。 그녀는 우리 여행단의 가이드다.
导游正在介绍今天的日程安排。 가이드는 오늘의 일정 안배에 대해 소개하고 있다.
很多游客跟着导游去参观了博物馆。 많은 관광객들이 가이드를 따라 박물관을 참관하러 갔다.

54.  醒

醒 xǐng ⑧ 잠에서 깨다
기본 문장: 我早上不到7点就醒
참고 답안:
最近我每天早上不到7点就醒。 요즘 나는 매일 아침 7시가 되기 전에 깬다.
已经中午12点了，你快去叫醒爸爸。 이미 낮 12시야. 빨리 가서 아빠를 깨워.
如果早上不喝咖啡，我就很难醒过来。 만약 아침에 커피를 마시지 않으면 나는 깨어나기 힘들다.

55.  香

香 xiāng ⑲ 향기롭다
기본 문장: 花很香
참고 답안:
这些花又香又好看。 이 꽃들은 향기로우면서 예쁘다.
他送我的这束花特别香。 그가 나에게 선물한 이 꽃다발은 특히 향기롭다.
我爱人特别喜欢鲜花，因为鲜花很香。
나의 아내는 특히 생화를 좋아하는데, 생화가 향기롭기 때문이다.

부록

단어
및 표현

부록 : 단어 및 표현

1강

动物园 dòngwùyuán 명 동물원
可爱 kě'ài 형 귀엽다
大熊猫 dàxióngmāo 명 판다
网球 wǎngqiú 명 테니스
打 dǎ 동 치다, 때리다
棒 bàng 형 좋다
还是 háishi 부 여전히, 아직도, 그래도
先 xiān 부 먼저
作业 zuòyè 명 숙제
做完 zuòwán 다 하다, 끝내다
对 duì 개 ~에 대해
感兴趣 gǎn xìngqù 흥미가 있다
出国 chūguó 동 출국하다
快要 kuàiyào 부 곧 (…하다), 말미에 어기조사 了를 동반
听说 tīngshuō 동 듣자하니, 듣건대

2강

房间 fángjiān 명 방
钥匙 yàoshi 명 열쇠
丢 diū 동 잃어버리다, 분실하다
互联网 hùliánwǎng 명 인터넷
大会 dàhuì 명 대회
将 jiāng 부 장차
东京 Dōngjīng 명 도쿄
举行 jǔxíng 동 거행하다
家 jiā 양 점포, 가게를 세는 단위
餐厅 cāntīng 명 식당
服务员 fúwùyuán 명 종업원

都 dōu 부 모두
热情 rèqíng 형 친절하다, 열정적이다
钱包 qiánbāo 명 지갑
被 bèi 개 ~에 의해
小偷 xiǎotōu 명 도둑, 좀도둑
偷 tōu 동 훔치다, 도둑질하다
批评 pīpíng 동 비판하다, 질책하다
顿 dùn 양 번, 차례
条 tiáo 양 치마, 바지를 세는 양사
裙子 qúnzi 명 치마, 스커트
颜色 yánsè 명 색깔
比 bǐ 개 ~에 비해, ~보다
今年 jīnnián 명 올해
表演 biǎoyǎn 명 공연
跟 gēn 개 ~와, ~과
去年 qùnián 명 작년
一样 yíyàng 형 같다, 동일하다
跟……一样 ~와(과) 같다, ~와(과) 마찬가지로
精彩 jīngcǎi 형 뛰어나다, 훌륭하다
公司 gōngsī 명 회사
从来 cónglái 부 지금까지, 여태껏, 이제까지
没 méi 부 ~하지 않다(과거 경험, 행위, 사실 등을 부정)
给 gěi 개 ~에게
发 fā 동 보내다, 교부하다, 발송하다
过 guo 조 ~한 적이 있다
传真 chuánzhēn 명 팩스

3강

趟 tàng 양 편, 번, 차례
航班 hángbān 명 운항편, 항공편
是……的 shì……de 강조구문
*是와 的 사이에 강조할 내용을 넣음
从 cóng 개 ~부터

北京 Běijīng 몡 베이징
飞往 fēiwǎng 비행기를 타고 ~로 가다
广东 Guǎngdōng 몡 광둥
应该 yīnggāi [조동] ~해야 한다, ~하는 것이 마땅하다
连…都 lián……dōu ~마저도 ~한다
自己 zìjǐ 대 자기, 자신, 스스로
母亲 mǔqīn 몡 모친, 어머니
信任 xìnrèn 동 신뢰하다, 믿다
件 jiàn 양 건, 개
事 shì 몡 일
使 shǐ 동 ~시키다, ~하게 하다
明白 míngbai 동 알다, 이해하다
道理 dàolǐ 몡 이치, 일리
老师 lǎoshī 몡 선생님
让 ràng 동 ~하게 하다, ~하도록 시키다
好好儿 hǎohāor 부 잘, 제대로
背 bèi 동 외우다, 암기하다
课文 kèwén 몡 본문
用 yòng 동 쓰다
零钱 língqián 몡 용돈, 잔돈
买 mǎi 동 사다
橡皮 xiàngpí 몡 지우개
和 hé 접 ~와, ~과
本子 běnzi 몡 공책, 노트
为了 wèile 개 ~을(를) 위하여
大家 dàjiā 대 모두
健康 jiànkāng 몡 건강
办公室 bàngōngshì 몡 사무실
里 lǐ 몡 안, 속
禁止 jìnzhǐ 동 금지하다
抽烟 chōuyān 동 흡연하다
还 hái 부 또, 더
想 xiǎng [조동] ~하고 싶다

再 zài 부 재차, 또
选 xuǎn 동 고르다, 선택하다
门 mén 양 과목
专业课 zhuānyèkè 몡 전공과목
关于 guānyú 개 ~에 관하여
世界 shìjiè 몡 세계
经济 jīngjì 몡 경제
篇 piān 양 편, 장
文章 wénzhāng 몡 글, 문장
特别 tèbié 부 특별히
难 nán 형 ~하기 어렵다, 어렵다
翻译 fānyì 동 통역하다, 번역하다

4강

小孩子 xiǎoháizi 몡 아이
千万 qiānwàn 부 제발
不要 búyào 부 ~하지 마라
别 bié 부 ~하지 마라
告诉 gàosu 동 알리다
本 běn 양 권
书 shū 몡 책
内容 nèiróng 몡 내용
减少 jiǎnshǎo 동 감소하다
环境 huánjìng 몡 환경
污染 wūrǎn 동 오염
离开 líkāi 동 떨어지다, 헤어지다, 떠나다
离不开 lí bukāi 떨어질 수 없다, 벗어날 수 없다
全 quán 형 온, 전부의
社会 shèhuì 몡 사회
支持 zhīchí 동 지지하다, 견디다
怎么 zěnme 대 어째서, 왜
这么 zhème 대 이렇게

晚 wǎn ⑱ 늦다
才 cái ⑭ ~에서야, 겨우
回来 huílai ⑲ 돌아오다
不是……吗 búshì……ma (반어문) ~ 아닙니까?
练习 liànxí ⑲ 연습하다
太极拳 tàijíquán ⑱ 태극권
生活 shēnghuó ⑲ 살다, 생활하다
美丽 měilì ⑱ 아름답다
地方 dìfang ⑱ 곳, 장소
姐姐 jiějie ⑱ 언니, 누나
拿 ná ⑲ 쥐다, 가지다
着 zhe ㉛ ~하고 있다, ~한 채로
咖啡 kāfēi ⑱ 커피
走 zǒu ⑲ 걷다
前面 qiánmian ⑱ 앞
从……到 cóng……dào ~에서 ~까지
火车站 huǒchēzhàn ⑱ 기차역
距离 jùlí ⑱ 거리, 간격
多 duō ⑭ 얼마나(의문문에서 정도를 나타냄)
远 yuǎn ⑱ 멀다

5강

演员 yǎnyuán ⑱ 배우, 연기자
觉得 juéde ⑲ ~라고 여기다, 생각하다
怎么样 zěnmeyàng 어떻다, 어떠하다
颜色 yánsè ⑱ 색, 색깔
挺 tǐng ⑭ 꽤, 제법, 매우
价格 jiàgé ⑱ 가격, 값
也 yě ⑭ ~도
贵 guì ⑱ 비싸다
而且 érqiě ㉝ 게다가, 뿐만 아니라
只 zhǐ ⑭ 단지, 다만, 오직

剩下 shèngxià 남다, 남기다
要是 yàoshi ㉝ 만약, 만약 ~이라면
现在 xiànzài ⑱ 지금, 현재
可能 kěnéng ⑭ 아마도, 어쩌면
后悔 hòuhuǐ ⑲ 후회하다, 뉘우치다
的 de ㉛ 평서문 끝에 쓰여 긍정의 어기를 나타냄
银行 yínháng ⑱ 은행
那么 nàme ㉝ 그러면, 그렇다면.
多 duō ⑱ 많다
美元 měiyuán ⑱ 미국 달러
填 tián ⑲ 기입하다, 써 넣다
一下 yíxià [수량] …해 보다, 한번 하다
外币 wàibì ⑱ 외화
预约单 yùyuēdān ⑱ 예약 신청서
吧 ba ㉛ 상의·제의·청유·기대·명령 등 어기를 나타냄
父母 fùmǔ ⑱ 부모
打电话 dǎ diànhuà 전화를 하다
留学 liúxué ⑲ 유학하다
时间 shíjiān ⑱ 시간
就 jiù ⑭ 바로
一次 yícì 1회, 한 번
植物园 zhíwùyuán ⑱ 식물원
除了 chúle ㉚ ~을 제외하고
其他 qítā ⑱ 다른
同学 tóngxué ⑱ 학우, 동학
都 dōu ⑭ 모두, 다
参观 cānguān ⑲ 참관하다, 견학하다
看到 kàndào 보다, 보이다, 눈에 띄다
花 huā ⑱ 꽃, 꽃나무
树 shù ⑱ 나무
决定 juédìng ⑲ 결정하다
学校 xuéxiào ⑱ 학교
讲课 jiǎngkè ⑲ 강의하다, 수업하다

多次 duōcì 여러 번, 자주
邀请 yāoqǐng 동 초청하다, 초대하다
可是 kěshì 접 그러나
每次 měicì 매번, 번번이
工作 gōngzuò 명동 일, 일 하다.
太 tài 부 너무
忙 máng 형 바쁘다
学习 xuéxí 동 공부하다, 배우다
认真 rènzhēn 형 진지하다, 착실하다
干净 gānjìng 형 깨끗하다, 청결하다
汉语 hànyǔ 명 중국어
容易 róngyì 형 쉽다, 용이하다
好看 hǎokàn 형 아름답다, 근사하다, 보기 좋다
个子 gèzi 명 키
高 gāo 형 (높이가) 높다, (키가) 크다
洗 xǐ 동 씻다
干 gān 형 건조하다, 마르다
眼睛 yǎnjing 명 눈
鼻子 bízi 명 코

6강

周末 zhōumò 명 주말
旅游 lǚyóu 동 여행하다, 관광하다
真 zhēn 부 확실히, 진정으로, 참으로
和 hé 개 ~와, ~과
一起 yìqǐ 부 같이, 함께
得 děi [조동] ~해야 한다.
准备 zhǔnbèi 동 준비하다
会议 huìyì 명 회의
只能 zhǐnéng ~할 수밖에 없다
等 děng 동 기다리다
以后 yǐhòu 명 이후

机会 jīhuì 명 기회
再说 zàishuō 동 다음에 다시 생각하다
一点儿 yìdiǎnr [수량] 조금, 약간
帮助 bāngzhù 명동 도움, 돕다
别人 biérén 명 남, 타인
不管 bùguǎn 접 ~을 막론하고. ~든지
同事 tóngshì 명 동료
邻居 línjū 명 이웃집, 이웃 사람
找 zhǎo 동 찾다, 구하다
帮忙 bāngmáng 명동 도움, 일을 도와주다
高兴 gāoxìng 형 기쁘다, 즐겁다, 좋아하다
地 de 조 부사어를 표시하는 구조조사
答应 dāying 동 대답하다, 동의하다
雪 xuě 명 눈
越……越 yuè……yuè ~할수록~하다
原来 yuánlái 명 이전에, 처음에, 원래
以为 yǐwéi 동 여기다, 생각하다
该 gāi [조동] …해야 할 것이다, 대개는 ~일 것이다
停 tíng 동 정지하다, 멎다, 멈추다
但是 dànshì 접 그러나, 그렇지만
不仅 bùjǐn 접 ~뿐만 아니라
还 hái 부 또, 게다가
越来越 yuèláiyuè 점점, 더욱더
爬山 páshān 동 산을 오르다, 등산하다
花 huā 동 (돈, 시간을) 쓰다
放假 fàngjià 동 방학하다, (학교나 직장이) 쉬다
待 dāi 동 (어떤 곳에)머물다
宿舍 sùshè 명 숙사, 기숙사
哪儿 nǎr 대 어디, 어느 곳
以前 yǐqián 명 과거, 이전, 예전
总是 zǒngshì 부 늘, 줄곧, 언제나
喜欢 xǐhuan 동 좋아하다, 흥미를 느끼다
花费 huāfèi 동 (돈·시간·정력을) 쓰다, 소모하다

节目 jiémù 몡 프로그램
早饭 zǎofàn 몡 아침밥
播出 bōchū 방송하다, 방송으로 내보내다
家人 jiārén 몡 가족
开始 kāishǐ 동 시작하다
正好 zhènghǎo 부 마침
完 wán 동 마치다, 끝나다
考 kǎo 동 시험을 보다
让 ràng 동 ~하게 하다, ~하도록 시키다
伤心 shāngxīn 형 슬퍼하다
孙子 sūnzi 몡 손자
体育 tǐyù 몡 체육, 스포츠
成绩 chéngjì 몡 성적
英语 yīngyǔ 몡 영어
语文 yǔwén 몡 국어
考试 kǎoshì 몡동 시험, 시험을 치다
及格 jígé 동 합격하다
老人家 lǎorénjiā 몡 어르신
为此 wèicǐ 이 때문에, 이를 위해서
常常 chángcháng 부 늘, 항상, 자주
生气 shēngqì 동 화내다
难过 nánguò 형 고통스럽다, 괴롭다, 슬프다
受 shòu 동 받다, 당하다
任务 rènwu 몡 임무
终于 zhōngyú 부 마침내, 결국, 끝내
完成 wánchéng 동 완성하다, (예정대로) 끝내다
要 yào [조동] ~할 것이다, ~하려하고 있다.
表扬 biǎoyáng 동 칭찬하다
所有 suǒyǒu 형 모든, 전부의
成员 chéngyuán 몡 성원, 구성원
尤其 yóuqí 부 더욱이, 특히
生病 shēngbìng 동 병이 나다, 병에 걸리다.
仍然 réngrán 부 변함없이, 여전히

坚持 jiānchí 동 견지하다
条 tiáo 양 줄기, 가닥, 갈래
路 lù 몡 길, 도로
平时 píngshí 몡 평소, 평상시
热闹 rènao 형 번화하다, 시끌벅적하다
极 jí 부 아주, 극히, 몹시
由于 yóuyú 접 ~때문에, ~으로 인하여
离 lí 개 ~에서, ~로부터
市中心 shì zhōngxīn 시내, 도시 중심부
所以 suǒyǐ 접 그래서, 그러므로
安静 ānjìng 형 조용하다, 잠잠하다
公共汽车 gōnggòngqìchē 몡 버스
只 zhǐ 부 단지, 다만, 오직
辆 liàng 양 대
汽车 qìchē 몡 자동차
自行车 zìxíngchē 몡 자전거
起来 qǐlai 어떤 동작이 시작되어 계속됨을 나타냄
食堂 shítáng 몡 식당
派 pài 동 파견하다, 분배하다
图书馆 túshūguǎn 몡 도서관
首尔 Shǒu'ěr 몡 서울

7강

专门 zhuānmén 부 특별히, 일부러
小说 xiǎoshuō 몡 소설
超市 chāoshì 몡 슈퍼마켓
镜子 jìngzi 몡 거울
顺便 shùnbiàn 부 ~하는 김에
附近 fùjìn 몡 부근, 근처
书店 shūdiàn 몡 서점
寒假 hánjià 몡 겨울 방학
补习班 bǔxíbān 몡 학원

打算 dǎsuàn 동 ~할 생각이다, 계획하다	变化 biànhuà 명 변화
回国 huíguó 동 귀국하다	出现 chūxiàn 동 출현하다, 나타나다
希望 xīwàng 동 희망하다, 바라다	全部 quánbù 명 전부, 전체, 모두
利用 lìyòng 동 이용하다	物种 wùzhǒng 명 [생물] 종
比 bǐ 동 비교하다	消失 xiāoshī 동 사라지다
标准 biāozhǔn 형 표준적이다	因为 yīnwèi 접 왜냐하면
流利 liúlì 형 (말·문장이) 유창하다	土地 tǔdì 명 토지, 땅
发音 fāyīn 명 발음	破坏 pòhuài 동 파괴하다, 손상시키다
失败 shībài 동 실패하다	植物 zhíwù 명 식물
时候 shíhou 명 때, 시각, 무렵	生长 shēngzhǎng 동 자라다
需要 xūyào 동 필요하다	带来 dàilái 동 가져오다, 가져다주다
勇敢 yǒnggǎn 형 용감하다	许多 xǔduō 형 매우 많다
站起来 zhàn qǐlái 일어서다	已经 yǐjīng 부 이미
一生 yìshēng 명 일생, 평생	没想到 méi xiǎngdào 뜻밖에
遇到 yùdào 만나다, 마주치다	狮子 shīzi 명 사자
困难 kùnnan 명 곤란, 어려움	猴子 hóuzi 명 원숭이
必须 bìxū 부 반드시 ~해야 한다	表演 biǎoyǎn 동 공연하다
随时 suíshí 부 언제나, 아무 때나, 언제든지	竟然 jìngrán 부 뜻밖에도, 의외로
面对 miànduì 동 마주 보다, 직면하다	成为 chéngwéi 동 ~이 되다, ~으로 되다
未来 wèilái 명 미래	好朋友 hǎo péngyǒu 좋은 친구
各种 gèzhǒng 각종의	列车 lièchē 명 기차, 열차
即使 jíshǐ 접 설령 ~하더라도	到站 dào zhàn 정거장에 도착하다
通过 tōngguò 개 ~을 거쳐, ~를 통해.	接 jiē 동 맞이하다, 마중하다
观察 guānchá 동 관찰하다, 살피다	旅客 lǚkè 명 여행객, 여객
头发 tóufa 명 머리카락	注意 zhùyì 동 주의하다, 조심하다
判断 pànduàn 동 판단하다, 판정하다	站台 zhàntái 명 플랫폼
身体 shēntǐ 명 몸, 신체, 건강	加油 jiāyóu 동 힘을 내다
问题 wèntí 명 문제	曾经 céngjīng 부 일찍이, 이전에
最近 zuìjìn 명 최근	马上 mǎshàng 부 곧, 즉시, 바로
科学家 kēxuéjiā 명 과학자	十分 shífēn 부 매우, 아주, 대단히
发现 fāxiàn 동 발견하다, 알아차리다	光 guāng 부 단지, 오로지, 다만
反映 fǎnyìng 동 반영하다	仅仅 jǐnjǐn 부 단지, 다만
情况 qíngkuàng 명 상황	往往 wǎngwǎng 부 자주, 흔히

突然 tūrán (부) 갑자기, 문득
忽然 hūrán (부) 갑자기, 별안간
渐渐 jiànjiàn (부) 점점, 점차
逐渐 zhújiàn (부) 점점, 점차
差点儿 chàdiǎnr (부) 가까스로, 하마터면
只好 zhǐhǎo (부) 부득이, …할 수밖에 없다
漂亮 piàoliang (형) 예쁘다, 아름답다, 곱다

8강

无聊 wúliáo (형) 무료하다, 심심하다
脾气 píqi (명) 성격, 성질
恐怕 kǒngpà (부) 아마 (~일 것이다), 추측과 짐작을 나타냄
走路 zǒulù (동) 걷다
上下班 shàngxiàbān 출퇴근하다
一直 yìzhí (부) 줄곧, 계속
不错 búcuò (형) 좋다
经常 jīngcháng (부) 늘, 항상
打架 dǎjià (동) 싸우다, 다투다
刚刚 gānggāng (부) 막, 방금
急事 jíshì (명) 급한 일
部 bù (양) 부, 편
真是 zhēnshi (부) 정말로
介绍 jièshào (동) 소개하다
租 zū (동) 세내다, 임대하다
套 tào (양) 채
房子 fángzi (명) 집
方便 fāngbiàn (형) 편리하다
回家 huíjiā (동) 집에 돌아가다
车票 chēpiào (명) 차표
陪 péi (동) 동반하다, 곁에서 도와주다
逛街 guàngjiē (동) 길을 거닐며 구경하다
凉快 liángkuai (형) 시원하다, 서늘하다

爱好 àihào (동) ~하기를 즐기다
左右 zuǒyòu (양) 가량, 쯤
往 wǎng (개) ~쪽으로, ~를 향해
拐 guǎi (동) 방향을 돌다
篮球 lánqiú (명) 농구
洗澡 xǐzǎo (동) 목욕하다
感觉 gǎnjué (동) 느끼다
减肥 jiǎnféi (동) 살을 빼다
的时候 de shíhou ~할 때
健康 jiànkāng (형) 건강하다
重要 zhòngyào (형) 중요하다
从小 cóngxiǎo (부) 어릴 때부터
音乐 yīnyuè (명) 음악
长大 zhǎngdà (동) 자라다
当 dāng (동) ~가 되다
歌手 gēshǒu (명) 가수
成 chéng (동) ~가 되다
医生 yīshēng (명) 의사
自从 zìcóng (개) ~부터
联系 liánxì (동) 연락하다

9강

安排 ānpái (동) 안배하다
打扰 dǎrǎo (동) 방해하다
甜 tián (형) 달다
几乎 jīhū (부) 거의
关键 guānjiàn (형) 결정적인, 매우 중요한
吵架 chǎojià (동) 다투다
原因 yuányīn (명) 원인
性格 xìnggé (명) 성격
不合 bùhé (형) 맞지 않다
堵 dǔ (동) 막히다

动 dòng (동) 움직이다
下雪 xià xuě (동) 눈 내리다
棒球 bàngqiú (명) 야구
蛋糕 dàngāo (명) 케익
应该 yīnggāi [조동] ~해야 한다
根据 gēnjù (개) ~에 근거하여
员工 yuángōng (명) 직원
能力 nénglì (명) 능력
合适 héshì (형) 적합하다
说明 shuōmíng (동) 설명하다
缺点 quēdiǎn (명) 결점, 단점
敢 gǎn (부) 감히 ~하다
只要 zhǐyào (접) ~하기만 하면
难受 nánshòu (형) 불편하다, 괴롭다
售货员 shòuhuòyuán (명) 판매원
洗衣机 xǐyījī (명) 세탁기
使用 shǐyòng (동) 사용하다
方法 fāngfǎ (명) 방법
只要……就 zhǐyào……jiù ~하기만 하면 ~한다
取得 qǔdé (동) 취득하다, 얻다
领导 lǐngdǎo (명) 상사, 책임자
坏话 huàihuà (명) 험담
小心 xiǎoxīn (동) 조심하다
跌倒 diēdǎo (동) 넘어지다
烫 tàng (동) 데다, 화상 입다

10강

到底 dàodǐ (부) 도대체
按照 ànzhào (개) ~에 따라, ~에 의해
温度 wēndù (명) 온도
提高 tígāo (동) 향상시키다
粗心 cūxīn (형) 세심하지 못하다, 부주의하다

带 dài (동) 지니다, 휴대하다
身份证 shēnfènzhèng (명) 신분증
驾照 jiàzhào (명) 운전면허증
好像 hǎoxiàng (부) 마치 ~과 같다.
进步 jìnbù (동) 진보하다, 발전하다
传统 chuántǒng (형) 전통적이다
方法 fāngfǎ (명) 방법
确实 quèshí (부) 확실히
水平 shuǐpíng (명) 수준
达 dá (동) 도달하다
白天 báitiān (명) 낮, 대낮
乘坐 chéngzuò (동) 타다
座位 zuòwèi (명) 좌석
登机牌 dēngjī pái 비행기 티켓, 탑승권
入座 rùzuò (동) 자리에 앉다
压力 yālì (명) 압력, 스트레스
受不了 shòu buliǎo (동) 견딜 수 없다
偶尔 ǒu'ěr (부) 때때로, 간혹
空气 kōngqì (명) 공기
吵 chǎo (형) 시끄럽다
符合 fúhé (동) 부합하다
别提了 bié tí le 말도 마라
怪 guài (형) 이상하다, 괴상하다
空调 kōngtiáo (명) 에어컨
声音 shēngyīn (명) 소리
修理 xiūlǐ (동) 수리하다
旧 jiù (형) 낡다, 오래되다
还是 háishi (부) ~하는 편이 더 좋다
换 huàn (동) 바꾸다
台 tái (양) 대(기계, 설비, 차량 등을 세는 단위)
湖南菜 Húnáncài (명) 후난 요리
辣 là (형) 맵다
通知 tōngzhī (동) 알리다

招生 zhāoshēng 동 신입생을 모집하다
进修 jìnxiū 동 연수하다
报名 bàomíng 동 신청하다, 등록하다
条件 tiáojiàn 명 조건
遗憾 yíhàn 동 유감이다, 섭섭하다
满 mǎn 형 가득 차다
升职 shēngzhí 동 진급하다
相信 xiāngxìn 동 믿다
更上一层楼 gèng shàng yì céng lóu 성 한 층 더 올라가다, 더욱 발전하다
责任 zérèn 명 책임

会议室 huìyìshì 회의실
认真 rènzhēn 형 진지하다, 착실하다
抬 tái 동 (함께) 들다
桌子 zhuōzi 명 탁자, 테이블
重 zhòng 형 무겁다

12강

禁止 jìnzhǐ 동 금지하다
修路 xiūlù 동 도로를 정비하다
骑 qí 동 타다
自行车 zìxíngchē 명 자전거
道路 dàolù 명 도로
为了 wèile 개 ~을(를) 위하여
安全 ānquán 형 안전하다
行人 xíngrén 명 행인
加班 jiābān 동 초과 근무하다
天天 tiāntiān 매일, 날마다
累 lèi 형 지치다, 피곤하다
工作 gōngzuò 명 동 일, 일 하다
多 duō 형 많다
几乎 jīhū 부 거의
周末 zhōumò 명 주말
活泼 huópō 형 활발하다
孩子 háizi 명 아이
性格 xìnggé 명 성격
幸福 xìngfú 형 행복하다
喜欢 xǐhuan 동 좋아하다, 흥미를 느끼다
烦恼 fánnǎo 동 걱정하다
重点大学 zhòngdiǎn dàxué 명문 대학
公司 gōngsī 명 회사
女朋友 nǚ péngyou 여자친구
吵架 chǎojià 동 다투다

11강

航班 hángbān 명 운항편
快要……了 kuàiyào……le 곧~하려고 하다
起飞 qǐfēi 동 이륙하다
乘坐 chéngzuò 동 타다
开往 kāiwǎng ~을 향하여 출발하다
提前 tíqián 동 앞당기다
推迟 tuīchí 동 미루다
复印机 fùyìnjī 명 복사기
办公室 bàngōngshì 명 사무실
好用 hǎoyòng 쓰기 편하다
坏 huài 동 고장나다
台 tái 양 대(기계, 설비, 차량 등을 세는 단위)
满意 mǎnyì 동 만족하다
味道 wèidao 명 맛
难受 nánshòu 형 견디기 힘들다, 괴롭다
肚子 dùzi 명 배, 복부
疼 téng 형 아프다
不舒服 bù shūfu (몸이) 아프다, 불편하다
厉害 lìhai 형 대단하다, 심각하다
讨论 tǎolùn 동 토론하다

俩 liǎ [수량] 두 명, 두 개
她们 tāmen (대) 그녀들
可爱 kě'ài (형) 귀엽다
看起来 kàn qǐlái 보기에~하다
开心 kāixīn (형) 기쁘다, 즐겁다
像 xiàng (동) 닮다
京剧 jīngjù (명) 경극
有意思 yǒu yìsi 재미있다, 흥미 있다
值得 zhídé (동) ~할 가치가 있다
表演 biǎoyǎn (동) 공연하다
精彩 jīngcǎi (형) 뛰어나다, 훌륭하다

13강

一身 yìshēn (명) 전신
开会 kāihuì (동) 회의를 열다
关系 guānxi (명) 관계
夫妻 fūqī (명) 부부
老板 lǎobǎn (명) 주인, 사장
师傅 shīfu (명) 기사님, 스승
麻烦 máfan (동) 귀찮게 하다
刚才 gāngcái (명) 방금
坐车 zuòchē (동) 차를 타다
水果 shuǐguǒ (명) 과일
可能 kěnéng (형) 가능하다
商场 shāngchǎng (명) 백화점
出租车 chūzūchē (명) 택시
任务 rènwu (명) 임무, 책무
方向 fāngxiàng (명) 방향
最后 zuìhòu (명) 마지막
等等 děngděng 기타
上网 shàngwǎng (동) 인터넷을 하다
交通工具 jiāotōng gōngjù 교통수단

飞机 fēijī (명) 비행기
地铁 dìtiě (명) 지하철
船 chuán (명) 배
弄 nòng (동) 하다
关掉 guāndiào 꺼 버리다
复习 fùxí (동) 복습하다
变形金刚 biànxíngjīngāng 트랜스포머
明明 míngmíng (부) 분명히
羡慕 xiànmù (동) 부러워하다
困 kùn (형) 졸리다
夜猫子 yèmāozi (명) 올빼미
种 zhǒng (양) 종류
养 yǎng (동) 키우다
打针 dǎzhēn (동) 주사를 맞다
休息 xiūxi (동) 휴식하다
凉 liáng (형) 차갑다
食物 shíwù (명) 음식물
面包 miànbāo (명) 빵
冰咖啡 bīng kāfēi (명) 냉커피
面条 miàntiáo (명) 면, 국수

14강

认识 rènshi (동) 알다, 인식하다
老 lǎo (형) 오래 된, 옛부터의
带 dài (동) (몸에) 지니다, 휴대하다, 가지다
非……不可 fēi……bùkě 반드시~가 아니면 되지 않는다
女士 nǚshì (명) 여사
剪 jiǎn (동) (가위 등으로) 자르다
然后 ránhòu (접) 그런 후에
烫 tàng (양) 다리다
作者 zuòzhě (명) 지은이, 저자
律师 lǜshī (명) 변호사

理发师 lǐfàshī 명 이발사
交通 jiāotōng 명 교통
餐费 cānfèi 명 식비
前几天 qián jǐtiān 며칠 전
参加 cānjiā 동 참가하다
网站 wǎngzhàn 명 (인터넷) 웹사이트
申请 shēnqǐng 동 신청하다
报名表 bàomíng biǎo 신청표
详细 xiángxì 형 상세하다, 자세하다
发邮件 fā yóujiàn 메일 보내다
网上 wǎng shàng 온라인
便宜 piányi 형 (값이) 싸다
放心 fàngxīn 동 마음을 놓다, 안심하다
宁可 nìngkě 부 차라리 ~할지언정
过节 guòjié 동 명절을 보내다
礼物 lǐwù 명 선물
兴奋 xīngfèn 형 흥분하다
失望 shīwàng 형 실망하다
故宫 Gùgōng 명 고궁
习惯 xíguàn 동 적응하다
双 shuāng 양 켤레
正 zhèng 부 딱
打折 dǎzhé 동 꺾다, 할인하다

片 piàn 양 알
回去 huíqù 동 돌아가다
整理 zhěnglǐ 동 정리하다
打扫 dǎsǎo 동 청소하다
洗手间 xǐshǒujiān 명 화장실
牙膏 yágāo 명 치약
后天 hòutiān 명 모레
电子邮件 diànzǐyóujiàn 명 전자 우편
打印 dǎyìn 동 (프린터로) 인쇄하다
表格 biǎogé 명 표, 양식
比赛 bǐsài 명 경기, 시합
结果 jiéguǒ 부 결국에는
泼冷水 pōlěngshuǐ 찬물을 끼얹다
开玩笑 kāi wánxiào 농담하다
沙发 shāfā 명 소파
舒服 shūfu 형 (몸·마음이) 편안하다
质量 zhìliàng 명 질, 품질
信用卡 xìnyòngkǎ 명 신용 카드
喂 wéi [감탄] 여보세요
传真机 chuánzhēnjī 명 팩스
着急 zháojí 형 조급해하다
晚会 wǎnhuì 명 이브닝 파티

15강

果汁 guǒzhī 명 과일 주스
继续 jìxù 동 계속하다
逛 guàng 동 구경하다
难道 nándào 부 설마~
除了……就 chúle……jiù ~아니면~
爱好 àihào 명 취미, 애호
大夫 dàifu 명 의사

16강

甚至 shènzhì 접 ~까지도, ~조차도
上海交通大学 Shànghǎi Jiāotōng Dàxué
상하이교통대학교
忘记 wàngjì 동 잊어버리다
拍照 pāizhào 동 사진을 찍다
景点 jǐngdiǎn 명 관광지
增长 zēngzhǎng 동 증가하다, 늘어나다
知识 zhīshi 명 지식

丰富 fēngfù ⑱ 풍부하다, 넉넉하다
经验 jīngyàn ⑲ 경험
要求 yāoqiú ⑳ 요구하다
接受 jiēshòu ⑳ 받아들이다
星星 xīngxing ⑲ 별
月亮 yuèliang ⑲ 달
摘 zhāi ⑳ 따다, 꺾다
道歉 dàoqiàn ⑳ 사과하다
原谅 yuánliàng ⑳ 양해하다, 용서하다

17강

慢 màn ⑱ 느리다
昨晚 zuówǎn ⑲ 어제 저녁
春节 chūnjié ⑲ 설날, 춘절
节日 jiérì ⑲ 명절, 기념일
家家户户 jiājiā-hùhù ⑲ 가가호호
倒贴 dàotiē ⑳ 거꾸로 붙이다
靠 kào ⑳ 기대다
坚持不懈 jiānchí-búxiè ⑱ 느슨해지지 않고 끝까지 견지하다
目标 mùbiāo ⑲ 목표
方式 fāngshì ⑲ 방식
广场 guǎngchǎng ⑲ 광장
奇怪 qíguài ⑱ 이상하다, 괴상하다
并 bìng ㉒ 결코
优点 yōudiǎn ⑲ 장점
长处 chángchù ⑲ 장점
电影 diànyǐng ⑲ 영화
错过 cuòguò ⑳ 놓치다, 엇갈리다
进行 jìnxíng ⑳ 진행하다
热烈 rèliè ⑱ 열렬하다
结论 jiélùn ⑲ 결론

18강

专业 zhuānyè ⑲ 전공
充满 chōngmǎn ⑳ 충만하다
热情 rèqíng ⑲ 열정
加入 jiārù ⑳ 가입하다, 참가하다
随着 suízhe ㉓ ~에 따르다
智能 zhìnéng ⑲ 지능
发展 fāzhǎn ⑳ 발전하다
实现 shíxiàn ⑳ 실현하다, 달성하다
成功 chénggōng ⑱ 성공적이다
尽管 jǐnguǎn ㉔ 비록 ~라 하더라도
拿到 nádào 손에 넣다
肯定 kěndìng ㉔ 확실히, 틀림없이
出生 chūshēng ⑳ 출생하다, 태어나다
双胞胎 shuāngbāotāi ⑲ 쌍둥이
亲自 qīnzì ㉒ 직접, 손수
着急 zháojí ⑱ 조급해하다, 안달하다

19강

亲爱的 qīn'àide ⑲ 자기야
散步 sànbù ⑳ 산책하다
陪 péi ⑳ 동반하다
经理 jīnglǐ ⑲ 매니저
职员 zhíyuán ⑲ 직원
丈夫 zhàngfu ⑲ 남편
妻子 qīzi ⑲ 아내
观众 guānzhòng ⑲ 관중
交费 jiāofèi ⑳ 비용을 지불하다
检查 jiǎnchá ⑳ 검사하다
大使馆 dàshǐguǎn ⑲ 대사관

笔 bǐ 양 묶 (돈을 세는 양사)
同意 tóngyì 동 동의하다
反对 fǎnduì 동 반대하다
出发 chūfā 동 출발하다
提 tí 동 언급하다
撞 zhuàng 동 부딪치다
严重 yánzhòng 형 심각하다
招聘 zhāopìn 동 채용하다
试用期 shìyòngqī 명 수습 기간
正式 zhèngshì 형 정식의
简历 jiǎnlì 명 이력서
既然 jìrán 접 ~인 (된) 이상
退票 tuìpiào 동 표를 환불하다
直接 zhíjiē 부 직접적인
剧场 jùchǎng 명 극장

语法 yǔfǎ 명 어법
整 zhěng 형 전체의
马大哈 mǎdàhā 명 조심성 없는 사람
随便 suíbiàn 부 마음대로
转身 zhuǎnshēn 동 몸을 돌이키다
讲座 jiǎngzuò 명 강좌
著名 zhùmíng 형 유명하다
教授 jiàoshòu 명 교수
一……就 yí……jiù ~하자마자 ~하다
班主任 bānzhǔrèn 명 담임교사
适应 shìyìng 동 적응하다
吃不惯 chībúguàn 음식이 입에 맞지 않다

20강

看病 kànbìng 동 진찰을 받다
胃 wèi 명 위(장)
开药 kāiyào 동 약을 처방하다
毛巾 máojīn 명 수건
不怕一万，就怕万一 bú pà yíwàn jiù pà wànyī
[속담] 일만 번은 두렵지 않지만, 그 가운데 한 번의 실수가 있을까 봐 두렵다
比较 bǐjiào 부 비교적
套 tào 양 아파트나 집을 세는 양사
充足 chōngzú 형 충분하다
商量 shāngliang 동 상의하다
轻松 qīngsōng 형 편하게 하다
范围 fànwéi 명 범위
重点 zhòngdiǎn 명 중점
来得及 láidejí 동 늦지 않다

21강

店 diàn 명 상점, 가게
葡萄汁 pútáo zhī 포도즙
酸酸的 suānsuān de 새콤하다
甜甜的 tiántián de 달콤하다
文件 wénjiàn 명 서류
总务处 zǒngwù chù 총무처
包裹 bāoguǒ 명 소포
司机 sījī 명 기사
羽毛球 yǔmáoqiú 명 배드민턴
骗 piàn 동 속이다
热门 rèmén 명 인기 있는 것
计算机 jìsuànjī 명 컴퓨터
临床医学 línchuáng yīxué 임상 의학
关键 guānjiàn 명 관건
国际 guójì 명 국제
教育 jiàoyù 명 교육
录取 lùqǔ 동 채용하다, 합격시키다
分数线 fēnshùxiàn 명 합격선

怪怪的 guàiguài de 이상하다
染 rǎn 동 염색하다
流行 liúxíng 동 유행하다
办理 bànlǐ 동 (수속을) 밟다
登机 dēngjī 동 비행기에 탑승하다
手续 shǒuxù 명 수속
柜台 guìtái 명 카운터
托运 tuōyùn 동 (짐·화물을) 부치다
背包 bēibāo 명 배낭
免税店 Miǎnshuìdiàn 명 면세점
安检 ānjiǎn 동 (보안·안전을 위해) 검사하다

22강

午睡 wǔshuì 명 낮잠
减轻 jiǎnqīng 동 줄이다
效果 xiàoguǒ 명 효과
现代人 xiàndàirén 현대인
辛苦 xīnkǔ 형 고생스럽다
增加 zēngjiā 동 증가하다
速度 sùdù 명 속도
规则 guīzé 명 규칙
行驶 xíngshǐ 동 통행하다
话题 huàtí 명 화제
节食 jiéshí 동 음식을 줄이다
专家 zhuānjiā 명 전문가
养 yǎng 동 키우다, 기르다
尽量 jǐnliàng 부 되도록
甜食 tiánshí 명 단맛의 식품
快步 kuàibù 빠른 걸음(으로)
喜庆 xǐqìng 형 즐겁고 경사스럽다
吉祥 jíxiáng 형 상서롭다, 길하다
婚礼 hūnlǐ 명 결혼식

主色 zhǔsè 고유색
一般 yìbān 형 일반적이다
礼服 lǐfú 명 예복
到处 dàochù 부 곳곳
贴 tiē 동 붙이다
挂 guà 동 걸다
红灯笼 hóng dēnglong 홍등
肥胖 féipàng 형 비만하다
缓慢 huǎnmàn 형 (속도가) 느리다
擅长 shàncháng 동 뛰어나다
爬树 pá shù 나무에 오르다
约 yuē 부 대략
千克 qiānkè 양 킬로그램
竹子 zhúzi 명 대나무
听觉 tīngjué 명 청각
藏 cáng 동 숨다, 숨기다
视觉 shìjué 명 시각
点点滴滴 diǎndian-dīdī 자질구레하다
失恋 shīliàn 동 실연하다
痛苦 tòngkǔ 명 고통
轻松 qīngsōng 형 홀가분하다, 부담이 없다
个性 gèxìng 명 개성
发脾气 fāpíqi 성질부리다, 화내다
对待 duìdài 동 대하다
耐心 nàixīn 명형 인내심, 인내심이 있다
给予 jǐyǔ 동 주다
回应 huíyìng 동 응답하다
正面 zhèngmiàn 명 긍정적인 면
引导 yǐndǎo 동 인도하다, 지도하다
保护 bǎohù 동 보호하다
临时 línshí 부 임시로, 그때가 되어
转告 zhuǎngào 동 전해주다
祝贺 zhùhè 동 축하를 드리다

23강

家庭 jiātíng 명 가정
严父慈母 yán fù cí mǔ 엄부자모
严肃 yánsù 형 엄숙하다
慈爱 cí'ài 형 자애롭다
相反 xiāngfǎn 동 반대되다
骂 mà 동 욕하다
任何 rènhé 대 어떠한, 무슨
条件 tiáojiàn 명 조건
钓鱼 diàoyú 동 낚시하다
业余 yèyú 형 여가의
仿佛 fǎngfú 부 마치 ~인 것 같다
智者 zhìzhě 명 지혜로운 사람
倾心 qīngxīn 동 마음을 다하다
交谈 jiāotán 동 이야기를 나누다
多数 duōshù 명 다수
度过 dùguò 동 (시간을) 보내다
字典 zìdiǎn 명 자전
拼音 pīnyīn 명 병음
部首 bùshǒu 명 (한자의) 부수
检字法 jiǎnzìfǎ 명 검자법
成败 chéngbài 명 성패
选择 xuǎnzé 명 선택
放弃 fàngqì 동 포기하다
眼前 yǎnqián 명 눈앞
利益 lìyì 명 이익
忽视 hūshì 동 소홀히 하다, 경시하다
长远 chángyuǎn 형 길다, 원대하다, 장기적이다
把握 bǎwò 동 파악하다
时刻 shíkè 명 시각
心灵 xīnlíng 명 마음, 영혼
抓住 zhuāzhu 붙잡다, 잡다, 틀어쥐다

急于 jíyú 동 서둘러~하려 하다
世面 shìmiàn 명 견문, 세상 물정
单位 dānwèi 명 회사
实习 shíxí 동 실습하다
思考 sīkǎo 동 사고하다
井底之蛙 jǐngdǐzhīwā 성 우물 안 개구리, 견문이 좁고 세상 물정에 어두운 사람
记忆 jìyì 명 기억
功能 gōngnéng 명 기능
具有 jùyǒu 동 가지다
下降 xiàjiàng 동 떨어지다
睡眠 shuìmián 명 수면
整天 zhěngtiān 명 하루 종일
心理学 xīnlǐxué 명 심리학
沉 chén 동 빠지다, 잠기다
锚 máo 명 닻
效应 xiàoyìng 명 효과
思维 sīwéi 명 사유
左右 zuǒyòu 동 좌지우지하다
海底 hǎidǐ 명 바다의 밑바닥
固定 gùdìng 동 고정하다
细节 xìjié 명 사소한 부분
隐藏 yǐncáng 동 숨기다
改变 gǎibiàn 동 바꾸다
机会 jīhuì 명 기회
拐角处 guǎijiǎochù 모퉁이
作用 zuòyòng 명 작용, 역할

24강

讲故事 jiǎng gùshi 이야기하다
听众 tīngzhòng 명 청중
不用 búyòng 부 ~할 필요가 없다

情节 qíngjié 명 줄거리
反应 fǎnyìng 명 반응
卖力 màilì 전심전력하다
复杂 fùzá 형 복잡하다
农场 nóngchǎng 명 농장
培养 péiyǎng 동 양성하다
农作物 nóngzuòwù 명 농작물
对于 duìyú 개 ~에 대해
幸福 xìngfú 명 행복
感受 gǎnshòu 명 느낌
拥有 yōngyǒu 동 가지다
年轻 niánqīng 형 젊다
心态 xīntài 명 심리 상태
教师 jiàoshī 명 교사
桃李满天下 táo lǐ mǎn tiānxià 성 제자들이 천하에 가득하다
研究 yánjiū 동 연구하다
智商 zhìshāng 명 지능 지수
以外 yǐwài 명 이외
寿命 shòumìng 명 수명
当然 dāngrán 부 물론
限制 xiànzhì 동 제한하다
非自然 fēi zìrán 비자연
死亡 sǐwáng 동 사망하다
人工智能 réngōng zhìnéng 명 인공지능
巨大 jùdà 형 거대하다
重复 chóngfù 동 반복하다
脑力劳动 nǎolì láodòng 정신노동
代替 dàitì 동 대체하다, 대신하다
机器人 jīqìrén 명 로봇
达到 dádào 동 이르다
正常 zhèngcháng 형 정상적이다
长期 chángqī 형 장기적이다

身心 shēnxīn 몸과 마음
判断力 pànduànlì 명 판단력
免疫力 miǎnyìlì 명 면역력
危险 wēixiǎn 형 위험하다
警告 jǐnggào 명 경고
互相 hùxiāng 부 서로
聊天 liáotiān 동 잡담하다
应急 yìngjí 동 긴급 상황에 대처하다
意外 yìwài 형 의외의, 뜻밖의
踩刹车 cǎi shāchē 브레이크를 밟다
发生 fāshēng 동 일어나다
某种 mǒuzhǒng 대 모종, 어떤 종류

25강

麻辣火锅 málà huǒguō 마라훠궈, 중국식 전골
国内 guónèi 명 국내
人们 rénmen 명 사람들
门口 ménkǒu 명 문 앞, 입구
排队 páiduì 부 줄을 서다
罪魁祸首 zuìkuí-huòshǒu 성 두목, 재난의 근본 원인
快餐 kuàicān 명 간편 음식, 패스트푸드
糖 táng 명 사탕, 캔디
指 zhǐ 동 가리키다
至 zhì 동 이르다
间 jiān 명 사이
如今 rújīn 명 오늘날, 현재
大部分 dàbùfen 명 대부분
结婚 jiéhūn 동 결혼하다
年纪 niánjì 명 나이, 연령
还钱 huán qián 빌린 돈을 되돌려 주다
看上去 kàn shàngqù 보아하니 ~하다
主人 zhǔrén 명 주인

奴隶 núlì 명 노예
花钱 huā qián 돈을 쓰다
除夕 chúxī 명 섣달그믐 밤
前夜 qiányè 명 전날 밤
年三十 nián sānshí 음력 섣달그믐
相传 xiāngchuán 동 ~(이)라고 전해지다
古时候 gǔ shíhòu 옛날
凶恶 xiōng'è 형 흉악하다
怪兽 guàishòu 괴수
岁末 suìmò 명 연말
害人 hàirén 남을 해치다
后来 hòulái 명 그 후
怕 pà 동 무서워하다
声响 shēngxiǎng 명 소리
于是 yúshì 접 그리하여
春联 chūnlián 명 춘련
放鞭炮 fàng biānpào 폭죽을 터뜨리다
驱除 qūchú 동 내쫓다
以求 yǐqiú 간절히 바라다, 갈망하다
安宁 ānníng 형 평온하다
习俗 xísú 명 풍속
从此 cóngcǐ 부 이후로, 그로부터
流传 liúchuán 동 세상에 널리 퍼지다
便 biàn 부 바로
称为 chēngwéi 동 ~(이)라고 부르다
赶走 gǎnzǒu 쫓아내다
打 dǎ 동 때리다
打碎 dǎsuì 깨지다
炒鱿鱼 chǎo yóuyú 해고하다
听见 tīngjiàn 동 듣다, 들리다

26강

温顺 wēnshùn 형 온순하다
聪明 cōngming 형 총명하다, 똑똑하다
方面 fāngmiàn 명 방면
不如 bùrú 동 ~만 못하다
经过 jīngguò 동 경과하다, 거치다
训练 xùnliàn 동 훈련하다
掌握 zhǎngwò 동 파악하다
技巧 jìqiǎo 명 기교
动作 dòngzuò 명 동작
直立 zhílì 동 곧게 서다
推 tuī 동 밀다
懒 lǎn 형 게으르다
了解 liǎojiě 동 이해하다
诚实 chéngshí 형 성실하다
觉得 juéde 동 ~라고 여기다
快乐 kuàilè 형 즐겁다
安心 ānxīn 형 안심하다
狡猾 jiǎohuá 형 교활하다
现代 xiàndài 명 현대
个人 gèrén 명 개인
空间 kōngjiān 명 공간
留住 liúzhù 만류하다
密码 mìmǎ 명 비밀번호
追捧 zhuīpěng 동 사랑을 받다
存折 cúnzhé 명 통장
电话卡 diànhuàkǎ 명 전화 카드
有时 yǒushí 부 어떤 때
保密 bǎomì 동 비밀을 지키다
理解 lǐjiě 동 이해하다
上班 shàngbān 동 출근하다
早餐 zǎocān 명 아침밥

而 ér 접 그러나
贤惠 xiánhuì 형 어질고 총명하다
程度 chéngdù 명 정도
早市 zǎoshì 명 아침 시장
感动 gǎndòng 동 감동하다
手机 shǒujī 명 휴대폰

现金 xiànjīn 명 현금
葡萄 pútáo 명 포도
荣幸 róngxìng 형 매우 영광스럽다
获得 huòdé 동 획득하다
肯定 kěndìng 동 인정하다
精心 jīngxīn 형 정성을 들이다
同情 tóngqíng 동 동정하다
获奖 huòjiǎng 상을 타다, 수상하다
宿舍 sùshè 명 기숙사
检查 jiǎnchá 동 검사하다
停止 tíngzhǐ 동 멈추다
使用 shǐyòng 동 사용하다
事前 shìqián 명 사전에
不便 búbiàn 형 불편하다
谅解 liàngjiě 동 양해하다
特殊 tèshū 형 특수하다
合作 hézuò 동 협력하다
通知 tōngzhī 동 통지하다, 공지하다
道歉 dàoqiàn 동 사과하다
道理 dàolǐ 명 일리, 이치
何况 hékuàng 접 하물며
骑车 qí chē 자전거를 타다
午觉 wǔjiào 명 낮잠

27강

爱迪生 Àidíshēng 명 에디슨
整整 zhěngzhěng 부 온전히, 꼬박
研制 yánzhì 동 연구 제작하다
蓄电池 xùdiànchí 명 건전지
其间 qíjiān 명 그 사이
遭受 zāoshòu 동 당하다
咬牙 yǎoyá 동 이를 악물다
试验 shìyàn 동 실험하다
取得 qǔdé 동 취득하다
发明 fāmíng 동 발명하다
授予 shòuyǔ 동 수여하다
美称 měichēng 명 좋은 평판
电梯 diàntī 명 엘리베이터
当时 dāngshí 명 당시
身上 shēnshang 명 수중(에), 몸
只有 zhǐyǒu ~밖에 없다
刷卡 shuākǎ 동 카드로 결제하다
蔬菜 shūcài 명 채소
海鲜 hǎixiān 명 해산물
结果 jiéguǒ 명 결과
结账 jiézhàng 동 계산하다
放回 fànghuí 다시 갖다 놓다
原处 yuánchù 명 본래의 장소, 제자리
西红柿 xīhóngshì 명 토마토

28강

长寿 chángshòu 형 장수하다, 오래 살다
美好 měihǎo 형 좋다, 아름답다
愿望 yuànwàng 명 희망, 소망
寿面 shòumiàn 명 생신 축하 국수
长长的 chángcháng de 매우 길다
长久 chángjiǔ 형 매우 길고 오래다
做寿 zuòshòu 동 생신을 축하하다

寿星 shòuxīng 명 생신을 맞은 주인공
寿桃 shòutáo 명 생일 축하 때 쓰는 복숭아 또는 복숭아 모양의 찐빵
形状 xíngzhuàng 명 형태, 겉모습
精美 jīngměi 형 정교하다
中西结合 zhōngxī jiéhé 중국과 서양의 것을 융합하다
既……又 jì……yòu ~하고 (또)~하다
饺子 jiǎozi 명 교자
品种 pǐnzhǒng 명 품종
塑料 sùliào 명 플라스틱, 비닐
祝寿 zhùshòu 동 생신을 축하하다
愿意 yuànyì 바라다, 희망하다
夸奖 kuājiǎng 동 칭찬하다
真心话 zhēnxīn huà 진실된 말
礼貌 lǐmào 형 예의 바르다
成才 chéngcái 동 인재가 되다
名言 míngyán 명 명언
时代 shídài 명 시대
观念 guānniàn 명 관념
提倡 tíchàng 동 제창하다
赏识 shǎngshí 동 높이 평가하다
独生子女 dú shēng zǐnǚ 외동
学问 xuéwen 명 학문
适当 shìdàng 형 적절하다, 적합하다
比喻 bǐyù 동 비유하다
特点 tèdiǎn 명 특징, 특색
比如 bǐrú 동 예를 들다
机灵 jīling 형 영리하고 총명하다
棒 bàng 형 (체력이나 능력이) 강하다
壮 zhuàng 형 건장하다
瘦猴 shòuhóu 명 늘보원숭이
狐狸 húli 명 여우
见识 jiànshi 명 견문

短浅 duǎnqiǎn 형 짧고 얕다
废井 fèi jǐng 폐우물

29강

放羊 fàngyáng 동 양을 방목하다
不小心 bù xiǎoxīn 실수로, 조심하지 않아
毒蛇 dúshé 명 독사
咬伤 yǎoshāng 물리다
满头大汗 mǎntóu dàhàn 온 얼굴이 땀투성이다
果断 guǒduàn 형 결단력이 있다
割断 gēduàn 동 자르다, 절단하다
脚趾 jiǎozhǐ 명 발가락
忍 rěn 동 참다
疼痛 téngtòng 형 아프다
短暂 duǎnzàn 형 (시간이) 짧다
保住 bǎozhù 유지하다
生命 shēngmìng 명 생명
流血 liúxuè 동 피가 나다
出汗 chū hàn 땀이 나다
中毒 zhòngdú 동 중독되다
重视 zhòngshì 동 중시하다
正确 zhèngquè 형 정확하다
桂林 Guìlín 명 구이린
风景 fēngjǐng 명 풍경
秀丽 xiùlì 형 수려하다
洞奇 dòng qí 동굴이 기이하다
壮族 Zhuàngzú 명 장족
瑶族 Yáozú 명 요족
侗族 Dòngzú 명 동족
苗族 Miáozú 명 묘족
少数民族 shǎoshù mínzú 소수 민족
民俗 mínsú 명 민속

风情 fēngqíng 명 풍토, 풍속, 지역적 특색
文化 wénhuà 명 문화
四季 sìjì 명 사계절
适合 shìhé 동 적합하다
最佳 zuìjiā 가장 적당하다
平均 píngjūn 동 평균하다, 평균을 내다
气温 qìwēn 명 기온
画家 huàjiā 명 화가
画展 huàzhǎn 명 그림 전시회
贵妇 guìfù 귀부인
展室 zhǎnshì 전람실
旁边 pángbiān 명 옆, 근처
夫人 fūrén 명 부인
小姐 xiǎojiě 명 아가씨
穿 chuān 동 입다
人物 rénwù 명 인물
购买 gòumǎi 동 구매하다

30강

坎布里亚郡 Kǎnbùlǐyàjùn 컴브리아 주
全球 quánqiú 명 전 세계
骗子 piànzi 명 사기꾼
说谎 shuōhuǎng 동 거짓말하다
世界各地 shìjiè gè dì 세계 각지
参赛者 cānsàizhě 참가 선수
自由 zìyóu 형 자유롭다
讲述 jiǎngshù 동 진술하다
说服力 shuōfúlì 설득력
纪念 jìniàn 동 기념하다
当地 dāngdì 명 현지
闻名 wénmíng 형 유명하다
酒吧 jiǔbā 명 술집, 바(bar)

主办方 zhǔbànfāng 주최자
参赛 cānsài 동 시합에 참가하다
身份 shēnfen 명 신분
限定 xiàndìng 동 한정하다, 제한하다
业余 yèyú 형 비전문의, 아마추어의
此前 cǐqián 명 이전
从未 cóngwèi 지금까지 ~한 적이 없다
胜出 shèngchū 동 승리하다
选出 xuǎnchū 뽑아내다
专业 zhuānyè 형 전문적이다
季节 jìjié 명 계절
心脏病 xīnzàng bìng 심장병
发作 fāzuò 동 발작하다
几率 jīlǜ 명 확률
月份 yuèfèn 명 월
病例 bìnglì 명 병례
日子 rìzi 명 날
研究人员 yánjiū rényuán 연구자
降低 jiàngdī 동 낮추다, 줄이다
深呼吸 shēnhūxī 동 심호흡하다
束 shù 양 다발
鲜花 xiānhuā 명 생화
表达 biǎodá 동 표현하다
心意 xīnyì 명 마음
讲究 jiǎngjiu 명 유의할 만한 내용
各自 gèzì 대 각자
含义 hányì 명 함의
具体 jùtǐ 형 구체적이다
康乃馨 kāngnǎixīn 명 카네이션
恋人 liànrén 명 연인
玫瑰花 méiguīhuā 명 장미
爱意 àiyì 애정 어린 마음
经商 jīngshāng 동 장사하다

杜鹃花 dùjuānhuā 명 진달래
常青藤 chángqīngténg 명 담쟁이
象征 xiàngzhēng 동 상징하다, 나타내다
事业 shìyè 명 사업
发达 fādá 형 발달하다, 흥성하다
数量 shùliàng 명 수량
支 zhī 양 가늘고 긴 걸 셀 때 쓰는 양사
成双成对 chéngshuāng-chéngduì 성 둘씩 짝을 이루다
香味 xiāngwèi 명 향기

31 - 32강

首都 shǒudū 명 수도
代表 dàibiǎo 명 대표
象征 xiàngzhēng 명 상징
政治 zhèngzhì 명 정치
中心 zhōngxīn 명 중심
并非 bìngfēi 동 결코 ~이 아니다
如此 rúcǐ 대 이와 같이, 이렇게
南非共和国 NánfēiGònghéguó 명 남아프리카공화국
不只 bùzhǐ ~만이 아니다
负责 fùzé 동 책임지다
取消 qǔxiāo 동 취소하다
家长 jiāzhǎng 명 학부모
小朋友 xiǎopéngyǒu 명 어린이
强烈 qiángliè 형 강렬하다
举办 jǔbàn 동 개최하다
因此 yīncǐ 접 이로 인하여
准时 zhǔnshí 부 제때에
恋爱 liàn'ài 동 연애하다
掌声 zhǎngshēng 명 박수 소리
祝福 zhùfú 동 축복하다
新婚 xīnhūn 동 신혼이다

百年好合 bǎinián hǎohé 백년해로하다
资料 zīliào 명 자료
提意见 tí yìjiàn 의견을 내다
发邮件 fā yóujiàn 메일을 보내다
修改 xiūgǎi 동 고치다
提建议 tí jiànyì 제안하다, 건의하다
弄丢 nòngdiū 분실하다, 잃어버리다
出入境 chūrùjìng 출입국
管理处 guǎnlǐchù 관리처
补办 bǔbàn 동 재발급하다
分公司 fēngōngsī 명 지사
总部 zǒngbù 명 본부
新来 xīnlái 새로 오다
印象 yìnxiàng 명 인상
害羞 hàixiū 동 부끄러워하다
骄傲 jiāo'ào 형 오만하다
幽默 yōumò 형 유머러스하다
胳膊 gēbo 명 팔
一晚上 yìwǎnshang 저녁내
平时 píngshí 명 평소
缺少 quēshǎo 동 모자라다
锻炼 duànliàn 동 단련하다
报告 bàogào 명 보고서
恋人 liànrén 명 연인
要不 yàobù 접 그렇지 않으면
激动 jīdòng 형 감격하다, 흥분하다
外国 wàiguó 명 외국
留学生 liúxuéshēng 명 유학생
一等 yīděng 명 일등
相比 xiāngbǐ 동 비교하다
语言 yǔyán 명 언어
幼儿园 yòu'éryuán 명 유치원
交 jiāo 동 내다

房租 fángzū 명 집세	网络 wǎngluò 명 인터넷
工资 gōngzī 명 월급	幸运 xìngyùn 형 운이 좋다, 행운이다
借 jiè 동 빌리다	原唱 yuánchàng 명 원곡 가수
不好意思 bùhǎoyìsi (체면 때문에) ~하기 겸연쩍다	翻译 fānyì 명 통역
原价 yuánjià 명 원가	作家 zuòjiā 명 작가
爱心 àixīn 명 사랑하는 마음	记者 jìzhě 명 기자
积极 jījí 형 적극이다	迷路 mílù 동 길을 잃다
向上 xiàngshàng 동 향상하다, 발전하다	正常 zhèngcháng 형 정상적이다
口才 kǒucái 명 말재주	应聘 yìngpìn 동 지원하다
信心 xìnxīn 명 자신(감)	标准 biāozhǔn 명 표준, 기준
体育馆 tǐyùguǎn 명 체육관	起床 qǐchuáng 동 일어나다
招聘会 zhāopìnhuì 명 채용박람회	换 huàn 동 (옷을) 갈아입다
作为 zuòwéi 개 ~으로서	紧张 jǐnzhāng 형 긴장해 있다
仅 jǐn 부 단지	无法 wúfǎ 동 할 수 없다
现场 xiànchǎng 명 현장	呼吸 hūxī 동 호흡하다
气氛 qìfēn 명 분위기	青年 qīngnián 명 청년
抱 bào 동 지니다	听起来 tīng qǐlai 듣자니 ~인 것 같다
深刻 shēnkè 형 깊다	宠坏 chǒnghuài 지나친 총애를 받아 버릇이 없다
影响 yǐngxiǎng 동 영향을 주다	错误 cuòwù 명 잘못
投 tóu 동 보내다	硕士 shuòshì 명 석사
简历 jiǎnlì 명 이력서	本科 běnkē 명 학부
苦瓜 kǔguā 명 여주	学院 xuéyuàn 명 단과 대학
两用 liǎngyòng 겸용의	毕业 bìyè 동 졸업하다
态度 tàidu 명 태도	建议 jiànyì 동 제안하다
分为 fēnwéi (~으로) 나누다	高铁 gāotiě 명 고속 철도
苦 kǔ 형 쓰다	杭州 Hángzhōu 명 항주
清香 qīngxiāng 형 맑고 향기롭다	速度 sùdù 명 속도
食欲 shíyù 명 식욕	不得不 bùdébù 어쩔 수 없이
苦味 kǔwèi 쓴맛	不过 búguò 접 그런데
尝试 chángshì 동 시도해 보다	天气预报 tiānqìyùbào 명 일기 예보
药效 yàoxiào 명 약효	计划 jìhuà 동 계획하다
种类 zhǒnglèi 명 종류	从而 cóng'ér 접 그리하여, 그렇게 함으로써
收看 shōukàn 동 시청하다	有意 yǒuyì 부 일부러

愤怒 fènnù (형) 분노하다	出口 chūkǒu (명) 출구
助长 zhùzhǎng (동) (나쁜 경향이나 현상을) 키우다	邮局 yóujú (명) 우체국
事态 shìtài (명) 사태	乘客 chéngkè (명) 승객
加上 jiāshàng 더하다	出站 chū zhàn 역을 떠나다
燃烧 ránshāo (동) 연소하다, 타오르다	百货商店 bǎihuòshāngdiàn (명) 백화점
火头 huǒtóu (명) 불꽃	电影院 diànyǐngyuàn (명) 영화관
因此 yīncǐ (접) 이로 인하여	证明 zhèngmíng (동) 증명하다
冷淡 lěngdàn (형) 냉담하다	超过 chāoguò (동) 초과하다
有点儿 yǒudiǎnr (부) 조금, 약간	不足 bùzú (형) 부족하다
四合院 Sìhéyuàn (명) 사합원 (베이징 전통 주택)	患 huàn (동) 병에 걸리다
至少 zhìshǎo (부) 적어도, 최소한	可能性 kěnéngxìng 가능성
居住 jūzhù (동) 거주하다	认为 rènwéi (동) 여기다
建筑 jiànzhù (명) 건축물	预测 yùcè (동) 예측하다
目前 mùqián (명) 지금, 현재	年龄 niánlíng (명) 연령
典型 diǎnxíng (형) 전형적인	收入 shōurù (명) 소득, 수입
龙井茶 lóngjǐngchá (명) 용정차	以及 yǐjí (접) 그리고
绿茶 lǜchá (명) 녹차	吸烟 xīyān (동) 담배를 피다
西湖 Xīhú (명) 서호	进一步 jìnyíbù (부) 진일보하여
一带 yídài (명) 일대	饮食 yǐnshí (명) 음식
提神 tíshén (동) 정신을 차리게 하다	视为 shìwéi (동) 여기다
解渴 jiěkě (동) 갈증을 풀다	公共 gōnggòng (형) 공공의, 공중의
防止 fángzhǐ (동) 방지하다	部分 bùfen (명) (전체 중의) 부분
高血压 gāoxuèyā (명) 고혈압	阶段 jiēduàn (명) 단계
三里屯 Sānlǐtún (명) 싼리툰	婚姻 hūnyīn (명) 혼인
歌唱 gēchàng (동) 노래를 부르다	期望 qīwàng (동) 기대하다
美食 měishí (명) 맛있는 음식	富贵 fùguì (명) 부귀
服装 fúzhuāng (명) 복장	空 kōng (형) (속이) 비다
汇集 huìjí (동) 모으다	盒子 hézi (명) 작은 상자
女士 nǚshì (명) 여사	珍惜 zhēnxī (동) 소중히 여기다
骑马 qí mǎ 말을 타다	对方 duìfāng (명) 상대방
俱乐部 jùlèbù (명) 클럽, 동호회	信赖 xìnlài (동) 신뢰하다
世界杯 shìjièbēi (명) 월드컵	之间 zhījiān (명) 사이
球赛 qiúsài (명) 구기 경기	感情 gǎnqíng (명) 감정

牢固 láogù 형 견고하다

怀疑 huáiyí 동 의심하다

院子 yuànzi 명 정원

重新 chóngxīn 부 다시

排列 páiliè 동 배열하다

大概 dàgài 부 대략

路上 lùshang 명 길 가는 중, 도중

堵车 dǔchē 동 교통이 꽉 막히다

大门 dàmén 명 대문

来不及 láibují 동 시간이 부족해서 ~할 수 없다

伞 sǎn 명 우산

却 què 부 ~지만

导游 dǎoyóu 명 관광 안내원, 가이드

旅游团 lǚyóutuán 명 여행단, 관광단체

日程 rìchéng 명 일정

博物馆 bówùguǎn 명 박물관

醒 xǐng 동 잠에서 깨다

香 xiāng 형 향기롭다

爱人 àiren 명 남편 혹은 아내, 배우자

김아영

- 선문대학교 통번역대학원 통번역석사
- 연세대학교 중어중문학과 문학박사
- 前) 연세대학교 중어중문학과 강사
- 現) 연세대학교 언어교육연구원 외국어학당 중국어코디네이터
- 現) EBSlang HSK 전문강사

권순자

- 연세대학교 대학원 중어중문학과 석사
- 연세대학교 대학원 중어중문학과 박사과정 재학
- 前) 연세대학교 언어연구교육원 외국어학당 중국어 강사
- 現) 연세대학교 공자아카데미 중국어 강사 兼 전문연구원

누들 新HSK 4급 6주 완성

ⓒ EBS, 차이나하우스 2017

2017년 12월 11일 초판 1쇄 발행

지은이 | 김아영 · 권순자
펴낸이 | 안우리
편 집 | 신효정
디자인 | 이주현 · 강명희

펴낸곳 | 차이나하우스
등 록 | 제303-2006-00026호
주 소 | 서울시 영등포구 영등포동 8가 56-2
전 화 | 02-2636-6271
팩 스 | 0505-300-6271
이메일 | chinanstory@naver.com
ISBN | 979-11-85882-35-2 03720

값: 15,000원

이 책은 저작권법에 따라 보호받는 저작물이므로 무단전재와 무단복제를 금지하며, 이 책의 내용물 전부 또는 일부를 이용하려면 반드시 저작권자와 EBS와 차이나하우스의 서면 동의를 받아야 합니다. 잘못 만들어진 책은 구입한 곳에서 바꿔드립니다.